Das 1x1 der Spielplatzkontrolle

3. überarbeitete Auflage

Bibliografische Information der Deutschen Bibliothek

Die Deutsche Bibliothek verzeichnet diese Publikation in der Deutschen Nationalbibliografie; detaillierte bibliografische Daten sind im Internet über http://dnb.dnb.de abrufbar.

Mandichostraße 18
86504 Merching

Telefon: +49 (0)8233 381-123
Fax: +49 (0)8233 381-222
E-Mail: service@forum-verlag.com
Internet: www.forum-verlag.com

Hinweis: Aus Gründen der besseren Lesbarkeit und Einfachheit wird in den folgenden Texten meist die männliche Form verwendet. Die verwendeten Bezeichnungen sind als geschlechtsneutral bzw. als Oberbegriffe zu interpretieren und gelten gleichermaßen für alle Geschlechter.

Titelfoto/-illustration: © Der Knipser – stock.adobe.com
Satz: Reemers Publishing Services GmbH, 47799 Krefeld
Druck: Druckerei Joh. Walch, Im Gries 6, 86179 Augsburg
Printed in Germany

ISBN 978-3-98875-301-4 (Print-Ausgabe)
ISBN 978-3-98875-302-1 (Kombi-Paket)
ISBN 978-3-98875-300-7 (Premium-Ausgabe)
ISBN 978-3-98875-303-8 (E-Book)

Vorwort

Kinder brauchen heute mehr denn je reale Erfahrungsräume. In einer Zeit zunehmenden Medienkonsums gewinnen Bewegung, unmittelbare Körpererfahrungen und selbstbestimmtes Spiel erheblich an Bedeutung. Spielplätze sind Orte, an denen Kinder ihre Fähigkeiten entwickeln, Risiken einschätzen lernen und nach ihren eigenen Regeln spielen dürfen – nicht immer so, wie es Planer oder Erwachsene vorgesehen haben, sondern kreativ, experimentierend und eigenständig.

Kinder brauchen Herausforderungen. Zwischen gewolltem Risiko und unvertretbarer Gefahr besteht jedoch ein klarer Unterschied. Genau hier setzen die Normenreihen DIN EN 1176 und DIN EN 1177 an. Sie definieren keinen pädagogischen Spielrahmen, sondern sicherheitstechnische Mindeststandards. Deren Einhaltung soll gewährleisten, dass Kinder beim Spielen keine schweren oder irreversiblen Verletzungen erleiden oder tödlich verunglücken.

Ein funktionierendes Sicherheitsmanagement auf Betreiberseite ist hierfür unerlässlich. Es beginnt mit der Inspektion nach der Installation (INDI), deren Prüfbericht gewissermaßen die „Geburtsurkunde" des Spielplatzes darstellt, und umfasst regelmäßige visuelle Routineinspektionen (VRI), operative Inspektionen (OI), die jährliche Hauptinspektion (JHI), Wartungsmaßnahmen sowie die mindestens jährliche Überprüfung der Wirksamkeit der getroffenen Sicherheitsmaßnahmen. Dieses strukturierte Vorgehen dient nicht nur dem Schutz der Kinder, sondern auch der rechtlichen Absicherung der Verantwortlichen.

**Spielplatzprüfung ist daher keine Formalität,
sondern aktiver Kinderschutz.**

Dieses Buch ist aus der Praxis für die Praxis entstanden. Es unterstützt Prüferinnen und Prüfer, Bauhöfe und Betreiber bei der fachgerechten Beurteilung von Spielplätzen und bietet zugleich Einsteigern einen strukturierten Überblick. Die dritte, überarbeitete Auflage berücksichtigt aktuelle normative Entwicklungen und wurde in wesentlichen Punkten angepasst.

Ausgehend von der Sicherheitsphilosophie gibt der erste Teil einen Überblick über die gesetzlichen Grundlagen und die DGUV-Regelungen. Daran anschließend werden relevante normativen und vornormativen Regelwerke (Stand: Februar 2026) erläutert. Im zweiten Teil folgen Ausführungen zum Spielplatzmanagement. Den Abschluss bilden – wie gewohnt – die teilweise aktualisierten sicherheitstechnischen Anforderungen von A bis Z.

Dieses Werk ersetzt keine Norm. Es hilft jedoch, diese zu verstehen, einzuordnen und praxisgerecht anzuwenden.

Das „*1x1 der Spielplatzkontrolle*“ soll Sie dabei unterstützen, Spielräume sicher zu gestalten, verantwortungsvoll zu prüfen und Kindern die Freiheit und Sicherheit zu ermöglichen, die sie für ihre Entwicklung benötigen.

Schneeberg, im April 2026

GAO – Gesundheits- und Arbeitsschutz Onischka
Ihr Partner für Sicherheit – https://www.onischka.de

Hally-Gally®
Spielplatzgeräte der besonderen Art
Traumfänger
Trampolin „Känguru“
NEU
BSFH
SPOGG Sport-Güter GmbH
Schulstraße 27 · D-35614 Asslar-Berghausen
Telefon 06443/811262 · Telefax 06443/811269
www.hally-gally-spielplatzgeraete.de
TÜV
EN 1176

Autorenverzeichnis

Frieder Fischer, Dipl.-Ing.

- Sicherheitsingenieur; Technischer Aufsichtsbeamter/Aufsichtsperson i. R.
- Fachbereichsleiter Bildungswesen der Unfallkasse Sachsen i. R.
- FLL/BSFH anerkannter Ausbilder und Prüfer nach DIN-Reihe 79161
- Ehemaliges Mitglied im Arbeitsausschuss NA 112-07-07 AA „Spielplatzprüfung" des DIN-Normenausschusses Sport- und Freizeitgeräte
- Dozent für Spielplatz- und Elektrosicherheit

Kristian Onischka

- FLL/BSFH anerkannter Ausbilder und Prüfer nach DIN-Reihe 79161
- FLL/BSFH zertifizierter „Qualifizierter Spielplatzprüfer"
- Mitglied im Arbeitsausschuss NA 112-08-06 AA „Prüfung von Sportgeräten und Sportanlagen" des DIN-Normenausschusses Sport- und Freizeitgeräte
- Dozent u. a. für Spielplatzmanagement und Spielplatzsicherheit an der Sächsischen Verwaltungs- und Wirtschaftsakademie Sachsen e. V. sowie für weitere Ausbildungsträger
- Beauftragter für Spielplatzprüfungen der GAO – Gesundheits- und Arbeitsschutz Onischka UG (haftungsbeschränkt)
- Staatlich anerkannte Fachkraft für Arbeitssicherheit (SMWA)
- Sicherheits- und Gesundheitskoordinator nach BauStellV
- REFA-Arbeitsorganisator, Auditor sowie weitere arbeitswissenschaftliche und sicherheitstechnische Qualifikationen

Harald Onischka, Dipl.-Ing.

- Sicherheitsingenieur
- FLL/BSFH anerkannter Ausbilder und Prüfer nach DIN-Reihe 79161-2
- Dozent für Spielplatzsicherheit sowie für Arbeits- und Gesundheitsschutz

Inhaltsverzeichnis

Rechtliche Grundlagen

Für Spielplätze trifft eine Reihe von Gesetzen und Vorschriften zu. Allerdings gibt es nur in wenigen Ländern spezielle Spielplatzgesetze, z. B. in Berlin und im Saarland. In manchen Ländern wurden sie ersatzlos zurückgezogen, so z. B. in Niedersachsen.

Sicherheitsphilosophie

Eltern und Kinder erwarten und dürfen nach der Rechtsprechung des BGH[1] darauf vertrauen, dass öffentliche Spielplätze sowie die einzelnen Spielplatzgeräte sich in einem einwandfreien und sicheren Zustand befinden und keine schweren Verletzungsgefahren bestehen. Die Verantwortung hierfür trägt der Betreiber des Spielplatzes. Er kann sich daher i. d. R. weder auf ein Mitverschulden des Kindes noch auf ein Fehlverhalten von Aufsichtspersonen berufen[2]. Der Spielplatzbetreiber kann sich aus der Pflicht nicht befreien, indem er Schilder mit den Hinweisen „Benutzung auf eigene Gefahr“ oder „Eltern haften für ihre Kinder“ aufstellt. Hier liegt ein irreführender Hinweis vor.

Anders als in der Arbeitssicherheit, gehört es nicht zur Sicherheitsphilosophie von Spielplätzen, jegliche Unfälle zu vermeiden. In der Einleitung zu DIN EN 1176-1:2024-05, in DIN EN 1176 Beiblatt 1:2020-12 sowie in DIN CEN/TR 16598:2020.19 wird dies klargestellt.

- Spielangebote dürfen nicht nur, sie müssen sogar annehmbare Risiken enthalten, um Kinder beim motorischen Lernen zu unterstützen. Dieses gesellschaftlich akzeptierte Restrisiko, das auch als sportlich-spielerisches Risiko bezeichnet wird, ist mit dem im Freizeit- und Schulsport vergleichbar.
- Unbedingt vermieden werden muss
  - der Verlust des Lebens,
  - der Verlust von Gliedmaßen

[1] BGH, Urteil vom 28.04.1987, VI ZR 127/86
[2] OLG Köln, Urteil vom 25.05.2000, 7 U 185/9

- der Verlust von Sinnen sowie
- der Verlust von Beweglichkeit.
- In zweiter Linie sollen schwerwiegende Unfälle durch gelegentliches Unglück gemildert werden. Blaue Flecken, Hautverletzungen, Zerrungen u. Ä. sowie im Extremfall sogar Knochenbrüche und Gehirnerschütterungen können selbst bei vorschriftsmäßigem Zustand von Spielplatzgeräten und deren Aufprallflächen nicht vollständig ausgeschlossen werden. Ein Armbruch ist somit kein „Beinbruch".

Spielplatzprüfer und Spielplatzbetreiber sollten mit den nachfolgenden Formulierungen aus den o. g. Regelwerken vertraut sein und sie argumentativ überzeugend vertreten können.

„Die Risiken des Lebens sollen von Kindern erlebbar, erlernbar und damit beherrschbar sein."[3]

„Kinder dürfen auf Spielplatzgeräten usw. im Außen- und Innenbereich nach eigenen, jederzeit veränderbaren Regeln oder Spielmotivationen einzeln oder in Gruppen spielen können"[4]

„Spiel mit Risiko ist somit lebensnotwendig."

Mit seinem Urteil vom 25.04.1978 (VI ZR 194/76) hat der Bundesgerichtshof (BGH) die Zulässigkeit des sportlich-spielerischen Risikos auf Spielplätzen bestätigt. Eine diesbezügliche Klage wurde abgewiesen. Ein 14-jähriger Junge hatte auf einem

---

3 DIN EN 1176 Bbl. 1 Allgemeines

4 DIN EN 1176-1-2024-05 Nr. 3.1

Spielplatz einen Bach auf einem Knüppeldamm ohne Geländer überquert, wurde dort geschubst und machte schließlich einen Kopfsprung ins Wasser. Dabei brach er sich mehrere Halswirbel und erlitt eine Querschnittslähmung.

Die DGUV[5] berichtet für das Jahr 2024 von 17.046 meldepflichtigen Unfällen in Kindertagestätten/Einrichtungen der Tagespflege im Zusammenhang mit Spielplatzgeräten. Dies sind 6,6 % von 286.615 meldepflichtigen Unfällen. Der spielplatzgerätebezogene Anteil wird wie folgt berichtet:

- 44,5 % Klettergerüst
- 18,1 % Schaukeln
- 11,2 % Rutschgeräte
- 7,5 % Sandkasten
- 4,4 % Wippe

Im Jahr 2024 wurde ein tödlicher Unfall an einer Rutsche im Zusammenhang mit Topfstelzen in einer Kindertageseinrichtung von der Polizei/Presse berichtet.

Zu öffentlichen Spielplätzen liegen keine Unfallstatistiken vor. Die regionale Presse – je nach Schwere des Unfalls auch die Polizei bzw. die überörtliche Presse – berichtet jedoch regelmäßig über Unfälle, die sich auf öffentlichen Spielplätzen ereignet haben. Spielplatzprüfer und -betreiber sollten sich über diese Berichte informieren bzw. davon Kenntnis haben.

5 DGUV, Statistik zum Schülerunfallgeschehen 2024.

Für die Sicherheit von Kindern ist in erster Linie ihre Fähigkeit zur Selbstsicherung entscheidend. Diese hängt maßgeblich vom Alter und Entwicklungsstand des Kindes ab. Grundsätzlich gilt: Je älter bzw. entwickelter ein Kind ist, desto mehr Risiko ist vertretbar oder sogar notwendig. Je jünger bzw. weniger entwickelt ein Kind ist, desto geringer muss das akzeptierte Risiko ausfallen. Gleichwohl ist Risiko untrennbar mit Spielwert und Lebenserfahrung verbunden und muss daher bereits bei der Planung berücksichtigt werden. Spielabläufe sollten übersichtlich gestaltet sein, um das eigenständige Schutzverhalten der Kinder zu fördern.

Da jüngere Kinder über eine geringere Selbstsicherungsfähigkeit verfügen, benötigen sie eine intensivere Aufsicht, die ihrem Alter und Entwicklungsstand entspricht. In Deutschland sind Inhalt und Grenzen der Personensorge in § 1631 Abs. 1 BGB geregelt.

Besonders sorgfältig ist die Situation bei Kindern unter drei Jahren zu beurteilen. In diesem sog. Krippenalter ist das Selbstsicherungsverhalten sehr unterschiedlich ausgeprägt. Ein- bis Dreijährige benötigen daher individuell angepasste Spielangebote mit jeweils angemessenem Risikoniveau.

Gesetze, Erlasse, Normen, Rechtsprechung, Vorschriften

Zum Anspruch auf Spielplätze

Die UN-Kinderrechtskonvention (UN-KRK) ist am 05.04.1992 in Deutschland als Bundesgesetz in Kraft getreten. Für Spielplätze ist insbesondere Art. 31 von Bedeutung. Danach erkennen die Vertragsstaaten das Recht des Kindes auf Ruhe, Freizeit, Spiel und altersgemäße aktive Erholung an und fördern geeignete Möglichkeiten hierfür.

Spielplätze werden zwar nicht ausdrücklich genannt, sind jedoch ein wesentliches Instrument zur Verwirklichung dieses Rechts. Die UN-KRK begründet zwar keine unmittelbaren quantitativen oder qualitativen Vorgaben für Spielplätze, sie unterstreicht jedoch deren gesellschaftliche und staatliche Bedeutung.

Die konkrete Ausgestaltung erfolgt durch die Spielplatzgesetze der Länder, die Norm DIN 18034-1, kommunale Satzungen und Richtlinien.

Zur Bauleitplanung und Bauplanung

Spielplätze sind Flächen, die bauplanungsrechtlich als Spielfläche festgesetzt oder durch vertragliche Vereinbarung dem Spielen gewidmet sind.[1] Hierzu zählen insbesondere wohnungsnahe Innenhöfe, Schul und Kita-Außenanlagen, Freizeiteinrichtungen, Grünanlagen sowie Spielangebote in öffentlich zugänglichen Bereichen, etwa in Freibädern, Einrichtungen des Gast-

[1] Nr. 3.1 DIN 18034-01:2020-10

gewerbes, auf Rastanlagen sowie in Spielstraßen, Stadtplätzen und Fußgängerbereichen.[2]

Die Planungshoheit liegt bei den Kommunen. Im Rahmen der Bauleitplanung wird festgelegt, welche Flächen wie genutzt werden dürfen. Hinweise zur Planung von Spielplätzen enthält DIN 18034-1. Da diese Norm bauaufsichtlich nicht eingeführt ist, entfaltet sie keine unmittelbare Rechtsverbindlichkeit, stellt jedoch einen anerkannten fachlichen Maßstab dar.

Die Bauleitplanung hat keinen unmittelbaren Einfluss auf die spätere sicherheitstechnische Prüfung eines Spielplatzes. Eine nachhaltige Spielraumplanung kann jedoch durch offene Spielleit- bzw. Spielplatzplanung unter Beteiligung unterschiedlicher Interessen- und Erfahrungsträger erreicht werden.[3] Qualifizierte Spielplatzprüfer sollten dabei grundsätzlich und insbesondere bei standortbezogenen Risiken (z. B. in Gewässernähe) frühzeitig eingebunden werden.

Das Land Berlin hat mit den *Ausführungsvorschriften zu § 8 Abs. 2 und 3 der Bauordnung für Berlin (AV Notwendige Kinderspielplätze)*[4] *ergänzende Regelungen zu notwendigen Kinderspielplätzen erlassen.* Darin werden insbesondere Vorgaben zur Größe, Lage, Zugänglichkeit, Ausstattung, Beschaffen-

---

2 Nr.3.4 DIN 79161-1:2025-12,

3 Online im Internet [Stand 18.02.2026] https://kinderrechte.rlp.de/programme-und-projekte/aktionsprogramm-kinderfreundliches-rheinland-pfalz/spielleitplanung

4 Senatsverwaltung für Stadtentwicklung, Bauen und Wohnen Berlin, *Ausführungsvorschriften zu § 8 Absatz 2 und 3 der Bauordnung für Berlin (BauO Bln) – Notwendige Kinderspielplätze (AV Notwendige Kinderspielplätze)* vom 27. Mai 2024 (ABl. Berlin 2024, S. 1482), in der jeweils geltenden Fassung.

heit und Sicherheit sowie zu Ablöse- und Ausnahmeregelungen getroffen.

Zur Barrierefreiheit

Nach den Bauordnungen der Länder sind öffentlich zugängliche Anlagen grundsätzlich barrierefrei zu gestalten. Anforderungen an die barrierefreie Infrastruktur von Spielplätzen enthält DIN 18040-3. Für barrierefreie Spielplatzgeräte besteht bei DIN 33942 keine Vermutungswirkung i. S. d. Produktsicherheitsrechts. Zu den Einzelheiten s. Kapitel ► „Barrierefreie Spielplätze“

> **Hinweis**
>
> Öffentliche Spielplätze müssen nach Baurecht barrierefrei sein. Vorhandene nicht barrierefreie Spielplätze stehen nur dann unter Bestandsschutz, wenn sie vor Inkrafttreten der Bauordnung in der beschriebenen Fassung errichtet wurden. Sie müssen spätestens bei Veränderungen oder Erweiterungen in den davon betroffenen Teilen barrierefrei hergestellt werden.

Zum Inverkehrbringen von Spielplatzgeräten

Spielplatzgeräte unterliegen dem Produktsicherheitsgesetz (ProdSG). Danach dürfen Produkte nur bereitgestellt werden, wenn sie bei bestimmungsgemäßer oder vorhersehbarer Verwendung die Sicherheit und Gesundheit von Personen nicht gefährden.[5]

---

[5] § 3 Abs.2 ProdSG.

Zur Beurteilung der Sicherheit können harmonisierte Normen herangezogen werden. Im Normenverzeichnis 2[6] zum § 5 Abs. 2 ProdSG ist die Normenreihe DIN EN 1176 (mit Ausnahme von Teil 7, da keine Produktnorm) aufgeführt. Für nach DIN EN-Reihe 1176 hergestellte Geräte besteht die Vermutungswirkung, dass die Anforderungen des ProdSG erfüllt sind. Eine gesetzliche Pflicht zur Anwendung der Norm besteht jedoch nicht. Wird von ihr abgewichen, muss der Inverkehrbringer (Hersteller oder Importeur) den Nachweis gleichwertiger Sicherheit führen. Hierzu ist eine sicherheitstechnische Prüfung (Typprüfung) erforderlich, die dokumentiert werden muss.[7] Der Betreiber sollte den Prüfbericht anfordern und in der Spielplatzakte archivieren. Bei bestandener Prüfung sind auf dem Typenschild die maßgebliche Norm sowie deren Ausgabedatum anzugeben (s. hierzu auch Kapitel ► „Kennzeichnung“)

Zum Betreiben

Nach § 823 Abs. 1 BGB unterliegt der Spielplatzbetreiber der Verkehrssicherungspflicht. Er hat die erforderlichen und zumutbaren Maßnahmen zu treffen, um Gefahren für Benutzer zu vermeiden. Unterbleiben angemessene Kontrollen oder werden erkennbare Mängel nicht beseitigt, kann eine Haftung entstehen. Umgekehrt haftet der Betreiber nicht für Unfälle, die trotz ordnungsgemäßer Organisation und Kontrolle dem allgemeinen spieltypischen Risiko zuzurechnen sind.[8] (s. hierzu auch Kapitel ► „Sicherheitsphilosophie“)

---

6 Bundesanstalt für Arbeitsschutz und Arbeitsmedizin (BAuA), Normenverzeichnisse zum Produktsicherheitsgesetz (ProdSG), abrufbar unter: https://www.baua.de/DE/Die-BAuA/Aufgaben/Gesetzliche-und-hoheitliche-Aufgaben/Produktsicherheitsgesetz/Normenverzeichnisse_node (abgerufen am 02.03.2026)

7 Vgl. Abschnitt 5 DIN EN 1176-1.

8 OLG Stuttgart, Urteil vom 29.10.1984 – 5 ZU 59/84

Maßstab für die sicherheitstechnische Beurteilung von Spielplatzgeräten ist die Normenreihe DIN EN 1176. Für sonstige Ausstattungen und Einrichtungen gelten die allgemeinen Grundsätze der Verkehrssicherungspflicht. Entscheidend ist, welche Gefahren für einen verständigen Betreiber vorhersehbar und vermeidbar sind. In die fachliche Bewertung sind auch bekannte Unfallereignisse einzubeziehen. So wurde bspw. ein tödlicher Unfall an einer Einfriedung in Sachsen berücksichtigt; hierzu wurde eine Veröffentlichung der Unfallkasse Sachsen herangezogen.[9]

Ergänzende Anforderungen können sich aus EK-2-Beschlüssen des Arbeitskreises 2-5[10] ergeben.

Zur Beurteilung gesundheitsrelevanter Gefährdungen auf Spielplätzen wurden neben DIN 18034-1 u. a. Listen giftiger Pflanzenarten,[11],, Stellungnahmen des BgVV zur Verwendung von Altreifen[12] sowie einschlägige Rechtsprechung (z. B. AG Grimma zu Liguster) berücksichtigt. [13]

---

[9] Fischer, Rundum sicher, Einfriedungen in Kindertageseinrichtungen, in ipunkt 1/2011, Unfallkasse Sachsen.

[10] Zentralstelle der Länder für Sicherheitstechnik (ZL**S)**:*EK2_AK2-5_Beschlüsse_2024-10.pdf*, abrufbar unter: https://www.zls-muenchen.bayern.de/beschluesse/ek_zek_beschluesse/doc/ek2/ek2_ak2-5_beschluesse_2024-10.pdf (zuletzt abgerufen am 01.03.2026).

[11] Bundesministerium für Umwelt, Naturschutz und Reaktorsicherheit, Bekanntmachung einer Liste giftiger Pflanzenarten vom 17.04.2000, Bundesanzeiger Nr. 86, S. 8517 vom 06.05.2000.

[12] Bundesinstitut für Risikobewertung (BfR), Stellungnahme des BgVV zur Nutzung von Autoreifen und -schläuchen als Spielgeräte in Kindergärten, PDF-Dokument, https://www.bfr.bund.de/cm/343/autoreifen.pdf (abgerufen am 02.03.2026)

[13] AG Grimma, Urteil vom 28.10.1996 – 2 C 0108/96 (Vergiftung durch Liguster in einer Kindergrippe)

Die von der Rechtsprechung entwickelten Anforderungen an die Verkehrssicherung sind in kaum einem anderen Bereich der kommunalen Selbstverwaltung so hoch wie bei Planung, Bau sowie Kontrolle, Wartung und Instandhaltung von Spielplätzen. Auch wenn diese Maßstäbe teilweise als überzogen empfunden werden, sind sie angesichts des besonderen Schutzbedarfs von Kindern sachlich begründet und haben wesentlich dazu beigetragen, schwere Unfälle nachhaltig zu reduzieren. Darauf weist die Bundesarbeitsgemeinschaft Deutscher Kommunalversicherer (BADK) in der Schrift *Haftungsrechtliche Organisation*, Sonderdruck 2025, Kapitel „Kinderspielplätze“, unter Bezugnahme auf die dort umfangreich dargestellten rechtlichen Entscheidungen hin.[14]

Das Land Berlin hat mit der AV Verkehrssicherheit öffentliche Kinderspielplätze[15] ergänzende Regelungen zur Gewährleistung der Verkehrssicherheit auf öffentlichen Kinderspielplätzen erlassen. Darin werden insbesondere Anforderungen an Spielplatzgeräte, das Inspektions- und Kontrollsystem, Dokumentationspflichten, die Bewertung von Mängeln und die hieraus resultierenden Maßnahmen sowie Fragen der Organisation und Zuständigkeiten geregelt.

---

[14] https://www.badk.de/badk-information/ Hinweis: Die Schrift wird Kommunen durch die BADK zur Verfügung gestellt und kann käuflich nicht erworben werden. Bundesarbeitsgemeinschaft Deutscher Kommunalversicherer (BADK) (2025): Haftungsrechtliche Organisati-on, Kapitel „Kinderspielplätze“, Sonderdruck 2025, für Kommunen über den jeweiligen Kommunalversicherer erhältlich, käuflich nicht erwerbbar, Hinweis: Inhaltsverzeichnis https://www.badk.de/badk-information.

[15] Senatsverwaltung für Umwelt, Verkehr und Klimaschutz Berlin, *Ausführungsvorschriften zu §§ 7 und 10 des Kinderspielplatzgesetzes über die Verkehrssicherheit auf öffentlichen Kinderspielplätzen (AV Verkehrssicherheit öffentliche Kinderspielplätze)*, Bekanntmachung vom 2. Juni 2021, Az. UVK III C 212/111 C 219.

Die Vorschriften wirken subsidiär und sind ergänzend zu den einschlägigen technischen Normen und sonstigen sicherheitsrechtlichen Anforderungen zu beachten.

Die allgemeinen, konkreten organisatorischen und technischen Maßnahmen zur Erfüllung der Verkehrssicherungspflicht werden im Kapitel ▶ „Sicherheitsmanagement" dargestellt.

Zum Bestandsschutz

Nach § 3 Abs. 2 Produkthaftungsgesetz[16] richtet sich die Produkthaftung auch bei Spielplatzgeräten grundsätzlich nach den Normen, die zum Zeitpunkt ihrer Herstellung oder ihres Inverkehrbringens gültig waren. Eine Anpassung an neu veröffentlichte Normen wird jedoch erforderlich, wenn sich im Betrieb zeigt, dass trotz früherer Normkonformität nicht akzeptable Gefährdungen bestehen.

Ältere Normen bleiben damit der maßgebliche Sicherheitsstandard für Geräte aus ihrer Entstehungszeit, sodass diese grundsätzlich weiter genutzt werden dürfen. Entsprach ein Spielplatzgerät jedoch bereits zum Zeitpunkt seiner Installation nicht den geltenden Bestimmungen, besteht kein Bestandsschutz. Dies gilt auch dann, wenn der Mangel über einen längeren Zeitraum nicht erkannt wurde (Unwissenheit schützt vor Strafe nicht!). Ebenso besteht kein Bestandsschutz, wenn ein Spielplatzgerät vor Inkrafttreten der DIN 7926 errichtet wurde und wesentliche sicherheitstechnische Anforderungen dieser Norm nicht erfüllt[17]. Spielplatzgeräte, die vor Einführung der DIN 7926 normgerecht

[16] „Ein Produkt hat nicht allein deshalb einen Fehler, weil später ein verbessertes Produkt in den Verkehr gebracht wurde."

[17] BGH, Urteil vom 01.03.1988 – VI ZR 190/87.

gefertigt wurden, stehen hingegen weiterhin unter Bestandsschutz.

Bei einigen Geräten, die aufgrund normgerechter Ausführung zunächst unter Bestandsschutz standen, hat sich gezeigt, dass sie neueren sicherheitstechnischen Anforderungen nicht vollständig entsprechen. Hierzu zählen insbesondere Gefährdungen[18] durch Fangstellen für Kleidung/Haare oder Hals an Spielplatzgeräten, die im Gefährdungsfall zu Strangulation[19]. und damit zu akut lebensbedrohlichen Situationen führen können. In solchen Fällen ist eine Nachrüstung nach der jeweils gültigen Normenreihe DIN EN 1176 erforderlich.

Bei Wartungsreparaturen ist zwischen Ersatz defekter Bestandteile eines Bauteils und Umbau bzw. Austausch vollständiger Bauelemente zu unterscheiden: Der Ersatz einzelner Bestandteile eines Bauteils dient i. d. R. der Wiederherstellung der Sicherheit. Werden hingegen vollständige Bauelemente wie Brüstungen, Leitern oder Treppen ersetzt, handelt es sich um eine wesentliche Änderung; das neue Bauteil muss dann den aktuell geltenden Normen entsprechen.

Beispiel Sprossenabstand:

Bei einem nach DIN 7926 hergestellten Gerät durfte der lichte Abstand zwischen Leitersprossen nicht zwischen 12 cm und 20 cm liegen. Seit DIN EN 1176-1:1998-09 darf der lichte Ab-

---

18 Eine Gefährdung beschreibt die Möglichkeit, dass ein Mensch mit einer Gefahr als potenzieller Schadensquelle in Kontakt kommt.

19 Agonie einer Strangulation, Podcast von Gerichtsreporterin Bettina Mittelbacher mit Gerichtsmediziner Klaus Püschel: https://www.youtube.com/watch?v=NCgRmyRXq0c

stand nicht zwischen 8,9 cm und 23 cm liegen. Der unzulässige Bereich wurde damit erweitert.

Bestandsschutz besteht, wenn lediglich eine defekte Sprosse ersetzt und damit die Sicherheit nach alter Norm wiederhergestellt wird. Wird hingegen die gesamte Leiter ersetzt, liegt eine wesentliche Änderung vor; die neue Leiter muss den Anforderungen der DIN EN 1176-1 entsprechen.

Beispiel Umsetzen von Altgeräten:

Nach älteren Normen gefertigte Anlagen, bspw. nach TGL hergestellte Spielplatzgeräte, dürfen umgesetzt werden. Dabei sind insbesondere die Anforderungen an stoßdämpfende Aufprallflächen nach der jeweils aktuellen Ausgabe der DIN EN 1176 zu beachten.

Merksatz:

Einen generellen Bestandsschutz für Spielplatzgeräte gibt es nicht. Ob ein konkretes Gerät weiter betrieben werden darf, ist im Rahmen einer Gefährdungsbeurteilung zu entscheiden.

Zu DGUV Vorschriften, -Regeln und -Informationen

Die Regelwerke der Deutschen Gesetzlichen Unfallversicherung (DGUV) bilden neben gesetzlichen Anforderungen und technischen Normen eine wesentliche Grundlage für die sicherheitstechnische Bewertung von Spielplatzanlagen in Kindertageseinrichtungen und Schulen. Sie konkretisieren die Schutzziele der Unfallverhütung und enthalten praxisnahe Hinweise zur Gestaltung, Prüfung und Instandhaltung von Spiel- und Bewegungsräumen.

Das DGUV-Regelwerk gliedert sich in mehrere Ebenen:

DGUV Vorschriften[20] **(Unfallverhütungsvorschriften)** enthalten verbindliche Anforderungen, insbesondere zur Gefährdungsbeurteilung sowie zu organisatorischen Schutzmaßnahmen. So verpflichtet beispielsweise die DGUV Vorschrift 1 *„Grundsätze der Prävention"* Träger dazu, Gefährdungen zu ermitteln, geeignete Maßnahmen abzuleiten und deren Wirksamkeit zu überprüfen.

DGUV Regeln[21] konkretisieren diese Anforderungen und beschreiben bewährte Lösungswege. Als Beispiel ist hier die DGUV Regel 102-602 für die Branche Kindertageseinrichtungen zu nennen, die Sicherheit und Gesundheit systematisch in Planung, Betrieb und Organisation integriert.

DGUV Informationen[22] bieten praxisorientierte Handlungshilfen. Für Spielplatzprüfer ist insbesondere die DGUV Information 202-022 *„Außenspielflächen und Spielplatzgeräte"* relevant. Sie formuliert die Anforderungen an die Gestaltung, Besonderheiten der U3-Betreuung sowie Zusammenhänge mit weiteren Publikationen.

---

[20] DGUV Vorschrift 81 Schulen bzw. DGUV Vorschrift 82 Kindertageseinrichtungen

[21] DGUV Regel 102-601 Branche Schulen, DGUV Regel 102-602 Branche Kindertageseinrichtungen

[22] DGUV Information 202-018: Klettern in Kindertageseinrichtungen und Schulen;
DGUV Information 202-022: Außenspielflächen und Spielplatzgeräte;
DGUV Information 202-023: Pflanzen in Kindertageseinrichtungen und Schulen;
DGUV Information 202-072: Seilgärten in Kindertageseinrichtungen;
DGUV Information 202-081: Trampoline in Kindertageseinrichtungen und Schulen; Unfallversicherungs-Anzeigeverordnung (UVAV), abrufbar unter: https://www.gesetze-im-internet.de (Abruf: 18.02.2026)

Die Veröffentlichungen der DGUV sind über die Publikationsdatenbank sowie über die Internetseiten der jeweils zuständigen Unfallversicherungsträger zugänglich.

DGUV-Regeln und DGUV-Informationen besitzen zwar nicht den Rang einer Rechtsverordnung, gelten jedoch als anerkannter Stand der Technik und können bei Gefährdungsbeurteilungen sowie Prüfentscheidungen als maßgebliche Orientierung herangezogen werden.

Für Spielplatzprüfer ergibt sich daraus eine wichtige Schlussfolgerung: Die Bewertung von Anlagen erfolgt nicht ausschließlich anhand technischer Normen wie der DIN EN 1176, sondern im Zusammenspiel mit organisatorischen, betrieblichen und pädagogischen Anforderungen, wie sie im DGUV-Regelwerk beschrieben sind. Inspektionen, Wartung und Dokumentation sind dabei zentrale Elemente zur Prävention von Unfällen auf Außenspielflächen, insbesondere in Kindertageseinrichtungen.

Zu beachten ist, dass DGUV-Regeln, -Informationen und Veröffentlichungen der Unfallversicherungsträger teilweise von der ständigen Anwesenheit von Aufsichtspersonal ausgehen. Daraus können sich Anforderungen oder Bewertungen ergeben, die auf öffentlich zugängliche Spielplätze nicht ohne Weiteres übertragbar sind. Im öffentlichen Bereich entfalten sie grundsätzlich keine unmittelbare Rechtswirkung. Dennoch ist es sinnvoll, das dort beschriebene Schutzniveau zu kennen und es im Rahmen von Gefährdungsbeurteilungen angemessen zu berücksichtigen.

Zur praktischen Unterstützung stellt die DGUV digitale Fachportale bereit, die Anforderungen, Beispiele und Prüfaspekte übersichtlich bündeln.

- **https://www.sichere-kita.de/** (Navigationspunkt: Außengelände, Abruf: 18.02.2026) Informationsportal zu Sicherheit und Gesundheitsschutz in Kindertageseinrichtungen mit praxisnahen Hinweisen zu Bau, Außengelände und Wartung.
- **https://www.sichere-schule.de/** (Navigationspunkte: Spielplatzgeräte, Klettern und Balancieren, naturnahe Außenbereiche, Abruf: 18.02.2026) Fachinformationen für sichere Schulhöfe und Bewegungsräume.

Für Spielplatzbetreiber und -prüfer können zudem die Checklisten und Planungshilfen der Unfallkasse Sachsen eine hilfreiche Unterstützung darstellen.[23]

[23] Unfallkasse Sachsen, *Hauseigene Druckschriften*, https://www.uksachsen.de/informationen-service/medien/hauseigene-druckschriften (webcode uK281, Abruf: 18.02.2026)

Normen für Spielplätze

Bedeutung von Normen

Eine Norm ist eine allgemein anerkannte oder verbindlich festgelegte Regel, die das Verhalten von Individuen innerhalb einer sozialen Gemeinschaft ordnet. Diese Formulierung kann mit juristischer oder soziologischer Literatur belegt werden.[1]

Es gibt sie nicht nur in der Technik, sondern auch als Vorgaben für die deutsche Sprache[2], für die Arbeit, als Rechtsvorschrift oder im menschlichen Zusammenleben.

An dieser Stelle geht es um technische Normen. Sie beschreiben die Eigenschaften von Produkten, Dienstleistungen und Verfahren. In Deutschland ist das Deutsche Institut für Normung e. V. (DIN) der Herausgeber von technischen Normen (DIN). Der Vorteil von Normen wird bereits im Alltag deutlich: Wenn Sie eine bestimmte Schraube benötigen, müssen Sie diese nicht genau in allen Einzelheiten wie Bauform, Art und Steigung des Gewindes, Länge, Gestaltung des Schraubenkopfes, Werkstoff, Festigkeit usw. beschreiben – sondern es genügt eine Angabe mit Bezug auf die geltende Norm. So gilt bspw. für Sechskantschrauben mit Flansch und Feingewinde – Leichte Reihe die DIN EN 14219.

[1] Creifelds, C. (Hrsg.). (2022). *Juristisches Wörterbuch* (24. Aufl.). München: C.H. Beck.; Fuchs-Heinritz, Werner u. a. (Hrsg.): *Lexikon zur Soziologie*, 5. Aufl., Wiesbaden 2011, Stichwort „Norm".

[2] Rat für deutsche Rechtschreibung (Hrsg.): *Amtliches Regelwerk der deutschen Rechtschreibung*, Mannheim 2024.

DIN-Normen gehören zu den privaten Regeln der Technik. Ihre Anwendung ist deshalb freiwillig. Werden sie jedoch in Gesetzen und anderen Rechtsvorschriften erwähnt, erlangen sie eine höhere juristische Wertigkeit. In Deutschland verweist der Gesetzgeber bspw. in den Verzeichnissen nach § 5 Abs. 2 des ProdSG auf bestimmte Normen. Für Produkte, die den aufgeführten Normen entsprechen, kann vermutet werden, dass sie die Anforderungen des ProdSG erfüllen.

Für den grenzüberschreitenden Handel mit Produkten sind europäische Normen (EN) und internationale Normen (ISO) von besonderer Bedeutung. Dies gilt auch für die Normen für Spielplatzgeräte, die seit vielen Jahren europäische Normen sind. Dadurch wird der freie Warenverkehr für Spielplatzgeräte in den beteiligten europäischen Ländern gewährleistet.

Damit Normen immer aktuell sind, werden sie i. d. R. alle fünf Jahre überarbeitet. In den nachfolgenden Abschnitten wird die Entwicklung der Spielplatz-Normierung von den Anfängen in den 1970er-Jahren bis heute aufgezeigt. Aus der ehemals nationalen Norm DIN 7926 ist eine europäische Norm geworden, von der inzwischen die vierte Edition für die meisten Teile vorliegt.

Von der Normung profitieren alle Beteiligten: Hersteller können europaweit einheitlich agieren. Für Hersteller und Spielplatzbetreiber gilt in Deutschland die exkulpierende Vermutungswirkung harmonisierter Normen. Für die Benutzer wird europaweit ein vergleichbares Sicherheitsniveau gewährleistet.

Für die Spielplatzprüfung sind insbesondere die folgenden Normen (Kurztitel) relevant:

- die Normenreihe DIN EN 1176 Spielplatzgeräte und Spielplatzböden
- DIN EN 1177 Prüfverfahren zur Bestimmung der Stoßdämpfung von Spielplatzböden
- die Normenreihe DIN 18034 Spielplätze und Freiräume zum Spielen
- DIN 33942 Barrierefreie Spielplatzgeräte
- die Normenreihe DIN 79161 Qualifizierung von Spielplatzprüfern

Darüber hinaus gibt es eine Reihe weiterer Normen, mit denen Spielplatzprüfer im Einzelfall konfrontiert werden können, wie z. B. (Kurztitel):

- DIN 79400 Slacklinesysteme
- DIN EN 15312 Frei zugängliche Multisportgeräte
- DIN EN 14974 Skateparks
- DIN EN 16630 Standortgebundene Fitnessgeräte im Außenbereich
- DIN EN 12572 Künstliche Kletteranlagen
- DIN EN 11176-10 Vollständig umschlossene Spielgeräte
- DIN EN 14960 Aufblasbare Spielgeräte

Diese Normen sind nicht Bestandteil der Ausbildung von Spielplatzprüfern nach DIN 79161-1 und werden hier nicht erläutert. Die Aufzählung ist nicht abschließend. Für die Inspektion der vorgenannten Geräte ist für Qualifizierte Spielplatzprüfer nach DIN 79161-1 u. -2 eine zusätzliche Sachkundeausbildung erforderlich, die zu einem Sachkundenachweis führt.

Die Normenreihe DIN EN 1176 Spielplatzgeräte und Spielplatzböden

In der Bundesrepublik Deutschland wurde die Normreihe DIN 7926 „Kinderspielgeräte“ Mitte der 1970er-Jahre entwickelt. Teil 1 erschien 1976 und wurde 1981 sowie 1985 überarbeitet. Teil 3 „Rutschen“ folgte 1979 (Aktualisierung 1989), Teil 2 „Schaukeln“ 1981 (Aktualisierung 1984). Ein erläuterndes Beiblatt wurde 1987 veröffentlicht.

Parallel galt in der ehemaligen DDR die TGL-Reihe 34303 „Spielanlagen für Kinder und Jugendliche“ mit Gesetzescharakter, bestehend aus Teil 1 Grundlagen, Teil 2 Bautechnische Anforderungen und Teil 3 Spielelemente; eine umfassende Aktualisierung erfolgte 1985. Nach der Wiedervereinigung verlor die TGL ihre normative Verbindlichkeit, blieb jedoch – insbesondere TGL 34303-3 – im Rahmen des Bestandsschutzes für die Inspektion vorhandener Spielplatzgeräte fachlich relevant (zum Bestandschutz s. Kapitel ► „Gesetze, Normen, Erlasse“)

Die Normenreihe **DIN EN 1176 löste im Jahr 1998 die deutsche DIN-Reihe 7926** ab. Da europäische Normen nationale Rechtsvorschriften nicht ändern können, kennzeichnen **A-Abweichungen nationale Anforderungen**, bei denen im jeweiligen Land abweichendes oder ergänzendes Recht **vorrangig anzuwenden** ist. Aufgrund der in Deutschland gesetzlich verankerten Aufsichtspflicht für Kinder unter drei Jahren wurden **normbezogene Anforderungen an Spielangebote für Kinder**

unter drei Jahren (U3-Kinder) in den A-Abweichungen **für Deutschland** entsprechend **eingeschränkt**.

Normative Überarbeitungen erfolgten 2003 und 2008.

Ab der Normausgabe 2003 wurde erstmals ein **Beiblatt zur DIN-Reihe 1176 (Bbl.)** bereitgestellt. Ziel der Bbl. ist es, Anwendern **ergänzende, praxisorientierte Informationen zur Anwendung und Auslegung der Normanforderungen** zu geben. Bbl. enthalten keine zusätzlichen normativen Festlegungen. Im Abschnitt 1 wird die **Sicherheitsphilosophie** dargestellt, die mit der Beiblattaktualisierung 2019 durch Aspekte der **Selbstsicherungsfähigkeit** sowie der **Ersatzsicherungspflicht** vertieft und präzisiert wurde. Seit 2019 enthält zudem das Vorwort Hinweise zum **Bestandsschutz**. Für Spielplatzprüfer ist v. a. die **tabellarische Übersicht über Öffnungs- und Sicherheitsmaße** von Bedeutung, da sie eine schnelle Orientierung bei der Bewertung potenzieller Gefährdungen ermöglicht. Darüber hinaus erleichtert das **Stichwortverzeichnis** das gezielte Auffinden spezifischer Anforderungen und Festlegungen innerhalb **der gesamten DIN-Reihe.**

Bis zur Normausgabe 2008 war die DIN EN 1176 im Zusammenhang mit der DIN EN 1177 anzuwenden, da diese bis dahin die Tabelle „Bodenarten in Abhängigkeit von den zulässigen freien Fallhöhen" enthielt. Mit der Ausgabe **DIN EN 1176:2008 wurde der Titel auf „Spielplatzgeräte und Spielplatzböden"** erweitert; sicherheitstechnische **Anforderungen an Spielplatzböden** wurden aus DIN EN 1177 herausgelöst, normativ in DIN EN 1176-1 übernommen und für Deutschland **in den A-Abweichungen** ergänzend konkretisiert.

Die CEN/TR 16396:2012 wurde unter der Bezeichnung DIN SPEC 31081:2013-01 „Kinderspielplatzgeräte – Antworten zu Interpretationsanfragen zur EN 1176:2008 und deren Teilen“ veröffentlicht. Diese technische Regel wird im Nationalen Anhang NB der DIN EN 1176-1:2024-05 als informativer Literaturhinweis angegeben und entfaltet keine normative Wirkung. Wer sich jedoch an eine Interpretation hält, kann davon ausgehen, dass er den betreffenden Abschnitt der Norm korrekt angewendet hat. Bedauerlicherweise ist die DIN SPEC weder im Taschenbuch 105 „Spielplätze und Freizeitanlagen“ noch im Onlinedienst Modul „Spielgeräte, Sport, Freizeitanlagen“ enthalten und muss gesondert bestellt werden.

Die **Normaktualisierung vom Dezember 2017** erfasste noch nicht alle Teile der Normenreihe. Die Regelungen für Karussells (Teil 5) erforderten einen zweiten Entwurf. Noch länger dauerte die Überarbeitung von Teil 7, der erst zum 01.06.2020 veröffentlicht wurde.

Die deutsche Normübersetzung der Aktualisierung von 2017 ist stellenweise für die praktische Anwendung nur eingeschränkt verständlich. So beschreibt der bisherige Titel „Belastungsversuche zur konstruktiven Festigkeit“ den Inhalt von Anhang C verständlicher als die neue Bezeichnung „Physikalische Prüfung der konstruktiven Festigkeit“.

Im Jahr 2014 wurde der Normteil 11 „Zusätzliche besondere sicherheitstechnische Anforderungen und Prüfverfahren“ zuletzt aktualisiert. Die erste Ausgabe dieser Norm erschien im Jahr 2008.

Im Folgenden werden auszugsweise die wesentlichen Neuerungen der Normausgaben 2017/2019 einschließlich der erfolgten Berichtigungen dargestellt, die weiterhin unverändert gelten. Die Darstellung bietet lediglich einen Überblick. Weitere Einzelheiten ergeben sich aus den sicherheitstechnischen Anforderungen der jeweiligen Norm.

Im Allgemeinen Teil 1, der als Grundlage für alle in den weiteren Teilen spezifizierten Spielplatzgeräte gilt, wurden umfangreiche Normaktualisierungen vorgenommen, u. a.:

- **Sprunggeräte** (neu aufgenommen, s. Kapitel ► „Sprunggeräte")
- die **A-Abweichung für U3-Kinder** wurde gestrichen (s. Kapitel ► „Absturzsicherung")
- der Nationale Anhang NA „**Bestätigung des angemessenen Maßes an Stoßdämpfung nach der Installation des stoßdämpfenden Bodens**" hinzugefügt (s. Kapitel ► „Stoßdämpfende Spielplatzböden")

Eine fachliche Begründung für den Wegfall der A-Abweichung für U3-Kinder wurde nicht ausdrücklich veröffentlicht. Betreiber und Planer müssen daher bewusst entscheiden, welche Spielplatzgeräte künftig für die Altersgruppe U3 als leicht zugänglich vorgesehen werden sollen. Die DGUV[1] empfiehlt zu prüfen, ob entsprechende Spielplatzgeräte in größerer Anzahl bereitgestellt werden sollten. Leicht zugängliche Spielplatzgeräte verlieren auch für U3-Kinder schnell an Spielwert. Zudem sollen Zugangsfilter bei nicht leicht zugänglichen Geräten die Nutzung

[1] https://www.sichere-kita.de/aussengelaende/hinweise/anforderungen-fuer-kinder-unter-3-jahren

nicht verhindern, sondern lediglich der Aufsichtsperson zusätzliche Zeit zum Eingreifen verschaffen.

Weitere wesentliche Änderungen betreffen:

Teil 2 Schaukel: Hier wurde die bisherige Sicherheitsphilosophie des früheren Beiblatts zur Bodenfreiheit von Nestschaukeln weitgehend verändert.

Teil 3 Rutschen: Es wurde eine Längenbegrenzung für gerade Rutschteile eingeführt.

Teil 4 Seilbahnen Die Prüfung wurde durch die Vereinheitlichung der Prüflasten deutlich erleichtert.

Teil 5 Karussells: Karussells müssen nunmehr weder einen Mindestdurchmesser noch eine Mindestanzahl von Benutzerstellen aufweisen; neu aufgenommen wurden schüsselförmige Karussells.

Teil 6 Wippgeräte: Bei den Wippgerätetypen 1 bis 4 wurde der Fallraum bei stehender Benutzung auf 1,5 m vergrößert.

Teil 7: Installation, Inspektion, Wartung und Betrieb: Empfehlungen wurden in Anforderungen überführt, Inspektion und Wartung getrennt (neue Kapitelstruktur), Inspektion nach Installation neu klar definiert, Inspektionsarten systematisiert (visuell Routine-Inspektion/operative Inspektion, jährliche Hauptinspektion), Wartungsplan und Sicherheitsmanagementsystem verpflichtend, Dokumentationspflicht verschärft, Begriffe erweitert (Betreiber, sachkundige Person, Risikobeurteilung), alle mit Spielplatzsicherheit Beauftragten müssen eine aufgabenbezogene Kompetenz besitzen, alle Inspektionsarten müssen von Sachkundigen durchgeführt werden, Unabhängigkeit des Prüfpersonals konkretisiert, Stoßdämpfende Böden stärker geregelt (Alterung, Fallhöhe, Prüfung), Risikobeurteilung integriert, Zusatzausstattung stärker einbezogen (Bänke, Zäune etc.)

Teil 10 vollständig umschlossene Spielgeräte: keine Änderungen; die Ausgabe wurde 2024 aktualisiert

Teil 11 Raumnetze: keine Änderung (letzte Normausgabe 2014

Im Jahr **2024 wurden die Normteile 1 und 10** aktualisiert. Für Teil 1 wird der Anwendungsbeginn 01.05.2024 angegeben. Es besteht kein Übergangszeitraum, da die Übergangsfrist mit 30.04.2024 angegeben wird. Für Teil 10 wird kein Anwendungsbeginn, sondern nur ein Anwendungsbereich und der Ersatz für DIN EN 1176-10:2008-10 formuliert.

Der Ausschuss für Produktsicherheit hat auf Anfrage mitgeteilt[2], dass die Normausgabe erst mit der Veröffentlichung im Normenverzeichnis 2 nach § 5 Abs. 2 ProdSG Vermutungswirkung entfaltet. Die Normen wurden im Dezember 2025 in diese aufgenommen.

Während die Änderungen im Teil 10 umfangreich waren, wurde im Teil 1 nur die nicht für die Spielplatzprüfung relevante Gleichung A15 geändert. Zu beachten ist, dass als wichtigste Änderungen im Europäischen Vorwort die Änderungen der Normausgabe 2017 wiedergegeben werden, jedoch nicht die Änderung der Gleichung A15 beinhaltet.

2 Mitteilung an die GAO per E-Mail vom 15.08.2024

Bezüglich der Kennzeichnung nach Nr. 7.1 „Identifizierung der Geräte“ ist entsprechend Buchstabe c) nicht die Normausgabe EN 1176:2024-05, sondern EN 1176-1:2017 anzugeben.

Nach Buchstabe a) Nr. 5.1 DIN EN 1176:2024-05 sowie nach Buchstabe c) Nr. 1 Nationaler Anhang NA DIN EN 1176-1:2024 ist ebenfalls EN 1176-1:2017 anzugeben.

Somit ist weder aus der Kennzeichnung noch aus dem Prüfbericht erkennbar, ob das Spielplatzgerät und die stoßdämpfenden Böden nach der Normausgabe 2024-05 hergestellt wurden.

Aktuell umfasst die Normenreihe folgende Teile:

- DIN EN 1176-1:2024-05 Spielplatzgeräte und Spielplatzböden – Teil 1: Allgemeine sicherheitstechnische Anforderungen und Prüfverfahren
- DIN EN 1176-2:2020-04 Spielplatzgeräte und Spielplatzböden – Teil 2: Zusätzliche besondere sicherheitstechnische Anforderungen und Prüfverfahren für Schaukeln
- DIN EN 1176-3:2017-12 Spielplatzgeräte und Spielplatzböden – Teil 3: Zusätzliche besondere sicherheitstechnische Anforderungen und Prüfverfahren für Rutschen
- DIN EN 1176-4:2019-05 Spielplatzgeräte und Spielplatzböden – Teil 4: Zusätzliche besondere sicherheitstechnische Anforderungen und Prüfverfahren für Seilbahnen
- DIN EN 1176-5:2019-12 Spielplatzgeräte und Spielplatzböden – Teil 5: Zusätzliche besondere sicherheitstechnische Anforderungen und Prüfverfahren für Karussells
- DIN EN 1176-6:2019-05 Spielplatzgeräte und Spielplatzböden – Teil 6: Zusätzliche besondere sicherheitstechnische Anforderungen und Prüfverfahren für Wippgeräte

- DIN EN 1176-7:2020-06 Spielplatzgeräte und Spielplatzböden – Teil 7: Anleitung für Installation, Inspektion, Wartung und Betrieb
- DIN EN 1176-11:2014-11 Spielplatzgeräte und Spielplatzböden – Teil 11: Zusätzliche besondere sicherheitstechnische Anforderungen und Prüfverfahren für Raumnetze
- DIN EN 1176 Beiblatt 1:2020-12 Spielplatzgeräte und Spielplatzböden – Sicherheitstechnische Anforderungen und Prüfverfahren; Beiblatt 1: Erläuterungen

Die Regelungen dieser Normteile zu Spielplatzgeräten und Spielplätzen stellen den umfangreichsten, zentralen und prüfungsrelevanten Ausbildungsinhalt für qualifizierte Spielplatzprüfer gemäß der Normenreihe DIN 79161 dar und werden im nachfolgenden Abschnitt „Sicherheitstechnische Anforderungen von A–Z" konkret erläutert.

Jeder qualifizierte Spielplatzprüfer nach DIN 79161-1 und -2 sollte im Besitz dieser Normen sein, um seine Aufgaben sach- und fachgerecht erfüllen zu können. Hinweise zum Bezug der Normen finden sich im Kapitel „Normenbezug".

Die DIN EN 1176-10:2024-05 „Spielplatzgeräte und Spielplatzböden – Teil 10: Zusätzliche besondere sicherheitstechnische Anforderungen und Prüfverfahren für vollständig umschlossene Spielgeräte" gehört nicht zum regulären Ausbildungsumfang qualifizierter Spielplatzprüfer nach DIN 79161-1 und -2. Teil 10 betrifft vollständig umschlossene Spielgeräte, wie sie insbesondere in Indoor-Spielparks, Einkaufszentren, Gastronomie mit Spielbereichen sowie vergleichbaren Anlagen vorkommen. Er ergänzt die allgemeinen Anforderungen der DIN EN 1176 u. a. um Aspekte wie Brandschutz, Evakuierungsmöglichkeiten,

Zugänge für Erwachsene und Rettungswege, die bei Spielplatzgeräten auf öffentlichen Spielplätzen regelmäßig nicht im Vordergrund stehen. Für die Inspektion vollständig umschlossener Spielgeräte wird daher eine spezifische Sachkundefortbildung mit entsprechendem Nachweis empfohlen.

DIN EN 1177 Stoßdämpfende Spielplatzböden, Bestimmung der kritischen Fallhöhe[1]

Prüfverfahren zur Bestimmung der Stoßdämpfung

In den Ausgaben von 1997 und 2002 der Normenreihen DIN EN 1176 und DIN EN 1177 waren noch die sicherheitstechnischen Anforderungen an Spielplatzböden in der DIN EN 1177 enthalten. Dort war die Tabelle mit den üblicherweise auf Spielplätzen verwendeten stoßdämpfenden Bodenmaterialien sowie den von der freien Fallhöhe des Spielplatzgerätes abhängigen Schichtdicken bei losen Bodenmaterialien zu finden.

Ab der Ausgabe 2008 änderte sich das: Die DIN EN 1176 trug nun den Titel „Spielplatzgeräte und Spielplatzböden". Die sicherheitstechnischen Anforderungen an die Spielplatzböden wurden aus DIN EN 1177 heraus- und in DIN EN 1176-1 übernommen.

Die DIN EN 1177:2024-10 normiert zwei Prüfverfahren zur Bestimmung der Stoßdämpfung von Spielplatzböden. Das Ziel besteht darin, das Verletzungsrisiko bei Stürzen, insbesondere das Risiko von Kopfverletzungen, zu bewerten. Dabei werden der

[1] Als kritische Fallhöhe gilt die größtmögliche freie Fallhöhe, für die eine Aufprallfläche ein ausreichendes Maß an Stoßdämpfung bietet.

HIC-Wert (Grenzwert ≤ 1000)[2] und die Spitzenbeschleunigung g_{max} (Grenzwert ≤ 200 g) gemessen. Zudem definiert die Norm die Anforderungen an Prüfberichte.

Beim **Prüfverfahren 1 wird die kritische Fallhöhe (CFH) ermittelt**. Dazu wird ein genormter Prüfkopf aus verschiedenen Höhen auf den Boden fallen gelassen. Aus den Messwerten wird anschließend berechnet, bei welcher Fallhöhe die Grenzwerte erreicht werden. Die niedrigere dieser Höhen ist die kritische Fallhöhe. Dieses Verfahren dient v. a. der **Produktprüfung** im Labor oder dem **generellen Nachweis der Eignung eines Bodens**.

Für die nachfolgenden Produktarten werden die Prüfbedingungen beschrieben:

1. Prüfung von Fallschutzplatten, Matten oder anderen vorgefertigten Bodenbelägen,
2. Prüfung von Spielplatzböden, die dafür vorgesehen sind, vor Ort hergestellt zu werden
3. Prüfung von Produkten, die aus mehr als einer Komponente bestehen

[2] Es wird auf den aus der Fahrzeugtechnik bekannten HIC-Wert (Head Injury Criterion) zurückgegriffen. Der Wert ist faktisch ein dimensionsloser Kopf-Verletzungsfaktor. Aus der Fahrzeugtechnik wurde als maximal zulässiger Wert HIC 1000 übernommen. Das ist nicht unstrittig.

4. Prüfung von Produkten, die für den Einsatz in Kombination mit natürlichen Materialien installiert sind. Dabei handelt es sich um die Prüfung von Produkten, die für den Einsatz in Kombination mit natürlichen Materialien installiert sind. Produkte (z. B. synthetische Matten – z. B. Rasengitterplatten), die zusammen mit natürlichen Materialien wie Gras oder Sand verwendet werden und deren Wirkung beeinflussen, können im Labor nicht zuverlässig getestet werden. Für sie wird daher kein Prüfbericht erstellt.[3] Die maßgebliche Fallhöhe kann nur durch eine individuelle Vor-Ort-Prüfung im vollständig installierten Zustand ermittelt werden. Sie kann sich im Laufe der Zeit oder durch Witterungseinflüsse verändern.

Beim **Prüfverfahren 2 wird die Stoßdämpfung direkt vor Ort überprüft**, bspw. nach dem Einbau oder bei einer Inspektion. Dazu wird der Prüfkopf aus der tatsächlichen freien Fallhöhe des Spielgeräts fallen gelassen. Dabei wird nur kontrolliert, ob die Grenzwerte eingehalten werden, eine kritische Fallhöhe wird nicht berechnet.

[3] EK 2 AK 2.5, Beschluss Nr. 12 „Rasengitterplatten“ (19.06.2018)

Bild 1: *Prüfung der Stoßdämpfung vor Ort – Prüfkörper im freien Fall (Quelle: GAO – Gesundheits- und Arbeitsschutz Onischka UG [haftungsbeschränkt])*

DIN-Reihe 18034 Spielplätze und Freiräume zum Spielen

Anforderungen für Planung, Bau und Betrieb

Die erste Ausgabe von DIN 18034 erschien im November 1971 unter dem Titel „Spielplätze für Wohnanlagen, Flächen und Ausstattungen für Spiele im Freien, Planungsgrundlagen“[1]. Obwohl diese Norm nur sechs Seiten umfasste, enthielt sie alle Informationen, die für die Konzeption von Spielplätzen benötigt wurden:

- den Flächenbedarf pro Kind gestaffelt nach Altersbereichen
- den Flächenbedarf von Spielplätzen
- Anforderungen an die Lage des Spielplatzes, dessen maximale Entfernung von den Wohnungen und den Radius des Einzugsbereiches sowie
- detaillierte Vorgaben für Spielarten und -bereiche

Das Echo auf diese Norm war nicht ungeteilt. Einige Kommunen befürchteten Eingriffe in ihre Planungshoheit. Aus diesem Grund wurde ein Änderungsentwurf von 1982 auch nicht umgesetzt. Stattdessen fand man eine pragmatische Lösung. Die strittigen Teile wurden aus der Norm entfernt und man veröffentlichte sie am 03.06.1987 als Musterlass „Freiflächen zum Spielen“ der ARGEBAU. Die „Restnorm“ erschien im Oktober 1988 unter dem

[1] Nach Nr. 3.20 i. V. m. Nr. 3.4 DIN 791611:2025-12 sind Spielplätze Flächen, die bauplanungsrechtlich als Spielflächen festgesetzt oder vertraglich zur Nutzung als Spielplatz bestimmt sind. Hierunter fallen insbesondere wohnungsnahe Innenhöfe, Schul- und Kita-Freiflächen, Grün- und Freizeitanlagen sowie öffentlich zugängliche Spielangebote im Gastgewerbe, auf Rastanlagen und in öffentlichen Platz- und Fußgängerbereichen.

Titel „Spielplätze und Freiflächen zum Spielen, Grundlagen und Hinweise für die Objektplanung". Neben den Planungshinweisen enthält sie sicherheitstechnische Anforderungen, bspw. an die maximale Wassertiefe, Einfriedungen, Zugänge, Giftpflanzen und die Wartung.

Aus DIN 18034:1999-12 und 2012-09 resultierten keine wesentlichen Änderungen hinsichtlich der sicherheitstechnischen Anforderungen.

Im Dezember 2019 erschien ein neuer Entwurf, der als **DIN 18034-1:2020-10** in Kraft gesetzt wurde. Das angekündigte und im Entwurf veröffentlichte Beiblatt 1 wurde ersatzlos zurückgezogen.

Ausgehend von Begriffen wie „Spielplatz", „Freiraum zum Spielen" bzw. „naturnaher Bereich", „Ausstattungselemente", „Barrierefreiheit", „Inklusion", „Fähigkeit" und „Fertigkeit", „Leitsystem" sowie dem für Barrierefreiheit und Inklusion relevanten „Zwei-Wege- und Zwei-Sinne-Prinzip" werden Planungsziele definiert, bspw. zur Sinnes- und Bewegungsförderung oder zu speziellen Bewegungsangeboten für Jugendliche (z. B. Multisportangebote).

Zudem werden Anforderungen an Wasser, Zugänge, Einfriedungen, Pflanzen, Ausstattungselemente (z. B. Hütten, Pavillons, Bänke, Geländer und Handläufe usw.), Handball- bzw. Fußballtore, Tischtennisplatten, Multisport- oder Rollsportanlagen und vergleichbare Anlagen sowie weitere Objekte (z. B. Kunstwerke, Skulpturen, Naturelemente) festgelegt.

Diese Anforderungen gehören zum Ausbildungsinhalt für qualifizierte Spielplatzprüfer nach der DIN-Reihe 79161 und werden im nachfolgenden Abschnitt „Sicherheitstechnische Anforderungen von A–Z“ konkret erläutert.

DIN/TS 18034-2 Spielplätze und Freiräume zum Spielen – Matrix zur Bewertung für inklusive Spielräume

Die DIN/TS 18034-2:2024-02 beschreibt ein strukturiertes Bewertungssystem für inklusive Spielplätze und Freiräume zum Spielen. Als Technische Spezifikation dient sie als Informationsquelle und Grundlage für eine spätere Norm, sofern die Inhalte hierfür noch nicht geeignet sind.

Kerninhalt der Technischen Spezifikation ist eine Matrix mit prozentualem Bewertungsschema, mit der überprüft werden kann, in welchem Maß ein Spielraum inklusiv gestaltet ist. Die Grundlage sind sechs zentrale Anforderungen:

- Barrierefreier Zugang
- Vernetzung der Spielstationen im Wege- und Leitsystem
- Erreichbarkeit der Spielangebote (nach Zwei-Wege- und Zwei-Sinne-Prinzip)
- Sinneserfahrungen (z. B. Hören, Sehen, Tasten, Gleichgewicht)
- Bewegungserfahrungen (Koordination, Geschwindigkeit, Höhe)
- Soziale Aspekte (Kommunikation, Gruppen- und Einzelspiel, Begegnung)

Anhand festgelegter Mindestanteile (in %) werden Spielplätze in drei Inklusionsstufen (Stufe 1–3) eingeordnet.

Ziel der Spezifikation ist es, Planenden und Betreibenden ein praxisnahes Instrument zur Planung, Bewertung und Weiterentwicklung inklusiver Spielräume an die Hand zu geben – orientiert an der UN-Behindertenrechtskonvention und ergänzend zu DIN 18034-1.

Die DIN/TS 18034-2:2024-02 enthält keine eigenständigen sicherheitstechnischen Anforderungen an Spielgeräte oder Spielplatzböden. Sie ist daher nicht Bestandteil des Ausbildungs- und Prüfungsumfangs der Sachkunde für Qualifizierte Spielplatzprüfer gemäß DIN 79161-1 und DIN 79161-2 und entfaltet insoweit keine sicherheitstechnische, normative Wirkung.

DIN 33942 Barrierefreie Spielplatzgeräte – Sicherheitstechnische Anforderungen und Prüfverfahren

Die erste Ausgabe dieser Norm trat am 01.09.1998 in Kraft. Ihr Ziel war es, Anforderungen für barrierefreie Spielplatzgeräte festzulegen, die

- von allen Kindern,
- weitestgehend ohne fremde Hilfe und
- ohne ständige Aufsicht

benutzt werden können.

Die Anforderungen umfassten folgende Hauptpunkte:

- Bewegungsflächen in den Geräten
- Bewegungsflächen außerhalb der Geräte
- Orientierungshilfen
- Möglichkeiten zur Hilfestellung und
- gerätespezifische Festlegungen

Basierend auf diesen Hauptpunkten sind überarbeitete Ausgaben der Norm im August 2002 und im April 2016 erschienen.

Allen drei Ausgaben ist gemeinsam, dass die allgemeinen Aussagen zur Barrierefreiheit hilfreich sind.

Bei den gerätespezifischen Festlegungen enthält die Norm Regelungen, die fachlich kritisch bewertet werden, da sie teilweise zu einer Benachteiligung von Kindern mit Behinderungen führen können. Vor diesem Hintergrund wurde DIN 33942 aus dem Normenverzeichnis 2 zu § 5 Abs. 2 ProdSG gestrichen. Für nach dieser Norm gefertigte Spielplatzgeräte besteht daher keine Vermutungswirkung i. S. d Produktsicherheitsrechts. Die Norm gilt somit nicht als allgemein anerkannte Regel der Technik.

Die Normenreihe DIN 79161 Spielplatzprüfung – Qualifizierung von Spielplatzprüfern, Mindestprüfumfang und Prüfbericht

Rechtliche und praktische Relevanz der DIN-Reihe 79161[1]

Die DIN-Reihe 79161 schafft klare und einheitliche Anforderungen an die Qualifikation von Spielplatzprüfern. Sie konkretisiert die Vorgaben aus Rechtsprechung[2] und DIN EN 1176-7, indem sie verbindlich regelt, welche Ausbildung, Schulung, Prüfung und Zertifizierung für die Durchführung der Inspektion nach der Installation und jährlichen Hauptinspektion erforderlich sind. Dadurch wird die notwendige Sachkunde transparent und nachweisbar gemacht.

Zugleich sorgt die Norm für eine bessere Vergleichbarkeit der Qualifikationen, da unterschiedliche Ausbildungswege auf ein einheitliches Niveau gebracht werden. Die verpflichtende Fortbildung stellt sicher, dass Prüfer stets auf dem aktuellen Stand der Technik bleiben. Durch die klare Trennung zwischen laufenden Kontrollen und der jährlichen Hauptinspektion wird zudem die Qualität und Unabhängigkeit der Prüfung gestärkt.

---

1 s. BADK Information, Sonderheft 2025, Haftungsrechtliche Organisation, Nr. 3.4.4 „Qualifikation des Personals“

2 Mastkorburteil Urt. des AG Offenbach/Main vom 01.10.2004 - 27 Ds 1120 Js 68056/02 OLG Celle, Urteil vom 17.03.1993, 9 U 201/91, Urt. AG Offenbach

Besonders vorteilhaft ist die Norm im Vergabeverfahren für die Bestellung/Anstellung von Spielplatzprüfern: Auftraggeber/Spielplatzbetreiber können die Qualifikation nach DIN Reihe 79161 als verbindliche Voraussetzung festlegen und erhalten dadurch von vornherein vergleichbare und fachlich geeignete Angebote. Das erhöht die Transparenz, erleichtert die Auswahlentscheidung und stärkt insgesamt die Rechtssicherheit.

Die Normenreihe ersetzt nicht die im Rahmen der Auswahlverantwortung (Eignungsprüfung) erforderliche individuelle Bewertung der persönlichen Eignung, insbesondere im Hinblick auf Sorgfalt, Gewissenhaftigkeit und Zuverlässigkeit.

Zur Historie

Im Jahr 2007 stellte der Bundesverband der Spielplatzgeräte- und Freizeitanlagen-Hersteller e. V. (BSFH) beim Deutschen Institut für Normung e. V. (DIN) den Antrag, eine Norm zur Qualifizierung von Spielplatzprüfern zu erarbeiten.

Auslöser war die in DIN EN 1176-7 enthaltene, vergleichsweise offen formulierte Anforderung, wonach sowohl die Inspektion nach Fertigstellung eines neuen Spielplatzes als auch die jährliche Hauptinspektion durch sachkundige Personen durchzuführen sind. Ergänzend wird dort ausgeführt, dass der Umfang der erforderlichen Sachkunde von der jeweiligen Aufgabe abhängt.

Unabhängig davon bezeichneten sich zahlreiche Personen als Sachkundige, Sachverständige oder freie Sachverständige. Da diese Bezeichnungen rechtlich nicht geschützt sind, war und ist ihre Verwendung zulässig.

Mitglieder des BSFH sahen sich teilweise mit Prüfberichten konfrontiert, die Zweifel an der tatsächlich vorhandenen Sachkunde einzelner Spielplatzprüfer aufkommen ließen. Vergleichbare Erfahrungen machten auch die Unfallkassen im Rahmen von Kontrollen auf Spielplätzen von Kindertageseinrichtungen und Schulen.

Vor diesem Hintergrund entstand der Bedarf nach einer klar geregelten Qualifizierung. Der eingesetzte Ausschuss erarbeitete daraufhin ein entsprechendes Regelwerk, das im Dezember 2011 als DIN SPEC 79161 „Spielplatzprüfung – Qualifizierung von Spielplatzprüfern" veröffentlicht wurde. Zunächst handelte es sich nicht um eine Norm, sondern um einen Fachbericht, der noch keine allgemein anerkannte Regel der Technik darstellte.

Die DIN SPEC regelte insbesondere:

- Anforderung an die Spielplatzprüfung hinsichtlich Mindestprüfumfang für den Spielplatz und die Spielplatzgeräte und Anforderungen an den Prüfbericht.
- Teilnahmevoraussetzungen für die Ausbildung
- Inhalte und Dauer der theoretischen und praktischen Schulung
- Umfang, Inhalte und Zeitdauer der Abschlussprüfung
- Anforderung an den Ausbilder
- Anforderung an das Zertifikat
- die Gültigkeit der Qualifikation. Die Qualifikation galt drei Jahre. Zur Aufrechterhaltung war ein Besuch eines Auffrischungskurses bei einem registrierten Ausbilder erforderlich. Eine erneute Prüfung war nicht notwendig.

Bereits im ersten Jahr nach Erscheinen der Norm registrierte die FLL.[3] als Zertifizierungsstelle elf kooperierende Ausbildungsinstitute mit 362 Teilnehmern,[4] wovon 311 die Prüfung zum „Qualifizierten Spielplatzprüfer nach DIN SPEC 79161" bestanden.

Nach drei Jahren wurde der Fachbericht überarbeitet und erschien im November 2016 als zweiteilige Normenreihe DIN 79161: Teil 1 umfasst die Ausbildung und Schulung, Teil 2 Prüfung und Qualifizierungsnachweis.

Entsprechend **Teil 1** waren die **Regelungen zur Spielplatzprüfung inklusive Prüfbericht nicht mehr Bestandteil der normativen Regelung,** sondern wurden als Empfehlung zur **Durchführung von Spielplatzprüfungen als informativer Anhang A** veröffentlicht.

Teil 2 präzisierte die Gültigkeitsregelung: Der Qualifikationsnachweis gilt drei Jahre. Zur Verlängerung ist ein Auffrischungskurs erforderlich. Wird die Fünfjahresfrist überschritten, ist eine vollständige, erneute Prüfung notwendig.

Die Qualifikationsbezeichnung wurde in „Qualifizierter Spielplatzprüfer nach DIN 79161-1 und -2" (nachfolgend QSP) geändert.

Im Mai 2018 erschien eine überarbeitete Ausgabe beider Teile mit inhaltlich angepassten Schulungsinhalten aufgrund der 2017 weitgehend revidierten DIN EN Reihe 1176 sowie aktualisierten normativen Verweisungen.

---

3 Forschungsgesellschaft Landschaftsentwicklung Landschaftsbau e. V.

4 www.fll.de/nc/news.

Im Dezember 2025 wurde die neue DIN-Reihe 79161 mit einer Übergangsfrist bis zum 30.06.2026 veröffentlicht.

Nach zahlreichen Einsprüchen Qualifizierter Spielplatzprüfer gegen den Normentwurf von 2024 wurde dieser in Teilen angepasst und im Dezember 2025 als neue DIN-Reihe 79161 mit einer Übergangsfrist bis zum 30.06.2026 veröffentlicht. Innerhalb dieser Frist sind beide Ausgaben anwendbar.

In **Teil 1 der Normausgabe 2025-12** wurden die Teilnahmevoraussetzungen sowie die Anforderungen an den Ausbilder überarbeitet, die Rezertifizierung mit Prüfung eingeführt und **Anhang A zur Durchführung der Spielplatzprüfung einschließlich Mindestprüfumfang und Anforderungen an den Prüfbericht wieder normativ gestellt,** d. h. verbindlich festgelegt.

In Teil 2 wurde eine regelmäßige Prüfung im Rahmen der Rezertifizierung mit dem **eigenständigen Abschnitt zur Rezertifizierungsprüfung** eingeführt.

Nachfolgend wird auf die für Auszubildende, Prüflinge und Fortzubildende relevanten Regelungen der beiden Normteile eingegangen.

DIN 79161-1:2025-12 Spielplatzprüfung – Qualifizierung von Spielplatzprüfern – Teil 1: Ausbildung und Schulung

Dieses Dokument gilt für die Ausbildung von Personen, die sowohl die Inspektion nach der Installation als auch die jährliche Hauptinspektion von Spielplätzen und Spielplatzgeräten gemäß DIN EN 1176-7 durchführen. Grundlage sind dabei die einschlägigen Teile der Normenreihe DIN EN 1176 (mit Ausnahme von

DIN EN 1176-10) sowie die sicherheits- und wartungsbezogenen Anforderungen der DIN 18034-1.

Nicht erfasst ist hingegen die Ausbildung von Personen, die ausschließlich visuelle Routine- oder operative Inspektionen nach DIN EN 1176-7 vornehmen.

Zur Teilnahme an der Ausbildung nach DIN 79161-1:2025-12 ist eine mindestens dreijährige berufliche Tätigkeit im Bereich von Spielplatzgeräten und grundlegende Kenntnisse der Normenreihe DIN EN 1176 sowie der DIN 18034-1, bspw. erworben durch Schulungen oder Seminare, nachzuweisen.

Die Ausbildung gliedert sich verpflichtend in einen theoretischen und einen praktischen Teil.

Die **theoretische Schulung** vermittelt insbesondere

1. **rechtliche Grundlagen**
   Verkehrssicherungspflicht der Betreiber BGB § 828
   Produktsicherheitsgesetz § 5 Abs. 2 – Vermutungswirkung – Normenverzeichnis 2
   Verantwortung und Haftung von Hersteller, Betreiber und Spielplatzprüfer
   Überblick über relevante Normen und Regelungen (z. B. DGUV)
   Umgang mit Normabweichungen (z. B. EK 2 AK 2.5)
   Normkonformität[5] und Prüfzeichen

[5] Nr. 5 Nachweis von Einhaltung und Berichten DIN EN 1176-1:2024-05

2. **Einordnung/Bewertung/Analyse von Gefährdungen auf Spielplätzen**
   Spielrisiko und Risiko- bzw. Gefährdungsbeurteilung
   Häufige Unfallursachen und Unfallschwerpunkte
   Unfallbeispiele, Beispiel zur Rechtsprechung zu Unfällen auf Spielplätzen
3. **Sicherheits- und wartungsrelevante Anforderungen aus DIN 18034-1**
   Anforderungen an Wasser, Zugänge, Einfriedungen, (Gift-) Pflanzen
   Ausstattungselemente (z. B. Handball- bzw. Fußballtore, Tischtennisplatten, Multisport- oder Rollsportanlagen
   nicht zum Spiel vorgesehene Ausstattungselemente (z. B. Hütten, Pavillons, Bänke, Kunstwerke, Naturelemente)
4. **Sicherheitsmanagement, Organisation der Inspektion und Wartung**
   DIN EN 1176-7 mit Kompetenz, Verantwortung und Qualifikation des Personals, Inspektionsarten, Inspektionsumfang, Besondere Empfehlungen, Wartungsarten, Dokumentation, Dienstanweisungen (BADK),
5. **Schulungsrelevante Inhalte der DIN EN 1176-1, Allgemeiner Teil**
   Allgemeine sicherheitstechnische Anforderungen Spielplatzgeräte, außer Nachweis der konstruktiven Festigkeit nach DIN EN 1176-1, Anhänge A, B, C;
   - Prüfverfahren und -berichte;
   - Informationen, die vom Hersteller/Vertreiber zur Verfügung gestellt werden müssen
   - Kennzeichnungen
   - Prüfverfahren für Fangstellen
   - Fallschutz auf Spielplätzen
   - A-Abweichungen (Anhang 1)

6. **Schulungsrelevante Inhalte der normativen Teile 2 bis 6 und 11**
   sicherheitstechnische Anforderungen der
   DIN EN 1176-2 Schaukeln außer Anhänge B und C
   DIN EN 1176-3 Rutschen außer Anhänge A
   DIN EN 1176-4 Seilbahnen außer Anhänge C
   DIN EN 1176-5 Karussells außer Anhänge A und B
   DIN EN 1176-6 Wippen
   DIN EN 1176-11 Raumnetze
   DIN EN Beiblatt 12 Gesamtinhalt
7. **Grundsätzlicher Aufbau eines Prüfberichts nach DIN 79161-1**
   Gesamtinhalt Anhang A

Obwohl qualifizierte Spielplatzprüfer (QSP) aufgrund des Bestandsschutzes auch Spielplatzgeräte nach der DIN-Reihe 7926 sowie im Gebiet der ehemaligen DDR nach der TGL-Reihe 34303 prüfen müssen, sind diese Regelwerke i. d. R. nicht Bestandteil des formalen Ausbildungsumfangs. Der Ausbildende bzw. der QSP kann entsprechende Fragestellungen jedoch im Rahmen der Rezertifizierung aufgreifen. Grundsätzlich sollte die Ausbildung so konzipiert sein, dass die Betroffenen in der Lage sind, sich die erforderlichen Inhalte im Selbststudium anzueignen. In der Regel wird bei Ausschreibungen kein diesbezüglicher Qualifikationsnachweis gefordert.

Die **praktische Schulung** hat die Durchführung einer jährlichen Hauptinspektion auf einem Spielplatz unter Einbeziehung der Inhalte der visuellen Routine-Inspektion und der operativen Inspektion zum Inhalt.

Gegenstand ist die fachgerechte Feststellung und Bewertung sicherheitstechnisch relevanter Mängel an Spielplatzgeräten und Fallschutzböden gemäß Anhang A.2 von Teil 1 dieser DIN

- Stabilität/Materialbewertungen z. B. durch Klopfen, Bohren (Bohrwiderstandsmessung)
- praktischer Einsatz der Prüfkörper
- Zugangssituation, Einfriedung, Beschilderung und Ausstattungselemente
- Beurteilung verschiedener Spielplatzsituationen hinsichtlich sicherheitstechnischer Mängel z. B. Hauptlaufrichtung, Geräteanordnung
- Praktische Anwendung des normativen Anhangs A

In Teil 1 werden zudem die **Anforderungen an die Rezertifizierung** geregelt. Die hierfür vorgesehenen Fortbildungskurse sind auf maximal 15 Teilnehmende begrenzt und müssen einen Umfang von mindestens sechs Zeitstunden umfassen. Sie haben insbesondere aktuelle rechtliche sowie normative Entwicklungen zu berücksichtigen. Darüber hinaus sind ausgewählte Schulungsinhalte, einschließlich der Risikobeurteilung sowie der sachgerechten Anwendung der Prüfkörper, verbindlich zu behandeln.

Die Ausbildung muss nicht zwingend mit der Prüfung zum „Qualifizierten Spielplatzprüfer nach DIN 79161-1 und -2" abschließen.

Prüfumfang und Prüfbericht - normativer Anhang A

Die nunmehrige normativen und **verpflichtenden Regelung im Anhang A bzgl. Durchführung der Inspektion nach der Ins-**

tallation und der jährlichen Hauptinspektion muss sachkundig und fachlich weisungsfrei durchgeführt werden. Der Prüfer darf nicht unmittelbar an der Installation beteiligt gewesen sein.

Der **Mindestprüfumfang** umfasst sowohl die Bewertung des gesamten Spielplatzes (z. B. Zugangssituation, Einfriedung, Beschilderung, Vegetation, Verunreinigungen) als auch die sicherheitstechnische Überprüfung der einzelnen Spielplatzgeräte, einschließlich Frei- und Fallräumen, Aufprallflächen, Stabilität, Verschleißteilen, Fangstellen sowie möglicher Gefahren durch Reparaturen, Witterung oder Vandalismus. Bei erheblicher Gefahr für Leib und Leben ist der Betreiber unverzüglich zu informieren, damit geeignete Sicherungsmaßnahmen eingeleitet werden können.

Über jede Prüfung ist ein **formgerechter Prüfbericht** zu erstellen, der unter anderem Angaben zum Prüfdatum, zur Identifikation des Spielplatzes, zu festgestellten Mängeln einschließlich Bewertung und Fristen zur Mangelbeseitigung enthalten muss.

Prüfberichte sind mindestens fünf Jahre aufzubewahren.

DIN 79161-2 Spielplatzprüfung – Qualifizierung von Spielplatzprüfern – Teil 2: Prüfung und Qualifizierungsnachweis

Teil 2 befasst sich mit der Prüfung und Zertifizierung von Spielplatzprüfern. Er regelt die Teilnahmevoraussetzungen zur Prüfung, Ablauf und Inhalt der theoretischen und praktischen Prüfung, sowie die Ausstellung, Gültigkeit und Verlängerung (Rezertifizierung) des Qualifikationsnachweises.

Zur Prüfung wird nur zugelassen, wer die Schulung nach DIN 79161-1 nachweislich absolviert hat; diese darf nicht länger als drei Jahre zurückliegen. Es ist nicht vorgeschrieben, dass diese Ausbildung bei der Stelle erfolgen muss, die auch die Prüfung durchführt.

Die Prüfung besteht aus einem theoretischen und einem praktischen Teil; beide sind getrennt zu bewerten und müssen jeweils bestanden werden.

Die **theoretische Prüfung** dauert maximal zwei Stunden (je eine Stunde, mit und ohne Hilfsmittel) und umfasst 85 Fragen. Für die Themenbereiche

1) Allgemeine technische Fragen zu DIN EN 1176-1 und rechtliche Grundlagen: 28 Fragen, davon 20 ohne Hilfsmittel
2) Gerätespezifische Fragen zu DIN EN 1176 Teil 2 bis 6 und Teil 11: 9 Fragen zu Schaukeln, davon 2 Fragen ohne Hilfsmittel
   10 Fragen zu Rutschen, davon 2 Fragen ohne Hilfsmittel
   5 Fragen zu Seilbahnen, davon 2 Fragen ohne Hilfsmittel
   9 Fragen zu Karussells, davon 2 Fragen ohne Hilfsmittel
   9 Fragen zu Wippen, davon 2 Fragen ohne Hilfsmittel
3) Wartungsspezifische und Fragen zu Sicherheitsmanagement mit Fragen zu DIN EN 1176-7: 7 Fragen, davon alle Fragen ohne Hilfsmittel
4) Spielplatzplanung mit Fragen zur DIN 18034-01: davon 2 Fragen ohne Hilfsmittel

Sie gilt als bestanden, wenn mindestens 80 % korrekt beantwortet werden

Die **praktische Prüfung** umfasst die Anwendung der Prüfkörper an einem normativ festgelegten **Prüfobjekt** (s. Bild 1).

Der Prüfling muss zehn ausgewählte Prüfpositionen innerhalb von 20 Minuten hinsichtlich korrekter Anwendung der Prüfkörper sowie Normkonformität und Risikoeinschätzung bewerten. Auch hier ist eine Bestehensgrenze von mindestens 80 % vorgesehen.

Ein nicht bestandener Prüfungsteil kann einmal ohne erneute Schulung wiederholt werden. Bei erneutem Nichtbestehen ist die vollständige Schulung erneut zu absolvieren.

***Bild 1:** Prüfkörper-Testwand (Quelle: Quelle: GAO – Gesundheits- und Arbeitsschutz Onischka UG [haftungsbeschränkt])*

Für die Rezertifizierung gelten folgende Regelungen:

Der Qualifikationsnachweis ist für die Dauer von drei Jahren gültig. Zur nahtlosen Verlängerung der Qualifikation ist vor Ablauf der Gültigkeitsdauer eine Rezertifizierung mit erfolgreich abgelegter Rezertifizierungsprüfung erforderlich. Wird die Prüfung nicht bestanden, erfolgt keine Verlängerung der Gültigkeit des Zertifikats.

Die Rezertifizierungsprüfung kann einmal wiederholt werden. Wird die Wiederholungsprüfung erfolgreich absolviert, wird der Qualifikationsnachweis verlängert. Bei erneutem Nichtbestehen ist die vollständige Zertifizierungsprüfung gemäß Absatz 5 dieses Teils erneut abzulegen. Dies gilt ebenfalls, wenn innerhalb von zwei Jahren nach Ablauf der Gültigkeit – während der Qualifikationsnachweis ruht – keine erfolgreiche Rezertifizierung erfolgt.

Die vorstehenden Regelungen werden übersichtlich wie folgt zusammengefasst

Regelungsinhalt	Vorgabe nach DIN 79161-2:2025-12
Gültigkeitsdauer	Der Qualifikationsnachweis ist 3 Jahre gültig.
Verlängerung	Vor Ablauf der Gültigkeit ist eine erfolgreiche Rezertifizierung erforderlich.
Ruhen des Nachweises	Nach Ablauf der Gültigkeit ruht der Nachweis für maximal 2 Jahre.

Regelungs-inhalt	Vorgabe nach DIN 79161-2:2025-12
Erlöschen	Der Nachweis erlischt, wenn innerhalb von 2 Jahren keine Rezertifizierung erfolgt oder die Rezertifizierungsprüfung zweimal nicht bestanden wird.
Folge des Erlöschens	Nach Erlöschen ist die vollständige Zertifizierungsprüfung nach Absatz 5 erneut abzulegen.

Die Formulierung in der Einleitung[6] kann im Wege der systematischen Auslegung dahin verstanden werden, dass Präsenzveranstaltungen weiterhin als konzeptionelle Grundlage vorausgesetzt werden. Dies steht zumindest in einem normativen Spannungsverhältnis zu der im Schlichtungsergebnis des DIN e. V. ausdrücklich vorgesehenen Zulässigkeit von Online-Rezertifizierungen.

Bemerkung: Nach Kenntnis der Autoren existiert kein vergleichbarer Qualifikationsnachweis (z. B. im Bereich der Statik oder der ärztlichen Fortbildung), bei dem eine verpflichtende Fortbildungsmaßnahme mit einer Prüfung und der Möglichkeit eines Qualifikationsverlustes verbunden ist. Die Einführung einer prüfungsgebundenen Rezertifizierung führt zu einem zusätzlichen organisatorischen und administrativen Aufwand, der sich auf die Durchführung und Kostenstruktur der Rezertifizierung auswirken kann.

[6] „Bei der Festlegung der Anforderungen zur Qualifizierung von Spielplatzprüfern nach DIN 79161-2 wurde zugrunde gelegt, dass die Schulung, Prüfung und Rezertifizierung als Präsenzveranstaltungen durchgeführt werden."

Da bei Nichtbestehen der Rezertifizierungsprüfung die Gültigkeit des Zertifikats nicht verlängert wird, ergibt sich für Qualifikationsinhaber die Notwendigkeit, die Rezertifizierung frühzeitig innerhalb der Gültigkeitsfrist zu planen. Hierdurch können sich faktisch verkürzte wirksame Rezertifizierungszeiträume sowie zusätzliche Kosten ergeben.

Der DIN e.V. bzw. der zuständige Ausschuss führt als Begründung für die Einführung der Prüfung an, dass dadurch die Kompetenz der Qualifizierten Spielplatzprüfer gestärkt werden solle. Diese Zielsetzung ist grundsätzlich zu begrüßen. Allerdings bleibt die gewählte Maßnahme in ihrer bildungswissenschaftlichen Herleitung und fachlichen Plausibilität unzureichend begründet.

Insbesondere ist nicht ersichtlich, wie die Reduzierung der Fortbildungszeiten zugunsten einer überwiegend wissensbasierten Multiple-Choice-Prüfung zu einer nachhaltigen Verbesserung der beruflichen Handlungskompetenz beitragen soll. Denn nach den seit Jahren bestehenden Erkenntnissen der Pädagogik entsteht berufliche Kompetenz nicht primär durch die Abfrage von Wissen, sondern durch praxisnahes Lernen, Reflexion realer Situationen und den systematischen Aufbau von Urteils- und Entscheidungsfähigkeit.

Die derzeitige Konzeption erweckt vielmehr den Eindruck, dass formale Prüfungsstrukturen als fadenscheiniges Instrument der Qualitätssicherung etabliert werden sollen, ohne dass deren tatsächlicher Mehrwert für die professionelle Handlungssicherheit empirisch oder didaktisch hinreichend belegt ist. Eine solche Schwerpunktverschiebung bewirkt Bürokratieaufbau und keine Kompetenzentwicklung.

Vor diesem Hintergrund erscheint eine grundlegende konzeptionelle Überprüfung des Ausbildungs- und Prüfungssystems mehr als angezeigt. Anstelle einer weiteren Prüfungsorientierung sollte eine konsequent kompetenzbasierte Ausgestaltung der gesamten Aus- und Fortbildung im Mittelpunkt stehen, die Sicherheitsverständnis, sicherheitsrelevante Entscheidungsfähigkeit und verantwortliches Handeln systematisch fördert.

Das bestehende Konzept sollte im Dialog mit Bildungswissenschaft, Praxisvertretungen und kommunalen Verbänden evaluiert und kompetenzorientiert weiterentwickelt werden.

Zu den Literaturhinweisen

Die Angaben zu den Bezugsquellen für die Merkblätter

- „Planung, Montage, Inspektion und Wartung von Holzspielplatzgeräten, Institut für Holztechnologie Dresden GmbH, www.ihd-dresden.de" (ihd)
- „Merkblatt für Holzschutzmaßnahmen bei Kinderspielplatzeinrichtungen", herausgegeben von der Deutschen Gesellschaft für Holzforschung e. V. und dem Bundesverband der Spielplatzgeräte- und Freizeitanlagen-Hersteller e. V.,

sind nicht aktuell zutreffend. Die Merkblätter sind weder über das ihd, noch über den FLL e. V. bzw. den BSFH e. V. erhältlich.[7]

[7] Entsprechend den Antworten auf diesbezügliche Anfragen der GAO an das ihd (Ressort Öffentlichkeitsarbeit/Marketing), an den FLL e. V. bzw. den BSF e. V. erfolgte in der 8. Kalenderwoche 2026 diese Mitteilung. Hinweis: Teilnehmer an spielplatzbezogenen Fortbildungen der GAO erhalten mit Zustimmung des ihd auf Wunsch das Merkblatt des ihd bzw. es steht im jeweils seminarabhängigen Download-Bereich mit dem Hinweis, dass es in Teilen veraltet ist, zur Verfügung

Zur praktischen Anwendung

Durch die Gliederung der Norm in die beiden Teile „Ausbildung und Schulung" sowie „Prüfung und Qualifizierungsnachweis" können Ausbildung und Prüfung getrennt voneinander absolviert werden.

In diesem Fall stellt das Ausbildungsinstitut eine Bescheinigung über die erfolgreiche Teilnahme an einer Ausbildung gemäß DIN 79161-1 aus. Diese berechtigt innerhalb von drei Jahren zur Teilnahme an der Prüfung nach DIN 79161-2 bei jedem mit der Zertifizierungsstelle kooperierenden Institut/Ausbilder.

Auch Rezertifzierungskurse können bei jeder von der Zertifizierungsstelle autorisierten Einrichtung/Ausbilder absolviert werden.

Vornormative Dokumente zur Spielplatznormung

Allgemeine Erläuterung

Vornormative technische Dokumenttypen wie DIN SPEC, DIN/TR und CEN/TR werden erstellt, wenn technische Inhalte noch nicht als vollständige Norm verabschiedet werden können oder wenn ergänzende Informationen benötigt werden.

Eine DIN SPEC dient der schnellen Veröffentlichung technischer Regelungen mit reduziertem Konsensverfahren.

Eine DIN/TR ist ein rein informativer technischer Bericht/Technische Regel mit erläuterndem Charakter.

Der CEN/TR ist die europäische Entsprechung zur DIN/TR und hat ebenfalls nur informativen Charakter.

Überblick über relevante vornormative Dokumente zur Spielplatznormung

Die folgenden, vornormativen Regelungen sind in den normativen Verweisungen bzw. Literaturhinweisen der spielplatzrelevanten Normen aufgeführt.

Technische Regel mit Bezug zur Normenreihe DIN EN 1176

- **DIN SPEC 31081:2013/DIN CEN/TR 16396:2013-01**
  Kinderspielplatzgeräte – Antworten zu Interpretationsanfragen zur EN 1176:2008 und deren Teilen.
  Diese Technische Regel ist weder im Taschenbuch 105 „Spielplätze und Freizeitanlagen" (TB 105 SuF) noch im Modul „Spielplätze und Spielplatzgeräte" des Onlinedienstes „Spielgeräte, Sport, Freizeitanlagen" (Online MSS) enthalten und muss gesondert erworben werden.
- **DIN CEN/TR 17994:2026-01,** Deutsche Fassung PD CEN/TR 17994:2023-10-09 (TR 17994)
  Einmastgeräte – Inspektionsleitfaden
  Diese Technische Regel ist im Online MSS neu 2026 enthalten.

Technische Regel mit Bezug zum Normenverständnis und für Beteiligung an Normentwürfen

- **DIN CEN/TR 16598:2025-10**
  Sammlung von Begründungen für EN 1176 – Anforderungen
  Diese Technische Regel ist im Online MSS enthalten.

Technische Regel zu Verhaltensgrundsätzen

- **PD CEN/TR 17207:2018-07-16** *Spielplatz- und Freizeitbereiche. Kompetenzrahmen von Spielplatzprüfern* (liegt nur in englischer Sprache vor, ein im Vereinigten Königreich veröffentlichtes Dokument mit einem expliziten Verhaltensgrundsatz für Spielplatzprüfer),
  Sie ist weder im TB 105 SuF noch im Online MSS enthalten und muss gesondert erworben werden.
  Die CEN/TR hat für Deutschland keine Wirkung und wird hier nur informativ aufgeführt.

DIN SPEC 31081:2013/DIN CEN/ TR 16396:2013-01

Die DIN SPEC 31081 ist eine Interpretationshilfe insbesondere für die allgemeine Norm DIN EN 1176-1, nicht jedoch für später grundlegend überarbeitete gerätespezifische Normteile.

An dieser Stelle sollen nur drei Interpretationen[1] aufgeführt werden, auf die sich ein QSP zur normativen Begründung beziehen kann.

Nr. 2.5 Welche Anforderungen bestehen zum Schutz gegen das Stürzen von Hängebrücken?[2]

Antwort des Interpretationsausschusses:

Im Vergleich zu festen Plattformen stellen Hängebrücken deutlich höhere Anforderungen an die Nutzer. Aufgrund der beweglichen Lauffläche sowie der konstruktiven Gestaltung der seitlichen Elemente werden die Benutzer dazu veranlasst, sich festzuhalten. Dadurch unterscheidet sich die Hängebrücke grundlegend von einer „Plattform" i. S. d. EN 1176-1:2008-05, Abschnitt 3.20[3]. Flächen, auf denen ein Benutzer nur unter Zuhilfenahme von Haltemöglichkeit (Handunterstützung) stehen oder sich fortbewegen kann, gelten nicht als Plattformen. Für Plattformen sind – je nach Situation – normativ geregelte Ab-

[1] Alle Interpretationen sind paraphrasiert. Die Ausführungen ersetzen den Normentext nicht.

[2] Foto in DIN SPEC 31081 vorhanden.

[3] in DIN EN 1176-1:2024-05 Nr. 3.21, inhaltlich gleiche Formulierung; Benutzer wurden durch Nutzer ersetzt, Haltemöglichkeit durch Handunterstützung, Standfläche durch Plattform ersetzt,

sturzsicherungen erforderlich. Die Kombination aus beweglicher Lauffläche und vorhandenen Haltemöglichkeiten ermöglicht die Nutzung der Hängebrücke ohne zusätzliche normativ für Plattformen beschriebene Absturzsicherungen bei gleicher Sicherheit.

Gemäß EN 1176-1, Abschnitt 4.2.1, müssen Größe und Schwierigkeitsgrad von Spielplatzgeräten auf die jeweilige Zielgruppe abgestimmt sein. In Bezug auf den Zugang ist daher zu prüfen, ob dieser nicht ohne Weiteres für Personen erreichbar ist, die möglicherweise nicht in der Lage sind, die damit verbundenen Risiken angemessen einzuschätzen oder zu bewältigen. Für leicht zugängliche Hängebrücken bestehen derzeit keine spezifischen Anforderungen an Absturzsicherungen.

Bei Hängebrücken mit seitlicher Handführung ist die freie Fallhöhe von der Oberfläche der Lauffläche aus zu bestimmen.

Nr. 2.12 Beispiel einer Hangrutsche 1 und unter Bezugnahme auf die Textpassage: „Die kritische Fallhöhe des Bodens muss gleich oder größer der freien Fallhöhe des Gerätes sein."

Frage 1: Ist eine Stoßdämpfung im Aufprallbereich bei einer Fallhöhe von 0 cm (die Rutsche liegt unmittelbar auf dem Boden) erforderlich, obwohl keine Mindestanforderung an die Bodenfläche der Seitenflächen der Rutsche besteht?

Frage 2: Wie ist es mit der Definition des Objekts im Hinblick auf Rutschen mit einer Fallhöhe von weniger als 60 cm?

Antwort des Interpretationsausschusses:

Zu Frage 1: Die Norm ist eindeutig. Nach EN 1176-3, 4.8, muss die Bodenfläche im Auslaufbereich eine kritische Fallhöhe von mindestens 1.000 mm aufweisen, da hier das größte Risiko besteht. Für den Startbereich sind keine besonderen Anforderungen festgelegt. Ein Fall aus 0 mm Höhe ergibt nach EN 1177:2008 keinen HIC-Wert, somit besteht hierfür keine Prüfpflicht. Die Fläche muss jedoch weiterhin die Anforderungen an den Fallraum gemäß EN 1176-1, 4.2.8.4 „Schutz gegen Verletzungen im Fall" erfüllen.

Bodenmaterialien gemäß einschlägiger Tabelle[4] erfordern keine Prüfung. Andere Materialien sind bei Geräten mit erzwungener Bewegung (z. B. Rutschen) bei allen Fallhöhen zu prüfen. Der Interpretationsausschuss weist darauf hin, dass die seitliche Bodenfläche im Rutschbereich einer Hangrutsche ein geringes Fallrisiko aufweist, da die Konstruktion den Benutzer aufnimmt und führt. Dies könnte als Ausnahme von den Anforderungen an eine geprüfte Bodenfläche gemäß EN 1176-1 betrachtet werden. Dennoch empfiehlt der Ausschuss, die Anforderungen an den Fallraum nach EN 1176-1, 4.2.8.4 weiterhin vollständig anzuwenden.

Hinweis: Bei der Inspektion bzw. Beratung zu Hangrutschen muss sich der Spielplatzprüfer nicht auf die Hinweise der DGUV beziehen, sondern kann die DIN SPEC 31081:2013 ggf. zusammen mit den Vorschlägen der DGUV für praktische Lösungen als Mängelbeschreibung oder Lösung heranziehen.

[4] In der deutschen Normausgabe 2008 (Tabelle F.1) sowie in der Normausgabe 2024 (Tabelle I.1).

Nr. 4.1 (in EN 1176-3:2008) Nr. 4.2 gibt es eine Anforderung, dass bei allen Anbaurutschen der Ausgang mit einer Querstange an der Zugangsöffnung gesichert ist. Frage 1: Gegen welche Gefährdung soll diese Stange Schutz bieten?

Frage 2: **Besteht die Gefährdung darin, dass Jemand unbeabsichtigt gestoßen wird oder versehentlich erst durch den Ausgang und dann über die Seitenbrüstung fällt?**

Frage 3: **Falls die Gefährdung nicht darin besteht, über die Seitenbrüstung zu fallen, sondern von der Rutsche herabzufallen, wie kommt es dann, dass die Anforderung nicht für Hangrutschen gilt?**

Frage 4: **Wenn alles andere gleich ist, ist es wirklich ausschlaggebend, ob man von einer Anbaurutsche oder von einer Hangrutsche herunterfällt? Beim Fallen ist es nur wichtig, ob unter und neben der Rutsche fester Boden ist oder nicht, und das wird sich nicht auf die Unfallfolgen auswirken?**

Kurze Antwort des Interpretationsausschusses:

EN 1176-3:2008, Abschnitt 4.2[5], schreibt vor, dass Anbaurutschen mit einer freien Fallhöhe von über 1 000 mm an der Zugangsöffnung mit einer Querstange ausgestattet sein müssen.

Diese Querstange soll die Benutzer dazu anhalten, vor dem Rutschen eine sitzende Position einzunehmen.

---

5 Eine gleichlautende Regelung ist auch in DIN EN 1176-3:2024-05 enthalten.

DIN CEN/TR 17994:2026-01 Einmastgeräte – Inspektionsleitfaden[6]

Im Folgenden werden die wesentlichen Inhalte und Empfehlungen der DIN CEN/TR 17994:2026-01 (TR 17994) zusammengefasst und in den Kontext der Inspektionspraxis eingeordnet.

Der paraphrasiert wiedergegebene, normative Sachverhalt ist in Normalschrift dargestellt.

Einleitender Hinweis:

Die deutsche Normübersetzung beziehungsweise einzelne Formulierungen der TR 17994 sind stellenweise für die praktische Anwendung nur eingeschränkt nachvollziehbar. So legt etwa der im Nationalen Vorwort enthaltene Satz „Die in diesem Dokument genannten Hinweise zu den im Allgemeinen erwartbaren Positionen der kritischen Zonen über und unter der Bodenebene können stark variieren.“ *nahe, dass die Hinweise selbst variieren. Tatsächlich bezieht sich die Aussage jedoch auf die reale Lage der kritischen Zone, deren Position in Abhängigkeit von den jeweiligen Randbedingungen und der Einbausituation variieren kann. In den nachfolgenden normtextbezogenen Hinweisen werden weitere für die praktische Anwendung relevante Sachverhalte erläutert.*

Im Kapitel **Einleitung** der TR 17994 wird ausgeführt, dass die Inspektion von Einmastgeräten mit einer risikoorientierten Bewertung durch einen sachkundigen und entsprechend erfahrenen Prüfer beginnen soll.

[6] Autor dieses Beitrags: Harald Onischka

Im **Nationalen Vorwort** wird darauf hingewiesen, dass Kenntnisse über den Bodenaufbau – insbesondere bei synthetischen Belägen – einen zentralen Bestandteil der Risikobewertung darstellen und maßgeblich für die Festlegung des zutreffenden Prüfbereichs sind. Im Zusammenhang mit dem Feststellen von Anzeichen einer Schädigung wird dargelegt, dass der Prüfer über fundierte Kenntnisse des betreffenden Werkstoffs sowie über ausreichende Fachkompetenz zur Beurteilung der Tragwerksintegrität und Standsicherheit verfügen muss, um eine verlässliche Einschätzung zumindest bis zum nächsten jährlichen Inspektionsintervall abgeben zu können. Eine alleinige Qualifikation als Spielplatzprüfer kann hierfür im Einzelfall nicht ausreichen. Weiterhin wird darauf hingewiesen, dass nach Durchführung der beschriebenen und einfach anzuwendenden Prüfverfahren gegebenenfalls ein Sachverständiger mit vertieften Materialkenntnissen und speziellen Untersuchungsmethoden – beispielsweise einer Bohrwiderstandsmessung – hinzugezogen werden kann.

Maßgebliche Geräteteile:

Die TR 17994 unterscheidet bzgl. Standsicherheit drei maßgebliche Bereiche für die Inspektion:

a) das Fundament selbst,
b) den Anschluss zwischen Pfosten und Fundament,
c) den Pfosten als tragendes Gesamtelement.

Hinweis: Ausgehend von den nachfolgenden Abschnitten der TR 17994 mit den Überschriften „Fundament“ und „Zersetzung von Pfosten“ könnte eine Reduzierung auf zwei, nach ihrer Relevanz für die Bewertung von Einmastgeräten geordnete Bereiche die praktische Anwendung erleichtern:

a) *der Pfosten als tragendes Gesamtelement, einschließlich des Anschlusses zwischen Pfosten und Fundament,*
b) *das Fundament selbst.*

Zum Fundament führt die TR 17994 aus:

Eine Zersetzung von Fundamenten gilt selbst über die zu erwartende Nutzungsdauer von Spielplatzgeräten hinweg als unwahrscheinlich und ist mit einem sehr geringen Risiko verbunden. Voraussetzung hierfür ist eine fachgerechte Planung und Ausführung, insbesondere eine geeignete Betonauswahl sowie eine den Lasten entsprechende Dimensionierung der Fundamente im Einklang mit dem Stand der Technik und den Herstellervorgaben.

Bei Pfosten, die hohen seitlichen Beanspruchungen (und Drehbewegungen)[7] ausgesetzt sind, ist eher mit Lockerungen der Fundamente zu rechnen, die sich in geringfügigen Bewegungen zwischen Fundament und umgebendem Bodenmaterial äußern können. **Im Rahmen einer Funktionsprüfung ist eine Inspektion** i. d. R. ausreichend, um auszuschließen, dass ein akutes Versagensrisiko besteht. Bewegungen, die über ein geringfügiges Maß hinausgehen, sind jedoch im Prüfbericht zu dokumentieren und mit Empfehlungen zur Wiederherstellung der Fundamentstabilität zu versehen.

Eine Zersetzung von Fundamenten ist bei fachgerechter Ausführung und normkonformer Installation i. d. R. unwahrscheinlich und mit einem vergleichsweise geringen Risiko verbunden.

[7] Erster Satz im Abschnitt Begründung.

Hinweis zu vorstehenden Ausführungen der TR 17994:

Hinweis 1: Anstelle der Formulierung in Nr. 4.2 „Im Rahmen einer Funktionsprüfung erweist sich eine Inspektion üblicherweise als ausreichend für den Nachweis, dass kein Risiko eines plötzlichen Versagens besteht“, *ist zu formulieren: „**Im Rahmen einer Inspektion ist eine Funktionsprüfung** i. d. R. ausreichend, um auszuschließen, dass ein akutes Versagensrisiko besteht.“*

Hinweis 2 zur Formulierung in Nr. 4.2: „In **einigen Fällen** kann es sinnvoll sein, Nachweise über die ordnungsgemäße Fundamentinstallation **aufzubewahren**, beispielsweise Dokumentationen aus der Bauüberwachung. Diese Vorgehensweise ist jedoch auf ein Mindestmaß zu beschränken und vorrangig auf Geräte mit erheblichen Lasteintragungen anzuwenden.“ Bedeutet, dass die *TR 17994* ***keine generelle Dokumentations- und Aufbewahrungspflicht für Fundamente** will, sondern sondern nur für relevante Lastfälle. Es wird Spielplatzbetreibern empfohlen, diesen TR-Vorschlag vor dem Hintergrund zur Dokumentationspflicht nach Nr. 8.2.2 DIN EN 1176-1:2020-06 und der Rechtsprechung[8] sorgfältig zu prüfen. Das Einfordern einer Fachunternehmererklärung, die die Umsetzung der Herstellervorgaben bzgl. Abmessungen (Aufmaß) und Betonqualität (mind. Lieferschein) einschließt, und deren dauerhafte Aufbewahrung sollte für einen Spielplatzbetreiber eine Selbstverständlichkeit sein. Schon*

[8] Die Rechtsprechung zeigt, dass es für den Haftungsfall erforderlich ist Aufzeichnungen zur Installation anzufertigen und dauerhaft aufzubewahren. Siehe s. g. Mastkorburteil AG Offenbach 01.10.2004 -27 DS 1120 68056/02. Die Fachunternehmererklärung inkl. Umsetzung der Herstelleranforderungen zu Abmessung der Fundamente und Materialqualität ist auch hinsichtlich der Prüfaufwandes bei der Indl bedeutsam.

für die Inspektion nach Installation ist die Erklärung relevant und führt dort zu Einsparungen.

Im Abschnitt „Bewährte Verfahren bei der Inspektion" wird ausgeführt, dass das Ausheben von Boden seitlich oder unterhalb von Fundamenten als ungeeignetes Verfahren gilt, da hierdurch die Tragwerksintegrität beeinträchtigt werden kann. Daher ist (in diesem Zusammenhang) vor einem Freilegen der Oberkante des Fundaments eine Erstbeurteilung des Zustands des Pfostens sowie seiner Stabilität zu beurteilen. Auf Grundlage dieser Bewertung, ist zu entscheiden, ob ein Ausgraben des Fundamentes erforderlich und nur als letztes Mittel erfolgen sollte, da es mit Risiken für die Standsicherheit verbunden sein kann. Es ist von einer sachkundigen Person durchzuführen ist. Bezugnehmend auf die Beobachtung von Bewegungen wird ausgeführt, dass ein plötzliches Versagen.

Hinweis: Das Freilegen des Fundamentes (oder auch des Pfostens) ist kein bewährtes ***Inspektionsverfahren****, sondern eine Voraussetzung um eine Inspektion des Fundamentes und dessen Untergrundes (z. B. Sichtprüfung). Bei der Inspektion von Einmastgeräten ist zwischen dem Freilegen von Fundamenten[9] und dem Freilegen durch Fäulnis/Korrosion gefährdeten, kritischen Zonen zu unterscheiden.*

Abschnitt „Begründung" wird ausgeführt, dass das Fundament nicht für das Risiko eines plötzlichen Versagens relevant ist.

[9] Verlust der Standsicherheit durch Fundamentausführungen, Bodensituation unter dem Fundament

Zur Zersetzung von Pfosten führt die TR 17994 aus

Der kritische Gefahrenbereich, in dem Feuchtigkeit und Sauerstoff in einem für Zersetzungsprozesse günstigen Verhältnis zusammentreffen, kann je nach Bodenart leicht unterschiedlich ausgeprägt sein. **Er liegt typischerweise im Bereich der Fundamentoberkante oder unmittelbar darüber**. Besondere Aufmerksamkeit ist dabei den Zonen zu widmen, die infolge hoher Tragwerksbeanspruchung - insbesondere durch erhebliche seitliche Lasten - am stärksten belastet werden.

In der TR 17994 wird angemerkt:

1. Bei synthetischen Oberflächen befindet sich der potenziell durch Zersetzung gefährdete Bereich i. d. R. auf Höhe der Bodenoberkante oder unmittelbar darunter.
2. Bei Oberflächen aus losem Schüttmaterial erstreckt sich dieser Bereich meist von unterhalb der Geländeoberkante bis zur Oberkante des Betonfundaments.
3. Der Schwerpunkt liegt auf der Kontaktzone zwischen Pfosten und Fundament beziehungsweise der angrenzenden Oberfläche.
4. Gleichwohl ist zu berücksichtigen, dass auch andere Bereiche eines Pfostens beeinträchtigt sein können, etwa infolge von Reibung oder sonstigen Verschleißprozessen.

Im Abschnitt 6 „Begründung“ wird bzgl. der Zersetzung ausgeführt:

Der Bereich eines Pfostens, in dem **Zersetzungsprozesse typischerweise zuerst einsetzen**, befindet sich in den meisten Fällen auf **Höhe des Geländeniveaus beziehungsweise unmittelbar darüber oder darunter**.

Bestimmte natürliche lose Oberflächenmaterialien wie Rindenmulch, Holzschnitzel oder Holzfasern können das Risiko einer beschleunigten Zersetzung von Holzpfosten erhöhen, etwa durch biologische Abbauprozesse oder Insektenbefall. In solchen Fällen liegt der besonders gefährdete Bereich häufig etwas unterhalb der Geländeoberkante, jedoch noch oberhalb des Fundaments. Gleichzeitig ermöglicht diese Bodenart i. d. R. eine einfache Freilegung und damit eine vollständige Inspektion der risikobehafteten Pfostenbereiche.

Werden Standpfosten in synthetischen Fallschutzsystemen installiert, kann das Risiko eines plötzlichen Versagens reduziert werden, sofern die Konstruktion unterhalb des stoßdämpfenden Belags so ausgelegt und ausgeführt ist, dass eine wirksame Entwässerung gewährleistet wird. Voraussetzung bleibt jedoch, dass der für die Inspektion relevante Bereich auf Höhe des Geländeniveaus oder unmittelbar darüber weiterhin leicht zugänglich ist.

Hinweise zu den Wirkmechanismen und Inspektionsstrategie

Die TR 17994 stellt den umweltbedingten Abbau infolge des Zusammenwirkens von Feuchtigkeit und Sauerstoff in den Mittelpunkt der Betrachtung der kritischen Zone. Dieser Wirkmechanismus bestimmt maßgeblich die Lage des Pfosten-Boden-Übergangs als primären Inspektionsbereich, da hier die Voraussetzungen für biologische Zersetzung oder Korrosion typischerweise zuerst vorliegen.

Gleichzeitig weist die TR darauf hin, dass neben diesen umweltbedingten Prozessen auch nutzungsbedingte Wirkmechanismen zu Schädigungen führen können. Hierzu zählen insbesondere

Reibung, Bewegungen, wiederkehrende Belastungen sowie sonstige Verschleißprozesse, die auch außerhalb der klassischen kritischen Zone auftreten können.

Für die Inspektionsstrategie bedeutet dies, dass eine wirkmechanismenorientierte Betrachtung erforderlich ist, bei der sowohl umweltbedingte als auch nutzungsbedingte Schädigungsmechanismen berücksichtigt werden. Während der Pfosten-Boden-Übergang regelmäßig den Ausgangspunkt der Untersuchung bildet, sind zusätzliche belastungs- und nutzungsbedingte Schadensbereiche in die Bewertung einzubeziehen.

Hinweise zur Feststellung der umweltbedingten kritischen Zone:

Die TR 17994 beschreibt die Lage der kritischen Zone funktionsbezogen als den Bereich, in dem Feuchtigkeit, Sauerstoff und Tragwerksbeanspruchung zusammenwirken. In mehreren Passagen wird hierfür das Bodenniveau als praxisrelevanter Bezugspunkt herangezogen, da Zersetzungs- und Korrosionsprozesse dort typischerweise einsetzen und zuerst erkennbar werden.

Gleichzeitig verweist der Technische Report an anderer Stelle auf die Fundamentoberkante als Orientierung für die mögliche Ausdehnung des kritischen Bereichs. Die in der TR enthaltenen Hinweise zur Drainage verdeutlichen, dass konstruktive Randbedingungen die Lage und die Intensität der kritischen Zone beeinflussen, ohne einen festen alternativen Bezugspunkt zu definieren. Hieraus ergibt sich ein Interpretationsspielraum für die praktische Anwendung.

Die kritische Zone ist daher vorrangig über ihre funktionalen Bedingungen am Pfosten-Boden-Übergang zu bestimmen. Die konstruktiven Randbedingungen (z. B. die Entwässerung) sind bei der Beurteilung der möglichen Ausdehnung ergänzend zu berücksichtigen.

Hinweise zum Freilegen der kritischen umweltbedingten kritischen Zone nach TR 17994

Die TR 17994 sieht ein Freilegen der umweltbedingt kritischen Zone nicht als routinemäßige Maßnahme im Rahmen der Inspektionsverfahren vor. Dies kann in der praktischen Anwendung zu der Fehlinterpretation führen, dass eine unmittelbare Zugänglichmachung der gesamten kritischen Zone grundsätzlich nicht erforderlich ist. Demgegenüber betonen DIN EN 1176-1 und DIN EN 1176-7 normativ die Notwendigkeit, sicherheitsrelevante Bereiche — insbesondere den Pfosten-Boden-Übergang — so auszuführen und zu betreiben, dass deren Zustand beurteilt werden kann.

Hieraus ergibt sich ein Spannungsverhältnis zwischen der in der TR beschriebenen risikoorientierten Vorgehensweise und der normativen Forderung nach Prüfbarkeit kritischer Bereiche. Während die TR den Zeitpunkt invasiver Maßnahmen in die fachliche Bewertung des Prüfers stellt, verlangen die Normen konstruktive und betriebliche Voraussetzungen, die eine Beurteilung der kritischen Zone jederzeit ermöglichen.

Im Zusammenhang mit konstruktiven Lösungen zur Zugänglichkeit weist die TR 17994 darauf hin, dass dauerhaft angelegte Kontrollschächte[10] aufgrund des entstehenden Mikroklimas nicht als bewährt gelten. Daraus ist jedoch nicht abzuleiten, dass kon-

[10] Im Abschnitt 5 „Bewährte Verfahren für die Inspektion" erwähnt.

struktiv geeignete Revisionseinsätze grundsätzlich ungeeignet sind.

Hinweise zu Inspektionsverfahren nach TR 17994

Die in der TR 17994 beschriebene Inspektionsmethodik basiert auf einer Kombination aus visueller Beurteilung, funktionaler Prüfung und punktueller Materialsondierung. Die visuelle Beurteilung dient der Erkennung äußerer Schadenshinweise und Veränderungen im Umfeld, während funktionale Prüfungen Rückschlüsse auf die strukturelle Integrität und mögliche Lockerungen zulassen. Die punktuelle Materialsondierung ergänzt diese Einschätzung durch Hinweise auf lokale, materialbedingte Schädigungen im Bereich der kritischen Zone.

Die ***visuelle Beurteilung*** *wird im Rahmen der Erstbeurteilung des Pfostens und seiner strukturellen Integrität beschrieben (Abschnitt Bewährte Verfahren zu Inspektion). Die TR führt hierzu aus, dass sichtbare Anzeichen von Zersetzung, Korrosion, Beschädigungen oder Bewegungen zu bewerten sind. Eine detaillierte methodische Anleitung wird jedoch nicht gegeben; vielmehr wird die visuelle Beurteilung als grundlegender, erster Prüfschritt vorausgesetzt.*

Die ***funktionale Prüfung*** *(Abschnitt „Bewährte Verfahren für die Inspektion") wird im Zusammenhang mit der Stabilitätsbeurteilung beschrieben. Hierbei empfiehlt die TR, am oberen Bereich des Pfostens eine seitliche Belastung aufzubringen, um zu beurteilen, ob sich das Fundament im Boden gelockert hat oder eine strukturelle Schwächung des Pfostens vorliegt. Auch dieses Verfahren wird nicht als standardisierte Messmethode beschrieben, sondern als fachlich zu bewertende Funktionsprüfung zur Einschätzung des Versagensrisikos. Nach Abschnitt 4.2 (Funda-*

ment) sind Bewegungen, die über ein geringes Maß hinausgehen, im Prüfbericht mit einer Empfehlung zu geeigneten Maßnahmen zur Sicherung des Fundaments zu dokumentieren.

Die ***punktuelle Materialsondierung*** *(Abschnitt Bewährte Verfahren zu Inspektion) wird durch die Verwendung eines Stahlstabs (Ahle) beschrieben. Die TR empfiehlt, die Sonde (3 mm bis 4 mm Durchmesser, abgerundete Spitze) an mehreren, gleichmäßig über die zugängliche Außenfläche des Pfostens verteilten Punkten einzusetzen. Dabei ist darauf zu achten, dass durch die Prüfung selbst keine Schädigung des Materials entsteht, die spätere Zersetzungsprozesse begünstigen könnte. Die Sondierung ist daher mit begrenzter Krafteinwirkung durchzuführen, um intaktes Material nicht unnötig zu beeinträchtigen. Die TR weist in diesem Zusammenhang darauf hin, dass kleinere Fäulnisstellen oder oberflächliche Korrosion nicht zwangsläufig auf ein kurzfristiges Versagensrisiko schließen lassen. Vielmehr sind Art und Umfang der festgestellten Zersetzung im Rahmen einer fachlichen Gesamtbewertung zu berücksichtigen.*

Eine weitergehende materialspezifische Anwendungshinweise bei der Verwendung eines Stahlstabs (Ahle) werden in der TR nicht ausgeführt; vielmehr wird die Sondierung als einfaches orientierendes Prüfverfahren zur Feststellung von Zersetzung sowohl in Holz als auch in Stahl dargestellt.

An dieser Stelle wird darauf hingewiesen, dass die Aussagekraft dieses Verfahrens jedoch begrenzt ist, da mit der punktuellen Sondierung primär oberflächennahe beziehungsweise von außen zugängliche Materialschädigungen erfasst werden. Bei mit Holzschutzmitteln behandelten Hölzern oder Hölzern mit ausreichender natürlicher Dauerhaftigkeit können innenliegende

Zersetzungsprozesse bei gleichzeitig hoher Randzonenfestigkeit unentdeckt bleiben. In solchen Fällen kann die punktuelle Sondierung zu einer Fehleinschätzung des verbleibenden Tragquerschnitts führen. Das Nichtberücksichtigen dieses Umstands birgt das Risiko gravierender Fehlbewertungen der strukturellen Integrität bei unreflektierter Anwendung der TR 17994.

*Die **Klopfprobe** als einfaches, bewährtes Verfahren zur Erkennung innenliegender Schädigungen **fehlt** in der TR 17994. Die Klopfprobe kann insbesondere Hinweise auf Hohlräume, reduzierte Restquerschnitte oder fortgeschrittene Innenfäule liefern und dient in der Praxis häufig als Auslöser für weitergehende Untersuchungen, beispielsweise eine Bohrwiderstandsmessung.*

Abschließend führt die TR 17994 im Abschnitt Begründung auf, dass in den meisten Fällen, in denen Unfälle auf ein plötzliches und zuvor nicht erkanntes Versagen zurückzuführen waren, nachträglich festgestellt wurde, dass unzureichende Inspektionssysteme eine wesentliche Rolle spielten.

Zusammenfassung

Es ist positiv hervorzuheben, dass die TR 17994 Empfehlungen zur Inspektion von Pfosten und Fundamenten aufgreift. Gleichzeitig kann eine unreflektierte Anwendung des Leitfadens zu Fehlinterpretationen führen. Zudem weist der Leitfaden deutlich erkennbaren Verbesserungsbedarf hinsichtlich seiner Praxistauglichkeit auf. In der aktuellen Fassung erscheint die Anwendbarkeit daher teilweise eingeschränkt. Einzelne Ausführungen der TR 17994 können im Verhältnis zu den normativen Anforderungen der DIN EN 1176-Reihe zu Abweichungen oder zumindest zu Interpretationsspielräumen führen. Wird die TR 17994 ohne entsprechende fachliche Einordnung angewendet, kann die Vermutungswirkung nach § 5 Abs. 2 ProdSG — also die Annahme der Konformität bei Anwendung harmonisierter Normen — nicht ohne Weiteres in Anspruch genommen werden. Im Einzelfall können auch haftungsrechtliche Konsequenzen entstehen.

Im Nationalen Vorwort wird explizit darum gebeten, Erfahrungen mit dem TR mitzuteilen. Dies sollte vorzugsweise in Form einer Tabelle per E-Mail an nasport@din.de erfolgen. Die entsprechende Vorlage kann im Internet unter www.din.de/stellungnahme abgerufen werden. Dazu möchten wir die Leser ermutigen.

DIN CEN/TR 16598:2025-10 Sammlung von Begründungen für EN 1176 – Anforderungen

Die DIN CEN/TR 16598 dient der systematischen Erläuterung der sicherheitstechnischen Anforderungen an Spielplatzgeräte.

Sie verfolgt eine strukturierte Methodik, indem sie **jede Anforderung der DIN EN-Reihe 1176** in vier Beurteilungsebenen gliedert:

- **Ziel** – Schutzzweck der jeweiligen Anforderung
- **Risiko** – mögliches Schadensszenario bei Nichterreichen des Ziels
- **Begründung** – technische und sicherheitsbezogene Herleitung
- **Ergänzung** – anwendungsbezogene Hinweise

Die TR geht davon aus, dass normative Maßangaben keine Selbstzwecke sind, sondern Mittel zur Erreichung definierter Sicherheitsziele. die sich wie folgt gegliedert werden:

- **Grundlegende sicherheitsrelevante Ziele, d. h. Verhinderung von Situationen mit**
  - tödlichem Ausgang
  - Verlust von Extremitäten
  - lebenslanger Behinderung (z. B. Erblindung, Querschnittslähmung und
  - Situationen, in denen es Benutzern nicht möglich ist, sich aus Fangstellen zu befreien
- **Wesentliche, sicherheitstechnische Ziele, d. h. Verhinderung von Situationen, die**
  - Benutzer altersbedingt überfordern,
  - zu Knochenbrüchen,
  - zu Blutergüssen
  - zu Schürfwunden führen;
  - und damit zu Unfällen führen.
- **Entwicklungsfördernder Aspekt**
  - Da in städtischen Gebieten häufig natürliche Spielräume fehlen, sind Spielplätze erforderlich, die Kinder altersgerecht in ihrer Entwicklung fördern. Diese verlangt nicht absolute Gefahrlosigkeit, sondern angemessene und verhältnismäßige Sicherungsmaßnahmen.

Für Qualifizierte Spielplatzprüfer nach DIN 79161-1 u. -2 und Sachkundige nach DIN EN 1176-7 besitzt die DIN CEN/TR 16598 besondere Relevanz, da sie

- die sicherheitstechnische Intention hinter Maßangaben verdeutlicht,
- eine sachgerechte Bewertung von Abweichungen unterstützt,
- die Bedeutung der Verhältnismäßigkeit von Maßnahmen hervorhebt,
- die Risikobeurteilung als integralen Bestandteil der Prüfung stärkt.

Die TR orientiert sich am Stand der Technik der DIN EN Reihe 1176. Die Beurteilung erfolgt gliederungsbezogen für alle Normteile. Sie kann in unmittelbaren Zusammenhang mit der DIN Reihe 1176 gelesen werden bzw. können die einzelnen Beurteilungsebenen für fast alle normativen Regelungen nachgeschlagen werden.

Damit wird die Norm nicht nur technisch beschrieben, sondern in ihrer sicherheitsphilosophischen Intention transparent gemacht. Die Anforderungen werden als Instrumente zur Erreichung definierter Sicherheitsziele verstanden.

Diese TR sollte zum Handwerkszeug eines jeden Qualifizierten Spielplatzprüfers gehören.

PD CEN/TR 17207:2018-07-16

Die CEN/TR 17207 verankert berufsethische Grundsätze als integralen Bestandteil der fachlichen Kompetenz von Spielplatzprüfern und kann damit die DIN-Reihe 79161 inhaltlich ergänzen, da diese primär die formalen Anforderungen an Ausbildung, Prüfung und Zertifizierung regelt. Im Sinne dessen umfasst dies insbesondere folgende Aspekte:

- **Allgemeines Verhalten**
Prüfer treten professionell und respektvoll auf und wahren das Vertrauen aller Beteiligten.
- **Fachgerechter Einsatz der Fähigkeiten**
Prüfer arbeiten gewissenhaft, im Rahmen der übertragenen Aufgaben, mit aktueller Dokumentation und geeigneter Ausrüstung.
- **Vertraulichkeit**
Informationen werden vertraulich behandelt, außer wenn Sicherheit, öffentliches Interesse oder rechtliche Vorgaben Vorrang haben.
- **Offenlegung von Interessen**
Mögliche Interessenkonflikte sind transparent gegenüber dem Auftraggeber offenzulegen.
- **Unzulässige Einflussnahme**
Bestechung, Vorteile oder unangemessene Vergütungen werden weder angenommen noch angeboten.
- **Transparenz und Unabhängigkeit**
Prüfungen erfolgen frei von wirtschaftlichem Druck; Prüf- und Vertriebsfunktionen sind klar getrennt; nur qualifizierte Personen führen Prüfungen durch.
- **Fairer Wettbewerb**
Der Ruf oder die Tätigkeit anderer wird weder vorsätzlich noch fahrlässig beeinträchtigt.
- **Verantwortung**
Prüfer tragen Verantwortung für ihre Arbeit sowie für Tätigkeiten unter ihrer Aufsicht.
- **Gleichbehandlung**
Diskriminierung ist ausgeschlossen; Chancengleichheit ist zu wahren.

- **Arbeitssicherheit**
  Eigene Tätigkeiten dürfen keine Gefährdung für Personen verursachen.
  Umweltschutz
  Ressourcen sind schonend zu nutzen und Umweltbeeinträchtigungen zu vermeiden.
- **Fortbildung**
  Fachkompetenz ist kontinuierlich zu erhalten und weiterzuentwickeln.
- **Ausbildung und Aufsicht**
  Nachwuchskräfte sind fachlich zu fördern; Prüfungen dürfen nur von qualifizierten oder direkt beaufsichtigten Personen durchgeführt werden.
- **Versicherungsschutz**
  Ein angemessener Berufs- und Betriebshaftpflichtschutz ist sicherzustellen.
- **Umgang mit Verstößen**
  Es müssen geeignete Verfahren zur Behandlung von Verstößen gegen den Kodex bestehen.

Sicherheitsmanagement

Der Betreiber muss für seine Spielplätze die Verkehrssicherungspflicht nach § 823 BGB erfüllen (siehe hierzu auch Kapitel ► „Rechtliche Grundlagen“). Dazu muss er ein geeignetes Sicherheitsmanagement etablieren.

Spielplatzmanagement

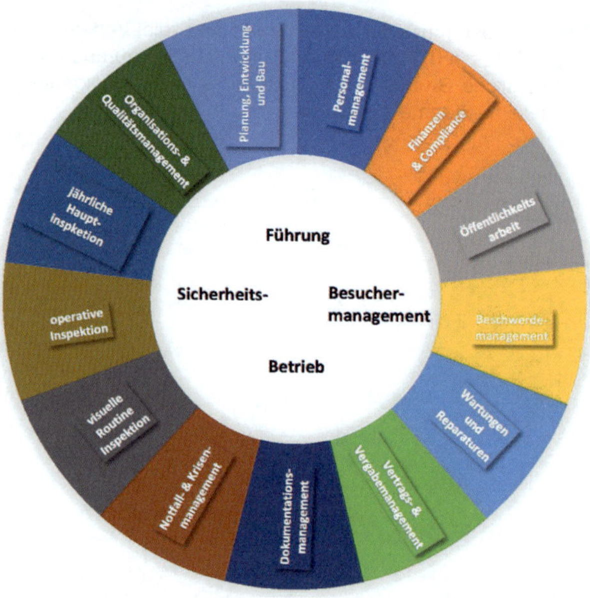

***Bild 1:** Handlungsfelder des Spielplatzmanagements (Quelle: Gesundheits- und Arbeitsschutz Onischka UG [haftungsbeschränkt])*

Kinder wünschen sich attraktive, herausfordernde und abwechslungsreiche Spielgelegenheiten, während für Sorgeberechtigte die Sicherheit an oberster Stelle steht. Diese unterschiedlichen

Erwartungen kann ein Spielplatzbetreiber[1] nur erfüllen, wenn er ein strukturiertes und wirksames Managementsystem für seine Spielplätze etabliert. Er trägt die Gesamtverantwortung und kann sich haftungsrechtlich nicht von dieser Verantwortung freizeichnen.

Die DIN EN 1176-7 definiert das Sicherheitsmanagement von Spielplätzen, während BADK-Informationen die organisatorische Umsetzung und Betreiberverantwortung praxisnah ergänzen (s. Kapitel ► „Gesetze, Erlasse, Normen, Rechtsprechung", Abschnitt Betreiber). Das Sicherheitsmanagement folgt einem Lebenszyklusansatz und beginnt bereits in der Planung. Es stellt sicher, dass gesetzliche und normative Anforderungen umgesetzt sowie Herstellerangaben berücksichtigt werden. Es umfasst die Bereitstellung ausreichender personeller und finanzieller Ressourcen, die fachgerechte Installation sowie den sicheren Betrieb einschließlich routinemäßiger Wartung und Wartungsreparaturen (laufende Organisation, Kontrolle, Reinigung, Pflege, Instandhaltung und Gefahrenbeseitigung). Hinzu kommen regelmäßige Inspektionen – visuelle Routineinspektion (VRI), operative Inspektion (OI) und jährliche Hauptinspektion (JHI) –, Dokumentation, Risikobeurteilungen sowie die jährlich durchzuführende Wirksamkeitskontrolle der Sicherheitsmaßnahmen.

Das Leitbild einer Organisation hat sowohl für die Außendarstellung als auch für die strategische Steuerung eine zentrale Bedeutung. Es sollte klare und verbindliche Zielsetzungen für Planung, Betrieb und kontinuierliche Weiterentwicklung der

[1] Nach Nr. 3.4 DIN EN 1176-7:2020-06: natürliche und juristischen Personen bzw. Organisationen, die den Spielplatz besitzt bzw. betreibt.

Spielplätze formulieren. [2] Die Zielerreichung ist im Rahmen der jährlich durchzuführenden Wirksamkeitsprüfung der Sicherheitsmaßnahmen zu evaluieren.

Die **Spielplatzbeschilderung** (s. Kapitel ► „Beschilderung") ist Bestandteil des sicheren Betriebs.

Auch das **öffentliche Erscheinungsbild** gehört zum Spielplatzmanagement. Neben der eigenen Öffentlichkeitsarbeit sollten Betreiber Nutzerbewertungen systematisch beobachten und auswerten. Digitale Such- und Bewertungsdienste sind hierfür ein wichtiges Instrument. Darüber hinaus können Spielplätze in allgemeinen Geodaten- und Kartendiensten, etwa OpenStreetMap oder Google Maps, erfasst und gepflegt werden.

[2] Als Orientierung für die Ausgestaltung eines Leitbildes: *„Kinder und ihre Sicherheit stehen im Mittelpunkt unseres Handelns. Unsere Spielplätze sind sicher und gepflegt und werden bedürfnisorientiert geplant und weiterentwickelt. Die hierfür erforderlichen personellen und finanziellen Ressourcen werden ermittelt und bereitgestellt. Unsere Spielplätze sind Bestandteil der Öffentlichkeitsarbeit. Eine Spielplatzkonzeption liegt vor und wird regelmäßig überprüft und fortgeschrieben."*

***Tabelle 1:** Informations- und Bewertungsangebote zu Spielplätzen mit zugehörigen Logos*[3]

www.spielplatznet.de

www.spielplatztreff.de

www.spielplatz-ok.de

[3] Stand der Angaben Februar 2026

Ressourcen, Personal, Wirtschaftlichkeit

Ein sicherer und wirtschaftlicher Betrieb von Spielplätzen setzt ausreichende personelle und finanzielle Ressourcen voraus. Im Rahmen einer ganzheitlichen Wirtschaftlichkeitsbetrachtung ist der Anschaffungspreis nur ein Faktor; Qualität bei Planung, Geräteauswahl, Ausstattung sowie Inspektion und Wartung reduzieren langfristig Kosten und Risiken.

In der Praxis zeigt sich, dass fehlende oder unzureichende finanzielle Ressourcen zu Problemen im sicheren Betrieb und insbesondere nach Ablauf der Nutzungsdauer führen.

Bereits in der Planungsphase sollten die zu erwartende Lebensdauer des Spielplatzes, einzelner Geräte, Ausstattungen und Verschleißmaterialien (z. B. Spielsand, Fallschutz) sowie die regelmäßig notwendigen Aufwendungen für Inspektion, Wartung, Instandsetzung und Ersatz ermittelt werden. Diese Daten bilden die Grundlage für erforderliche **Rückstellungen oder Verpflichtungsermächtigungen** im Haushalt des Betreibers. Zur Transparenz wird empfohlen, für jeden Spielplatz eine eigene Kostenstelle einzurichten. Unterstützende finanzielle Mittel können über alternative Finanzierungsmöglichkeiten wie Fundraising und verschiedene länderspezifische Förderprogramme generiert werden. Falls der Aufbau eines Spielplatzes nach Baustellenverordnung[1] durch einen SiGeKo begleitet werden muss, sollte die

[1] Online im Internet: https://www.gesetze-im-internet.de/baustellv/BaustellV.pdf [Stand 16.02.2026]

von ihm zusammenzustellende Unterlage für spätere Arbeiten[2] im Spielplatzmanagement genutzt und ergänzt werden, um die sichere Instandhaltung (Wartung, Inspektion, Instandsetzung) planen zu können.

Bei der Beauftragung von Inspektion, Wartung und Instandhaltung sind neben fachlicher Qualifikation auch persönliche Eigenschaften wie Zuverlässigkeit, Gründlichkeit und Sorgfalt maßgeblich. Die **Auswahl geeigneter Personen ist Teil der Organisationsverantwortung**.

Tabelle 1: *Anforderungen an sachkundige Spielplatzprüfer (Quelle: Gesundheits- und Arbeitsschutz Onischka UG [haftungsbeschränkt])*

Anforderungen an sachkundige Spielplatzprüfer	
Sachkunde	• Berufsausbildung • spielplatzbezogene Berufspraxis • theoretische und praktische Schulung • Ablegen einer Prüfung • regelmäßige Fortbildung
Materielle Ausstattung	• Vorschriften, Normen • Prüfkörper, Messmittel • sonstige Hilfsmittel, z. B. Leiter

2 Online im Internet: https://www.baua.de/DE/Angebote/Rechtstexte-und-Technische-Regeln/Regelwerk/RAB/RAB-32.html [Stand 16.02.2026]

***Tabelle 1:** Anforderungen an sachkundige Spielplatzprüfer (Quelle: Gesundheits- und Arbeitsschutz Onischka UG [haftungsbeschränkt])*

Anforderungen an sachkundige Spielplatzprüfer	
Geeignete Organisation	• schriftliche Bestellung • gegenseitige Verpflichtung • Weisungsfreiheit • Einräumen der erforderlichen Zeit • Vertrag bei Externen • Ausschluss von Billiganbietern
Charakterliche Eignung	• Zuverlässigkeit • Gründlichkeit • Sorgfalt
Sachkundig sind Personen, die aufgrund ihrer fachlichen Ausbildung und Erfahrung ausreichende Kenntnisse über Spielplätze und deren Sicherheit haben und mit den einschlägigen Vorschriften, Verordnungen, Richtlinien sowie den allgemein anerkannten Regeln der Technik so vertraut sind, dass sie den sicheren Zustand der zu prüfenden Spielplätze beurteilen können.[3]	

Das gesamte, am Sicherheitsmanagement beteiligte Personal muss seit der Normausgabe 2020-06 sachkundig sein oder über angemessene Kompetenzen verfügen. Sachkunde setzt eine geeignete Ausbildung voraus. Das Kompetenzniveau zur Durchführung der Inspektionen und Wartungen sowie der für das Sicherheitsmanagement ist unterschiedlich hoch.

Normativ lassen sich fünf Sachkunde- und Kompetenzstufen unterscheiden:

[3] s. Nr. 3.3 und Nr. 6.2.2 DIN EN 1176-7:2020-06

Sachkunde für die VRI

Die visuelle Routine-Inspektion ist eine sachkundige Inaugenscheinnahme des gesamten Spielplatzes einschließlich aller Spielplatzgeräte und Ausstattungselemente. Das Personal muss über Grundkenntnisse der Spielplatzsicherheit verfügen und gezielt unterwiesen sein, wo und wie zu inspizieren ist. Besondere Hilfsmittel sind i. d. R. nicht erforderlich. Fehlerhafte VRI können zu erheblichen Gefährdungen und haftungsrechtlichen Risiken führen. Eine eintägige Ausbildung mit Theorie- und Praxisteilen hat sich bewährt.

Sachkunde für die OI

Die operative Inspektion umfasst die Inhalte der VRI und erfordert zusätzliche Prüfungen nach Herstellervorgaben, etwa zur Bodenfreiheit, zu Aufprallflächen, Standsicherheit und Verschleiß. Hierbei kommen Messmittel, Prüfkörper und weitere technische Hilfsmittel zum Einsatz. Umfang und Anforderungen können erheblich sein; entsprechend sind vertieftes Fachwissen und praktische Erfahrung erforderlich. Eine Ausbildung von mindestens zwei Arbeitstagen mit Praxisteil wird empfohlen.

Sachkunde für JHI und IndI

Diese Inspektionen erfordern vertiefte Normkenntnisse, Zugriff auf Regelwerke sowie geeignete Prüf- und Hilfsmittel (s. Kapitel ► „Anhang 2 und 3 zum Spielplatzmanagement“). Bei Holz im Erdverbau sollten Verfahren zur Bewertung verdeckter Schädigungen, z. B. Bohrwiderstandsmessungen, verfügbar sein. Sachkundige sollten eine Ausbildung nach DIN 79161-1 absolviert haben und sich regelmäßig, mindestens alle drei Jahre, fortbilden. Eine Prüfung und Zertifizierung nach DIN 79161-2 wird empfohlen; in diesem Fall kann der Betreiber von entsprechender Sachkunde ausgehen.

***Bild 1:** Bohrwiderstandsmessung zur Kontrolle von Fäulnis und Verrottung (Quelle: GAO – Gesundheits- und Arbeitsschutz Onischka UG [haftungsbeschränkt])*

- Weisungsfreiheit

Die Indl und die JHI müssen durch Prüfer erfolgen, die nicht nur sachkundig, sondern auch unabhängig und weisungsfrei in der Anwendung ihrer Sachkunde sind. Sie dürfen weder an der Installation beteiligt gewesen noch für etwaige Nachbesserungen oder dadurch entstehende Kosten verantwortlich sein.

Jeder Betreiber sollte seine dem Unternehmen angehörenden Prüfer für diese Inspektionen durch gegenseitige Verpflichtung weisungsfrei[4] stellen (s. hierzu auch Kapitel ► „Anhänge zum Spielplatzmanagement“ und hier das Musterformular Anhang 1).

Sachkunde für Wartung

Wartungsarbeiten und Wartungsreparaturen dürfen ausschließlich durch sachkundiges Personal durchgeführt werden. Dieses muss über ausreichende Kenntnisse seiner Aufgaben, der verwendeten Materialien sowie der geeigneten Arbeits- und Instandhaltungsverfahren verfügen; maßgeblich sind dabei die einschlägigen Vorschriften, Normen und insbesondere die Herstellerangaben. Die konsequente Umsetzung der Herstellerhinweise und -anweisungen ist von besonderer Bedeutung. Wartungsarbeiten ohne Beachtung der Herstellerinformationen können als fahrlässiges Handeln bewertet werden.

Die Ausbildung zur Sachkunde ersetzt keine handwerklichen Grundkenntnisse und Fertigkeiten. Ziel ist vielmehr die Vermittlung normativer Anforderungen sowie die Befähigung, Herstellerinformationen fachgerecht anzuwenden und sicherheits-

[4] Vgl. auch Fischer, Kein Kinderspiel, in der bauhofLeiter, April 2019, S. 28 ff.

relevante Wartungsmaßnahmen umzusetzen. Eine eintägige Ausbildung hat sich hierfür bewährt.

Sachkunde und Kompetenz im Sicherheitsmanagement

Alle Personen, die Aufgaben im Sicherheitsmanagement wahrnehmen, müssen über eine ihrer Tätigkeit angemessene Kompetenz verfügen. Diese umfasst Kenntnisse der Vorschriften, Normen und Herstellerangaben sowie die Fähigkeit, Gefährdungen zu erkennen, Maßnahmen festzulegen und deren Umsetzung zu steuern. Prägnant formuliert: Sachkunde im Sicherheitsmanagement bedeutet, geeignete Personen auszuwählen, zu qualifizieren, zu beauftragen und ihre Kompetenz dauerhaft zu sichern. Eine eintägige Ausbildung zur Vermittlung grundlegender Kompetenzen hat sich hierfür bewährt.

Beauftragung von Mitarbeitern, Dienstanweisung

Der Betreiber muss eine geeignete Organisationsform zur Delegation von Verantwortlichkeiten finden. Es wird empfohlen, dazu eine Dienstanweisung zu erlassen. Die Kommunalversicherer haben Muster-Dienstanweisungen erarbeitet und veröffentlicht, an denen man sich orientieren sollte.

Mindestinhalte der Dienstanweisung[5] sollten sein:

[5] BADK, Musterdienstanweisungen sind in der Premiumausgabe im Download verfügbar.

- Präambel
- Zuständigkeiten
  - Entscheidungsebene
  - Ausführungsebene
  - Fachaufsicht/Controlling
- Personal
  - Benennung
  - Ausbildung zur Erlangung der Sachkunde
  - Weiterbildung
  - Bestellung und gegenseitige Verpflichtung von Prüfern
  - Garantie der Weisungsfreiheit bei der Anwendung der Sachkunde
  - Ausstattung mit Vorschriften und Normen, Prüfkörpern, Messmitteln
  - Regeln für die externe Vergabe von Prüfungen
- Installation
- Inspektionen
  - Arten
  - Fristen
  - Maßnahmen bei Mängeln
- Wartung
- Dokumentation
  - Spielplatzakte
  - Unterlagen über die Inspektionen
  - Aufbewahrung

Die Weisungsfreiheit schließt ein, dass die nötige Zeit zur Verfügung steht.

Vergabe an Externe

Bei der Vergabe an Externe sind insbesondere zu prüfen:

- nachgewiesene Sachkunde und Qualifikation,
- ausreichende materielle Ausstattung (Messmittel, Prüfkörper, Unterlagen)
- Prüfberichte (s. Kapitel ▶ „Prüfbericht“), einschlägige Referenzen
- Berücksichtigung der vorhandenen Dokumentations- und Inspektionssituation
- nachvollziehbares Leistungs- und Zeitkonzept
- persönliche Sorgfalt und Zuverlässigkeit

Angebote ohne nachgewiesene Eignung sind auszuschließen. Reine Billigangebote erhöhen Haftungsrisiken und führen häufig zu unvorhersehbaren Folgekosten. Bei der Vergabe von jährlichen Hauptinspektionen sollte in Ausschreibungen die Qualität mindestens mit 60 % in die Wertung eingehen.

Merke: Eignung vor Preis: Unzureichend qualifizierte Angebote sind auszuschließen, um Haftungsrisiken und Folgekosten zu vermeiden.

Installation

Die Installation von Spielplatzgeräten und Spielplatzböden hat so zu erfolgen, dass ein allgemein betriebssicherer Zustand erreicht wird. Dabei sind die **Herstellervorgaben** zu berücksichtigen.

Vom ausführenden Unternehmen ist eine **Fachunternehmererklärung** vorzulegen, die die Einhaltung der Herstellerangaben und der maßgeblichen normativen Regelungen bestätigt. Hierzu gehören insbesondere das Aufmaß sicherheitsrelevanter Maße (z. B. freie Fallhöhen, Aufprallflächen), Angaben zu Abmessung und Qualität der Fundamente sowie die eindeutige Identifizierung stoßdämpfender Böden. Die Fachunternehmererklärung ist sowohl haftungsrechtlich für den Betreiber als auch für eine wirtschaftliche Inspektion nach der Installation von Bedeutung.

Sicherheitsrelevante Änderungen sollten nur im Einvernehmen mit dem Hersteller und/oder einer sachkundigen Person erfolgen. Dies gilt für die gesamte Nutzungsdauer sowie auch beim Umsetzen von Spielplatzgeräten an einen neuen Standort.

Nach der Installation oder nach wesentlichen Änderungen ist eine Inspektion nach der Installation (IndI) durch eine sachkundige Person (i. d. R. QSP) zu veranlassen. (siehe Kapitel ► „Inspektionen“).

Inspektionen

Grundsätze

Verschiedene Inspektionsarten sind erforderlich, damit der Betreiber beurteilen kann, ob sich ein Spielplatz weiterhin in einem allgemein betriebssicheren Zustand befindet. Ergibt sich ein abweichendes Sicherheitsniveau, sind Wartungsintervalle anzupassen oder Wartungsreparaturen einzuleiten. Grundlage hierfür sind die Inspektionsberichte (siehe Kapitel ► „Wartung und Wartungsreparaturen“).

Inspektionen beziehen sich vorrangig auf Spielplatzgeräte und Spielplatzböden und müssen hinsichtlich Umfang und Intervallen mindestens den Herstellervorgaben entsprechen. Abweichungen sind zulässig, wenn sie auf einer sachkundigen Bewertung – insbesondere im Rahmen der jährlichen Hauptinspektion – beruhen.

Die Verkehrssicherungspflicht des Betreibers umfasst auch Zusatzausstattungen wie Bänke, Abfallbehälter, Fahrradständer oder Einfriedungen. Auch wenn hierfür häufig kein dreistufiges Inspektionssystem durch Hersteller vorgegeben ist, sind sie in das Sicherheitsmanagement einzubeziehen, da die Norm deren Betrachtung ausdrücklich vorsieht (siehe Kapitel ► „Zusatzausstattungen“).

Die Durchführung und Dokumentation der Inspektionen erfordert qualifizierte Sachkunde gemäß der Normenreihe DIN 79161.

Die Prüfberichte der Inspektionen nach Nr. 6.1 DIN EN 1176-7:2020-06 (VRI, OI, JHI) bilden die wesentliche Grundlage für die im Rahmen des Sicherheitsmanagements mindestens jährlich durchzuführende Wirksamkeitskontrolle der Sicherheitsmaßnahmen.

Inspektionsplan

Entsprechend den Herstellervorgaben und den konkreten örtlichen Bedingungen hat der Betreiber einen Inspektionsplan für die Durchführung der verschiedenen Inspektionsarten zu erstellen. Neben den Inspektionsintervallen sind die zu prüfenden Bauteile, der Prüfumfang sowie die anzuwendenden Inspektionsverfahren festzulegen.

Der Inspektionsplan ist Bestandteil des Sicherheitsmanagements und regelmäßig zu überprüfen sowie bei Bedarf anzupassen.

Bild 1: *Defekte Sitzbank. (Quelle: GAO – Gesundheits- und Arbeitsschutz Onischka UG [haftungsbeschränkt].)*

Inspektionsarten

Inspektion nach der Installation (Indl)

Diese Inspektion wird in der Regel nach dem Errichten eines neuen Spielplatzes oder wesentlicher Teile davon vor der Freigabe zur öffentlichen Nutzung durchgeführt. Sie ist die umfassendste Inspektion und umfasst Spielplatzgeräte, Spielplatzböden, Zusatzausstattungen, Vegetation, Zugänge, Einfriedungen sowie die Anordnung der Geräte und Wegebeziehungen.

Die Indl erfordert umfassende Sachkunde und besondere Sorgfalt. Normabweichungen, die hierbei übersehen werden, können zu erheblichen Haftungsrisiken führen (s. Kapitel ► „Gesetze, Erlasse, Normen, Rechtsprechung“, Abschnitt Bestandsschutz).

Kurz: Unwissenheit schützt nicht vor Haftung.

Grundlage der Inspektion sind sämtliche Herstellerangaben einschließlich des Konformitätsnachweises nach Abschnitt 5 der DIN EN 1176-1:2024-05, den der Hersteller im Rahmen seiner Informationspflichten nach Abschnitt 6.1.1 bereitzustellen hat. Ebenso ist die Fachunternehmererklärung mit den relevanten Angaben einzubeziehen (s. Kapitel ► „Installation").

Auf der Indl bauen die folgenden jährlichen Hauptinspektionen (JHI) auf. Liegt kein detailliertes Prüfprotokoll vor, muss eine spätere JHI wesentliche Teile der Indl wiederholen, was insbesondere bei der Beurteilung von Fundamenten zu erheblichem Mehraufwand führt.

Werden Spielplatzgeräte umgesetzt oder größere Instandsetzungen durchgeführt, ist für den betroffenen Bereich erneut eine Indl erforderlich.

Der Prüfbericht der Indl muss den Anforderungen nach Anlage A.3. DIN 79161-1 entsprechend und stellt die grundlegende Dokumentation des Spielplatzes („Geburtsurkunde") dar. Es wird dringend empfohlen diesen Prüfbericht dauerhaft aufzubewahren.

Empfehlung:

Bei externer Vergabe ist es aus Wirtschaftlichkeitsüberlegungen zielführend die Prüfleistung Indl mit den folgenden der JHI mehrere Jahre (mind. 3 Jahre) zu bündeln.

Die Indl bildet damit die Grundlage für Betrieb, Dokumentation und Betreiberhaftung.

Visuelle Routine-Inspektion (VRI)

Die VRI dient der Erkennung offensichtlicher Gefährdungen infolge Nutzung, Vandalismus, Witterungseinflüssen oder Fehlverhalten, z. B. beschädigte Teile, starke Verschmutzung, Glasscherben oder gefährliche Gegenstände.

Die Durchführung erfolgt nach den Hinweisen der OI-Prüfung und JHI-Prüfung, den Herstellervorgaben und den normativen Regelungen unter Beachtung örtlichen Bedingungen und je nach Nutzungshäufigkeit täglich bis wöchentlich. Das Prüfpersonal muss gemäß DIN EN 1176-7 über ausreichende Sachkunde (Sachkundenachweis) verfügen.

Aufgrund der regelmäßigen Wiederholung besteht die Gefahr der **Betriebsblindheit.** Offensichtliche Veränderungen oder beginnende Schäden können übersehen werden. Zur Vermeidung sind strukturierte Checklisten, ausreichende Aufmerksamkeit, regelmäßige Unterweisung sowie – soweit möglich – ein Wechsel der prüfenden Personen vorzusehen. Führungskräfte sollten hierfür besonders gewissenhafte und sorgfältige Personen einsetzen.

Als Inspektionsgrundlage und zur Dokumentation reicht in der Regel die v. g. strukturierte, spielplatzbezogene Checkliste aus.

Erkenntnisse aus den VRI-Prüfberichten können Anpassungen der Anweisungen für die routinemäßige Wartung erforderlich machen bzw. OI-Prüfungen im schwerwiegenden Gefährdungsfall eine JHI auslösen.

Kommunikationshinweis: Die OI- und JHI-Prüfberichte seit der jeweils letzten OI-/JIH-Prüfungen sind dem VRI-Prüfer bereitzustellen. Die VRI-Checklisten sind den Vorgesetzten sowie dem OI-Prüfer vorzulegen. Die Prüfberichte sind zur Spielplatzakte zu nehmen. Die Aufbewahrungsfrist sollte sich an der JHI orientieren und mindestens ein Jahr betragen.

Empfehlung:

Die Kombination von VRI und routinemäßiger Wartung ist wirtschaftlich sinnvoll und reduziert Betriebsblindheit. Fällt eine VRI in den Zeitraum einer OI, kann sie durch den OI-Prüfer durchgeführt werden, wodurch zugleich das Vier-Augen-Prinzip unterstützt wird.

Operative Inspektion (OI)

Im Rahmen der OI werden alle für Stabilität und Betriebssicherheit relevanten Bauteile vertieft geprüft. Besonderes Augenmerk gilt beweglichen und abgedichteten Teilen, etwa Lagern. Es wird d ringend empfohlen Funktionsprüfungen an allen Spielplatzgeräten durchzuführen und zu dokumentieren.

Die Durchführung erfolgt nach Herstellervorgaben, den Hinweise der JHI-Prüfung und örtlichen Bedingungen ggf. Prüfergebnissen der VRI in der Regel alle ein bis drei Monate.

Erkenntnisse aus den OI-Prüfberichten können Anpassungen der Anweisungen für die VRI, routinemäßige Wartung erforderlich machen bzw. Wartungsreparaturen und verringerte Prüffristen auslösen. Die Prüfberichte sind zur Spielplatzakte zu nehmen. Ihre Aufbewahrungsfrist sollte sich an der JHI orientieren und mindestens zwei Jahre betragen.

Als Prüfgrundlage und zur Dokumentation kann eine spielplatzbezogene Checkliste ausreichen.

Kommunikationshinweis: Die Ergebnisse sind dem Vorgesetzen, den VRI- und JHI-Prüfer bereitzustellen.

Empfehlung:

Der OI-Prüfer kann zugleich die im Zeitraum erforderliche VRI durchführen. Dies reduziert Betriebsblindheit und unterstützt das Vier-Augen-Prinzip. Prüfergebnisse sollten an VRI-Personal zurückgespiegelt werden.

Jährliche Hauptinspektion (JHI)

Die JHI dient der Bewertung des allgemeinen betriebssicheren Zustands und erfolgt üblicherweise in einem Intervall von etwa zwölf Monaten; ein Termin im Frühjahr ist praxisgerecht.

Sie erfordert vertiefte Kenntnisse der Normenreihe DIN EN 1176 sowie praktische Erfahrung. Zu beurteilen sind insbesondere Verrottung, Korrosion, Veränderungen, Reparaturqualität sowie kritische Bauteilbereiche. Gegebenenfalls kann das Freilegen von Bauteilen erforderlich sein, um Fäulnis (Holz), Korrosion (Metall) oder Materialalterung (Kunststoff) zu bewerten.

Die Dokumentation muss als Prüfbericht gemäß Anhang A.3 der DIN 79161-1 erfolgen (siehe Kapitel ► „Prüfbericht/Prüfprotokoll"). Die Aufbewahrungsfrist beträgt mind. 5 Jahre.

Erkenntnisse aus den JHI-Prüfberichten können Anpassungen der Anweisungen für die VRI/OI, routinemäßige Wartung erforderlich machen bzw. Wartungsreparaturen und verringerte Prüffristen auslösen.

Die JHI kann auch anlassbezogen, etwa nach Unfällen oder außergewöhnlichen Ereignissen, durchgeführt werden.

Kommunikationshinweis: Dem Prüfer sind die Spielplatzakte, die Ergebnisse von VRI und OI sowie die Dokumentation der routinemäßigen Wartungen und ggf. durchgeführte Wartungsreparaturen seit der letzten JHI bereitzustellen.

Empfehlung:

Es ist sicherzustellen, dass Prüfer im Zusammenhang mit der JHI, die fällige OI und VRI durchführen. Dies reduziert Betriebsblindheit und unterstützt das Vier-Augen-Prinzip. Prüfergebnisse sollten an VRI- und OI-Personal zurückgespiegelt werden.

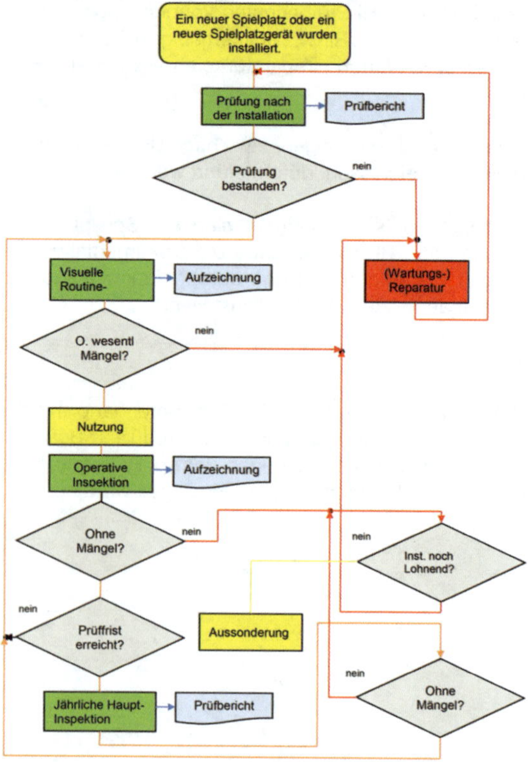

Bild 2: *Übersicht der Inspektionen (Quelle: GAO – Gesundheits- und Arbeitsschutz Onischka UG (haftungsbeschränkt))*

Besondere Inspektionsempfehlungen nach DIN EN 1176-1

Einmastgeräte, GFK-Bauteile

Bei Einmastgeräten ist die Standsicherheit besonders sorgfältig zu prüfen. Es ist sicherzustellen, dass die erforderliche Stabilität bis zur nächsten Inspektion gewährleistet bleibt. Dabei sind insbesondere Materialschädigungen in den hierfür relevanten kritischen Zonen sowie Bewegungen, Lockerungen oder Verformungen zu beachten (s. Kapitel ► „Einmastgeräte").

Bauteile aus glasfaserverstärktem Kunststoff (GFK), z. B. Rutschen, sind instand zu setzen oder zu ersetzen, sobald die Gelcoat-Schicht so weit abgenutzt ist, dass die Laminatschicht freiliegt oder strukturelle Beeinträchtigungen erkennbar sind.

Risikobeurteilung

In den Spielplatznormen wird überwiegend der Begriff Risikobeurteilung verwendet. Im Arbeitsschutz wird derselbe Prozess als Gefährdungsbeurteilung bezeichnet. Inhaltlich geht es jeweils darum, Gefährdungen zu erkennen, Risiken zu bewerten und geeignete Maßnahmen festzulegen.

In der Normenreihe DIN EN 1176 finden sich an mehreren Stellen Hinweise zur Risikobeurteilung, etwa zu Ketten, Umhausungen von Sprunggeräten oder Einfriedungen von Schaukelbereichen.

Die zentrale Fundstelle ist DIN EN 1176-7. Im Zusammenhang mit der jährlichen Hauptinspektion wird dort festgelegt, dass das Sicherheitsniveau eines Spielplatzes bestimmt wird durch

- Übereinstimmung mit den normativen Anforderungen und/oder
- eine Risikobeurteilung nach eingetretenen Veränderungen, Schäden oder Reparaturen.

Darüber hinaus wird eine regelmäßige, mindestens jährliche Bewertung der Wirksamkeit der Sicherheitsmaßnahmen im Rahmen des Sicherheitsmanagements gefordert.

Risikobeurteilungen dienen dazu, Gefährdungen zu erkennen, Risiken zu bewerten und erforderliche Maßnahmen festzulegen, bevor es zu Unfällen kommt. Maßgeblich ist die Frage, ob das sportlich-spielerische Risiko überschritten wird.

Zur Priorisierung von Maßnahmen ist das Risiko hinsichtlich Eintrittswahrscheinlichkeit und möglichem Schadensausmaß zu bewerten. Ein vorhersehbarer Unfall mit hoher Wahrscheinlichkeit und schwerem Schaden erfordert Sofortmaßnahmen. Dagegen sind geringfügige, typische Spielverletzungen grundsätzlich tolerierbar, da Lernen im Umgang mit Risiken Bestandteil des Spiels ist.

Grundsätzlich ist der Beurteilende in der Wahl geeigneter Methoden frei. Nachfolgend werden zwei praxisbewährte Verfahren dargestellt.

Checkliste Risikoabschätzung[1]

Tabelle 1: *Beantwortung und Quantifizierung von vier Fragen*

Kriterium	Frage	Gewichtung
A	Ereignete sich an diesem Ort in den letzten fünf Jahren ein Unfall mit Verletzungen, die eine (auch nichtärztliche) Behandlung erforderten?	1: kein Unfall 2: 1–2 Unfälle 3: 3 oder mehr Unfälle

1 Bfu 2010 TD40, Technische Daten Spielplatzgeräte – Version 5.07.

Tabelle 1: *Beantwortung und Quantifizierung von vier Fragen*

Kriterium	Frage	Gewichtung
B	Welche Verletzungen wurden beim schlimmsten Unfall verursacht? *Hinweis:* *Wenn A=1, dann auch B=1*	1: Schürfwunden, Muskelzerrung, Verstauchung, kleine offene Wunden (ausgenommen am Kopf), gebrochene Finger und Zehen, kleinflächige Verbrennungen 1. Grades 2: Brüche (ausgenommen Finger, Zehen, Kopf), Gehirnerschütterung, offene Wunden am Kopf, im Gesicht 3: Innere Verletzung, Schädelbruch, traumatische Hirnverletzung mit Bewusstlosigkeit, Verlust von Körperteilen, großflächige Verbrennung oder Vergiftung (welche einen Klinikaufenthalt erforderten), tödliche Verletzungen, Ertrinken

Tabelle 1: *Beantwortung und Quantifizierung von vier Fragen*

Kriterium	Frage	Gewichtung
C	Falls sich an diesem Ort Unfälle ereignen würden, welche Folgen hätte ein durchschnittlicher Unfall? (Die Beurteilung kann schlimmere oder weniger schlimme Unfallfolgen ergeben als diejenigen, die bei den tatsächlichen Unfällen erlitten wurden.)	1: Schürfwunden, Muskelzerrung, Verstauchung, kleine offene Wunden (ausgenommen am Kopf), gebrochene Finger und Zehen, kleinflächige Verbrennungen 1. Grades 2: Brüche (ausgenommen Finger, Zehen, Kopf), Gehirnerschütterung, offene Wunden am Kopf, im Gesicht 3: Innere Verletzungen, Schädelbruch, traumatische Hirnverletzung mit Bewusstlosigkeit, Verlust von Körperteilen, großflächige Verbrennungen, Vergiftungen, welche einen Klinikaufenthalt erforderten, tödliche Verletzungen, Ertrinken *Hinweis: Wenn sich bei C 3 Punkte ergeben, müssen immer Maßnahmen vorgeschlagen werden!*

Tabelle 1: *Beantwortung und Quantifizierung von vier Fragen*

Kriterium	Frage	Gewichtung
D	Wird der Ort häufig von Risikopersonen (Kindern) aufgesucht?	1: selten 2: durchschnittlich oft 3: oft

Berechnung: A × B + C × D

Hinweis: Punkt- vor Strichrechnung.

Je nach Ergebnis ergibt sich der Handlungsbedarf:

- 3 bis 4 Punkte: Sanierung angezeigt, sofern das Kosten-Nutzen-Verhältnis gut ist
- 5 bis 7 Punkte: Sanierung empfohlen
- ab 8 Punkten: gefährlicher Ort, Sanierung unerlässlich

Beispiel:

Ein neu bestellter Prüfer stellt an der Einfriedung eines Spielplatzes einer Kindertageseinrichtung den auf dem Foto dargestellten Zustand fest. Bei der Prüfung mit dem Prüfkörper F (Spaten- bzw. Fischprüfkörper) wird festgestellt, dass ein überstehendes Zaunlattenende eine Fangstelle für den Hals darstellt.

Unfälle sind bislang nicht bekannt.

Bild 1: *Die fehlende Latte wird als Sofortmaßnahme unverzüglich wieder angebracht. (Quelle: GAO – Gesundheits- und Arbeitsschutz Onischka UG [haftungsbeschränkt])*

Quantifizierung des Risikos

- A = 1 (keine dokumentierten Unfälle)
- B = 1 (keine bekannten Verletzungsfolgen)
- C = 3 (mögliche Unfallfolge mit schwerem bzw. tödlichem Ausgang; vergleichbarer Unfall ist bekannt)
- D = 3 (häufige Nutzung durch Kinder)

Berechnung:

$A \times B + C \times D$

$1 \times 1 + 3 \times 3 = 10$ Punkte

Handlungsbedarf:

Gefährliche Situation – Maßnahmen unverzüglich erforderlich.

Realisierungsvorschlag:

Als Sofortmaßnahme ist das obere Zaunende durch Anbringen einer waagerechten Latte zu schließen, um Halsfangstellen auszuschließen.

Mittelfristig wird der Ersatz durch eine beidseitig endfreie Einfriedung, z. B. einen mindestens 1,4 m hohen Stabgitterzaun, empfohlen.

Die Risikomatrix[2]

	Schadensausmaß bezüglich Verletzung oder Erkrankung			
Eintrittswahrscheinlichkeit der Gefährdung	leicht, Bagatellfolgen	mittelschwer	schwer, leichter bleibender Gesundheitsschaden	schwer, schwerer bleibender Gesundheitsschaden, Tod
sehr gering	3	3	3	3
gering	3	2	2	1
mittel	2	2	1	1
hoch	2	1	1	1
Handlungsbedarf 1: Maßnahmen dringend zeitnah erforderlich 2: Maßnahmen kurz- bis mittelfristig erforderlich 3: Maßnahmen zur Risikoreduzierung in angemessenem Zeitraum erforderlich				

Beide Verfahren der Risikobeurteilung enthalten zwangsläufig subjektive Einschätzungen. Deshalb muss die Bewertung durch sachkundige und erfahrene Personen erfolgen, die in der Anwendung ihrer Fachkunde unabhängig sind.

2 Unfallkasse Sachsen 02-01, Checklisten zur Gefährdungsbeurteilung in Kindertageseinrichtungen, Meißen 2015.

Routinemäßige Wartung und Wartungsreparaturen

Die Wartung von Spielplatzgeräten umfasst nach DIN EN 1176-7 sowohl routinemäßige Wartungsmaßnahmen als auch Wartungsreparaturen.

Primäre Grundlage sämtlicher Wartungsmaßnahmen sind die **vom Hersteller für Spielplatzgeräte nach Nr. 6.1.4 DIN EN 1176-1 und für Spielplatzböden nach Nr. 6.2.4 bereitzustellenden Informationen sind.**

Routinemäßige Wartung dient der vorbeugenden Erhaltung des betriebssicheren Zustands. Hierzu zählen insbesondere Reinigung, Pflege, Schmierung, Nachziehen von Verbindungen, Ergänzen von Fallschutzmaterial sowie der Austausch typischer Verschleißteile.

Wartungsreparaturen erfolgen zur Wiederherstellung der Sicherheit nach festgestellten Mängeln oder Schäden. Sie betreffen i. d. R. einzelne Bauteile und dienen der Beseitigung von Verschleiß, Beschädigungen oder Funktionsstörungen. Dabei ist zu unterscheiden, ob lediglich der ursprüngliche sichere Zustand wiederhergestellt wird oder eine wesentliche Änderung vorliegt, die eine erneute Inspektion nach der Installation erforderlich machen kann.

Fachlicher Hinweis

Spielplätze fallen regelmäßig nicht unmittelbar in den Anwendungsbereich der BetrSichV. Die dort verwendete Systematik zur Instandhaltung wird jedoch in Rechtsprechung und Organisation häufig als Referenz für strukturiertes Sicherheitsmanagement herangezogen.

Die Normenreihe DIN EN 1176-7 verwendet funktionsbezogene Begriffe ohne übergeordneten Sammelbegriff. Die Betriebssicherheitsverordnung (BetrSichV) nutzt dagegen den Oberbegriff **Instandhaltung**, unter dem Wartung, Inspektion und Instandsetzung zusammengefasst werden.

Zwischen beiden Systemen besteht eine inhaltliche Entsprechung:

DIN EN 1176-7	BetrSichV-Systematik	Inhaltliche Zuordnung
Visuelle Routine-Inspektion (VRI)	Inspektion	Feststellen offensichtlicher Mängel
Operative Inspektion (OI)	Inspektion	Vertiefte Zustandsprüfung
Jährliche Hauptinspektion (JHI)	Inspektion	Bewertung des sicheren Zustands
Routinemäßige Wartung	Wartung	Erhalt der Funktionsfähigkeit
Wartungsreparaturen	Instandsetzung	Beseitigung festgestellter Mängel
Betrieb/Organisation	Betreiberpflichten	Sicherer Betrieb und Maßnahmensteuerung

Organisation und sichere Betriebsführung

(1) Der Betreiber muss bereits in der Planungsphase, insbesondere beim Bau sowie während der gesamten Nutzungsdauer eines Spielplatzes, alle sicherheitsrelevanten Herstellerinformationen berücksichtigen. Hierzu gehören insbesondere Installations-, Betriebs- und Wartungsanleitungen.

(2) Für jeden Spielplatz ist ein Sicherheitsmanagement einzurichten. Dieses ist mindestens jährlich systematisch zu überprüfen und unter Berücksichtigung neuer Vorschriften, Normen, Erkenntnisse und Unfallereignisse fortzuschreiben.

(3) Sämtliche spielplatzbezogenen Unterlagen sind in einer Spielplatzakte zusammenzuführen und aufzubewahren. Die Akte kann auch elektronisch geführt werden.

In der Spielplatzakte sollten insbesondere enthalten sein:

- Inhaltsverzeichnis
- Dienstanweisungen
- Betriebsanweisungen
- Planungsunterlagen einschließlich Pflanzplan sowie Baum- und Strauchkataster
- Notfallpläne
- Herstellerunterlagen zu Spielplatzgeräten, Spielplatzböden und Ausstattungen
- Inspektions- und Wartungspläne
- Nachweise der Normkonformität von Spielplatzgeräten (z. B. nach Nr. 5 DIN EN 1176-1)
- Prüfberichte der Inspektion nach der Installation (Indl)

- Checklisten und Prüfberichte der visuellen Routine-Inspektionen (VRI) und operativen Inspektionen (OI)
- Prüfberichte der jährlichen Hauptinspektion (JHI)
- Nachweise über routinemäßige Wartung und Wartungsreparaturen
- Ergebnisse der jährlichen Wirksamkeitsprüfung des Sicherheitsmanagements
- Dokumentationen schwerer Unfälle und besonderer Ereignisse
- Beschwerden und Hinweise von Nutzern
- Presseberichte, Hinweise zur Pflege sowie Bewertungen aus Spielplatzportalen

Eine feste Aufbewahrungsfrist für die gesamte Spielplatzakte ist normativ nicht vorgegeben. Für einzelne Dokumente, insbesondere Prüfberichte der Indl und JHI, bestehen jedoch empfohlene bzw. sich aus Haftungs- und Organisationspflichten ergebende Mindestaufbewahrungszeiten.

(4) Spielplätze sind gut sichtbar zu beschildern. Bei mehreren Zugängen können mehrere Schilder erforderlich sein (s.Kapitel ▶ „Beschilderung").
(5) Rettungswege und Zugänge für Einsatzkräfte sind dauerhaft freizuhalten und nutzbar zu halten.
(6) Für Notfälle, insbesondere Unfälle oder Brände, sollten Notfallpläne vorliegen. Unfallereignisse sind zu erfassen und auszuwerten (s. Kapitel ▶ „Anhänge zum Spielplatzmanagement", Musterformular Anhang 4).
(7) Wartungs- und Instandsetzungsarbeiten während der Nutzung dürfen Benutzer und Wartungspersonal nicht gefährden; erforderliche Sicherungsmaßnahmen sind zu treffen.

Sichern unsicherer Situationen

Nicht annehmbare Risiken

Werden auf einem Spielplatz, an Spielplatzgeräten oder an Zusatzausstattungen erhebliche Mängel festgestellt, die zu einer Überschreitung des sportlich-spielerischen Risikos führen können, hat der Betreiber die betroffenen Bereiche oder Geräte wirksam gegen Zugang und Benutzung zu sichern.

Solche Situationen können insbesondere vorliegen, wenn

- Spielplatzgeräte oder stoßdämpfende Böden noch nicht vollständig installiert sind,
- die Prüfung nach der Installation noch nicht durchgeführt wurde,
- bei der Prüfung nach der Installation erhebliche Mängel festgestellt wurden,
- infolge unzureichender Wartung das erforderliche Sicherheitsniveau nicht mehr gewährleistet ist oder
- Spielplatzgeräte, Spielplatzböden oder Ausstattungen beschädigt sind und dadurch das sportlich-spielerische Risiko überschreiten.

Installations- und Instandsetzungsarbeiten lassen sich häufig nicht innerhalb eines Tages abschließen. In diesen Fällen sind Geräteteile, einzelne Geräte oder gegebenenfalls ganze Spielplätze wirksam abzusperren. Provisorische Absperrungen, etwa mit Flatterband, sind i. d. R. nicht geeignet und können Kinder sogar zum Betreten der gesperrten Bereiche animieren.

Naheliegend ist eine Sicherung in Anlehnung an Baustellenstandards. Empfehlungen hierzu enthält die Publikation VdS 2021[1]. Auch wenn diese unverbindlich ist, hat sie sich in der Praxis bewährt. Ihre Anwendung steht dem Versicherungsschutz nicht entgegen und kann zur Erfüllung der Verkehrssicherungspflicht beitragen.

Nach VdS 2021 wird insbesondere empfohlen:

- lückenlose Einfriedung der Baustelle mit mindestens 2 m hohen, übersteigsicheren Bauzäunen,
- Verschraubung der Zaunfelder (Demontage nur mit Werkzeug),
- Aushebeschutz,
- arbeitstägliche Kontrolle und Dokumentation der Sicherung sowie
- Entfernung der Absperrung erst nach Wiederherstellung des betriebssicheren Zustands.

Eine geeignete Beschilderung unterstützt das Verständnis von Kindern und Sorgeberechtigten für notwendige Sperrmaßnahmen.

[1] VdS Schadenverhütung GmbH: VdS 2021 – Baustellen. Unverbindlicher Leitfaden für ein umfassendes Schutzkonzept, Ausgabe 2016-06, Köln.

Bild 1: *Flatterband ist keine wirksame Absperrung. (Quelle: GAO – Gesundheits- und Arbeitsschutz Onischka UG [haftungsbeschränkt].)*

Bild 2: *Vorschriftsmäßige Sicherung (Quelle: GAO – Gesundheits- und Arbeitsschutz Onischka UG [haftungsbeschränkt])*

Praxistipp

Stellen Sie sicher, dass kurzfristig (am selben Tag) ausreichend übersteigsichere Bauzaunfelder (mindestens 1,8 m Höhe) sowie das erforderliche Montagematerial verfügbar sind, um beschädigte Spielplatzgeräte oder Bereiche wirksam abzusperren. Eine schriftliche Betriebsanweisung zur Montage sollte vorliegen.

Normenbezug, Mitarbeit an Normen

Der Besitz der relevanten Normen ist vor dem Hintergrund der geforderten Fähigkeit und zum gezielten Verweis auf konkrete Textstellen für Qualifizierte Spielplatzprüfer (QSP) unerlässlich. Normen dienen darüber hinaus als fachliche Grundlage für die Bearbeitung komplexer Sachverhalte sowie für die eigene Qualitätssicherung.

Alle Einzelnormen, Normensammlungen (z. B. Taschenbücher) sowie Online-Dienste mit ihren Modulen sind über die Suchleiste und das Pull-down-Menü auf der Startseite von DIN Media verfügbar: https://www.dinmedia.de/de (Stand: 24.02.2026)

Einzelnorm

Einzelnormen sind in der Regel kostenintensiv. Ist eine Norm weder im DIN-Taschenbuch 105 „Spielplätze und Freizeitanlagen" noch im Online-Dienst „Spielgeräte, Sport und Freizeitanlagen" enthalten, muss sie als Einzelnorm bezogen werden.

- Nutzen Sie hierzu die Suchleiste von DIN Media und geben Sie die entsprechende Normbezeichnung ein.
- Über die Anzeige der Einzelnorm sind Informationen zum Inhalt, zum Status sowie zu weiteren Ausgaben abrufbar.

Aus wirtschaftlicher Sicht ist häufig der Bezug von Normensammlungen sinnvoll.

DIN-Taschenbuch 105 „Spielplätze und Freizeitanlagen“ (Buch und E-Book)

Vorteile der Buchform

Die papiergebundene Ausgabe im A5-Format ist für Prüfungen vor Ort auf dem Spielplatz gut handhabbar und praxisgerecht.

Nachteile der Buchform

DIN-Taschenbücher werden in der Regel erst aktualisiert, wenn etwa 30 % der enthaltenen Normen in einer neuen Ausgabe vorliegen. Zwischenzeitliche Änderungen sind daher möglich.

Auffinden bei DIN Media

1. Im Pull-down-Menü „Produkte“ auswählen.
2. In der Suchleiste „DIN-Taschenbuch 105“ eingeben.

Onlinedienst: Spielgeräte, Sport, Freizeitanlagen

Vorteile des Online-Dienstes:

1. Vierteljährliche Aktualisierung bei Änderungen einzelner D Dokumente.
2. Sie haben Zugriff auf bisherigen Normausgaben (s. g. Historische Pool).
3. In der Pro-Version Sie können die jeweilige Normausgaben ausdrucken und speichern und filtern.

Onlinedienst finden und aktivieren

1. Im Pull-down-Menü (links neben dem Suchfeld) „Online-Dienste“ auswählen.
2. Im Suchfeld „Spielplatz“ eingeben.
3. Den Online-Dienst „Spielgeräte, Sport, Freizeitanlagen“ auswählen.
4. Auf „Spielgeräte, Sport, Freizeitanlagen“ klicken.
5. Den Bereich „Spielplätze und Spielplatzgeräte“ öffnen.
6. Unter „Ihre Vorteile“ den historischen Pool mit zurückgezogenen Normen einsehen.
7. Nach Aktivierung der Buchung erfolgt eine schrittweise Führung, z. B. zur Auswahl der Pro-Version.

Normungsmonitor: immer aktuell und kostenlos über Normungsvorhaben informiert

Der Normungsmonitor ermöglicht eine kontinuierliche und kostenfreie Information über laufende Normungsvorhaben. Alle 30 Tage erhalten Nutzer einen Report per E-Mail sowie als CSV-Datei mit u. a. folgenden Angaben: Dokumentennummer, Titel, Status (z. B. neues Normungsvorhaben, Veröffentlichung eines Norm-Entwurfs), Kurzreferat (soweit vorhanden), Termine (z. B. Einspruchsfristen), Links zu Normungsprojekten oder zuständigen Gremien, Normenausschuss und Arbeitsgremium (in der CSV-Datei).

Vorgehen:

In der DIN-Media-Suchleiste das Schlagwort „Normungsmonitor“ eingeben, die Website öffnen, sich informieren, den Dienst kostenlos buchen und anschließend individuell konfigurieren.

Der Normungsmonitor kann über Suchbegriffe gezielt auf relevante Normungsgebiete eingestellt werden.

DIN-Entwurfsportal: an Normentwürfen mitarbeiten

Über das DIN-Entwurfsportal besteht die Möglichkeit, aktiv an der Erarbeitung von Normentwürfen mitzuwirken. Ein wesentlicher Vorteil liegt darin, frühzeitig Kenntnis über Entwurfstexte zu erhalten.

Nach der Registrierung ist die Einräumung der erforderlichen Nutzungs- und Urheberrechte in papiergebundener Form erforderlich. Nach Eingang der Unterlagen beim DIN wird der Zugriff auf die entsprechenden Normentwürfe freigeschaltet. Über eine Suchfunktion können konkrete Normentwürfe gezielt aufgefunden werden.

Anhänge zum Spielplatzmanagement

Anhang 1

Vorschlag für die innerbetriebliche Bestellung zum Sachkundigen

Stadt/Gemeinde

Unternehmen

Bestellung zum Sachkundigen

Frau/Herr

beschäftigt bei

als

wird hiermit mit Zustimmung des Betriebs-/Personalrates zum

Sachkundigen für die Prüfung von Spielplatzgeräten und Spielplätzen

im Verantwortungsbereich der Stadt/Gemeinde/Unternehmen ________________ bestellt.

Die/der Sachkundige ist aufgrund dieser Bestellung berechtigt, jährliche Hauptinspektionen nach DIN EN 1176-7 aller Spielplätze im Verantwortungsbereich nach Aufforderung durch ______ ______________________________ und nach Prüfplan durchzuführen.

Die/der Sachkundige hat die Sachkunde in einem Lehrgang erworben und besitzt die persönliche Eignung für diese Tätigkeit. Die auf den Folgeblättern aufgeführten Vorschriften und Normen sowie Prüfkörper, Mess- und Hilfsmittel wurden ihr/ihm zur persönlichen Verfügung übergeben bzw. stehen im Amt/ Stelle______________________________ zur Einsicht und Nutzung bereit.

Die/der Sachkundige verpflichtet sich, nur solche Prüfungen durchzuführen, für die sie/er ausgebildet und bestellt wurde und mit deren zutreffenden Vorschriften und Normen sie/er so weit vertraut ist, dass sie/er den allgemeinen betriebssicheren Zustand beurteilen kann.

Die/der Sachkundige verpflichtet sich zur ständigen, eigenverantwortlichen und fachlichen Fortbildung.

Sie/er wird alle drei Jahre an einer Fortbildung eines mit der FLL kooperierenden Ausbildungsinstitutes teilnehmen.

Der Arbeitgeber verpflichtet sich, der/dem Sachkundigen nur solche Prüfungen zu übertragen, für die sie/er ausgebildet und bestellt wurde und mit deren zutreffenden Vorschriften und Normen sie/er so weit vertraut ist, dass sie/er den allgemeinen betriebssicheren Zustand beurteilen kann.

Darüber hinaus verpflichtet sich der Arbeitgeber, der/dem Sachkundigen die Weisungsfreiheit in der Anwendung der Fachkunde zu garantieren und keinerlei Einfluss auf das Ergebnis der Inspektionen nach der Installation, jährlichen Hauptinspektionen oder den außerordentlichen Hauptinspektionen nach besonderen Vorkommnissen zu nehmen oder die/den Sachkundige/n wegen bestimmter Prüfergebnisse in irgendeiner Form zu benachteiligen.

Die für die Hauptinspektionen nötige Zeit einschließlich der Anfertigung der Prüfprotokolle wird zur Verfügung gestellt und in den Prüfplan aufgenommen.

Die/der Sachkundige hat die Ergebnisse ihrer/seiner Prüfungen in einem schriftlichen Prüfprotokoll zusammenzufassen. Dieses muss inhaltlich Abschnitt A.3 DIN 79161-1 entsprechen.

Das Prüfprotokoll ist binnen 10 Tagen nach der Prüfung bei ____________________ abzugeben.

Eine Kopie ist in der Spielplatzakte abzuheften.

Bei sofortigem Handlungsbedarf wendet sich die/der Sachkundige an ____________________

Falls sich die/der Sachkundige über bestimmte Fragen der Organisation, Durchführung oder Auswertung der Prüfung nicht mit dem zuständigen Ansprechpartner einigen kann, ist er berechtigt, mit ________________________ Kontakt aufzunehmen. Dieser entscheidet. In Sachfragen wird die Fachkraft für Arbeitssicherheit beteiligt.

Diese Bestellung erlischt automatisch, wenn die/der Sachkundige nicht mindestens alle drei Jahre an einer Fortbildung zum Erhalt seiner Sachkunde teilnimmt.

Ort, Datum:

Für den Arbeitgeber die/der Sachkundige Betriebs-/Personalrat

Anhang 2

Vorschriften und Normen

Tabelle 1: *Anhang 2*

Bezeichnung	Vorhand. Ausgaben	zur persönl. Verfügung	zur Einsicht bei
TGL 34303-3			
DIN 7926-1			
DIN 7926-2			
DIN 7926-3			
DIN 7926-4			
DIN 7926-5			
DIN 7926-Bbl.1			
DIN 18034-1			
DIN EN 1176-1			
DIN EN 1176-2			

Tabelle 1: *Anhang 2*

Bezeichnung	Vorhand. Ausgaben	zur persönl. Verfügung	zur Einsicht bei
DIN EN 1176-3			
DIN EN 1176-4			
DIN EN 1176-5			
DIN EN 1176-6			
DIN EN 1176-7			
DIN EN 1176-11			
DIN 79161-1			
DIN 79161-2			
DIN EN 15312			
DIN EN 14974			
DIN 79400			
DIN EN 14960			
DGUV-Vorschrift 81			
DGUV Regel 102-002			
DGUV Information 202-022			

Tabelle 1: *Anhang 2*

Bezeichnung	**Vorhand. Ausgaben**	**zur persönl. Verfügung**	**zur Einsicht bei**
DGUV Information 202-019			
DGUV Information 202-023			
DGUV Information 202-072			
UK Hessen Außengelände für Krippenkinder			
Liste giftiger Pflanzenarten			

Prüfkörper, Mess- und Hilfsmittel

Tabelle 2: *Anhang 3*

Lfd. Nr.	Bezeichnung	Verwendungszweck (Beispiele)
1	Prüfkörper A	Prüfen auf Fangstellen für Kopf und Hals an vollständig umschlossenen Öffnungen
2	Prüfkörper B	
3	Prüfkörper C	
4	Prüfkörper D	
5	Prüfkörper E	
6	Prüfkörper zur Bewertung von Fangstellen von Kopf und Hals in teilweise umschlossenen Öffnungen	Prüfen auf Fangstellen für Kopf und Hals in teilweise umschlossenen Öffnungen
7	Prüfvorrichtung für Knebelprüfung mit Kettenlänge 40 cm	Prüfung auf Fangstellen für Kleidung
8	Prüfvorrichtung für Knebelprüfung mit Kettenlänge 60 cm	
9	Rundstab 8 mm	Prüfung auf Fangstellen für Finger
10	Rundstab 25 mm	
11	Rundstab 8,6 mm	Prüfung auf Fangstellen für Finger in Ketten

Tabelle 2: *Anhang 3*

Lfd. Nr.	Bezeichnung	Verwendungszweck (Beispiele)
12	Rundstab 12 mm	Prüfung auf Fangstellen für Finger in Kettenverbindungen
13	Prüfkörper für das Profil des Rutschteils bei Rutschen mit bogenförmigem Profil	Prüfen des Rutschenprofils
14	Ringlehre	Prüfen des Überstands der Handunterstützung und/oder Fußstütze
15	Radienschablone 3 mm	Prüfen der Mindestrundung von Ecken und Kanten zugänglicher Teile
16	Radienschablone 5 mm	Prüfen der Mindestrundung von Teilen, die sich bei Karussells vom Typ A um die Zentralachse bewegen
17	Radienschablone 20 mm	Prüfen des Seitenprofils von Wippgeräten
18	Radienschablone 50 mm	Prüfen des Mindestradius schwerer abgehängter starrer Balken
19	Fundamentprüfstab	Bestimmen der Überdeckung von Fundamenten

Tabelle 2: *Anhang 3*

Lfd. Nr.	Bezeichnung	Verwendungszweck (Beispiele)
20	Neigungswinkelmesser	Prüfen der Neigung von Zugängen
21	Vorstecher mit gerundeter Spitze	Prüfen auf Holzverrottung
22	Kompass	Prüfen der Ausrichtung von Rutschen gegenüber der Sonne
23	Gliedermaßstab 3 m	Überprüfen von Längenmaßen
24	Spaten	Freilegen von Fundamenten
25	Federwaage 400 N	Prüfen auf Fangstellen für Kopf und Hals an vollständig umschlossenen Öffnungen
26	Messschieber	Ermitteln des Verschleißes an Ketten
27	Schonhammer	Prüfen auf innere Holzschäden
28	Mehrzweckleiter	Zur Besichtigung von oben
29	Bohrwiderstandsmessgerät	Prüfen auf nicht sichtbare Holzverrottung

Beispiel-Formblatt zur Erfassung bekannt gewordener Unfälle auf Spielplätzen
Betreiber:
Spielplatz:
Datum und Zeitpunkt des Unfalls:
Der Unfall wurde bekannt durch • Eltern/Erziehungsberechtigte • Polizei, Justiz, Anzeige • Presse • andere Augenzeugen
Alter des Unfallopfers: Geschlecht:
Beteiligte Spielplatzgeräte/Böden/Ausstattungen

Beispiel-Formblatt **zur Erfassung bekannt gewordener Unfälle auf Spielplätzen**
Ausführliche Beschreibung des Unfallhergangs:
Wer beschrieb den Unfallhergang?
War diese Person Augenzeuge?
Gab es weitere Zeugen?

Beispiel-Formblatt zur Erfassung bekannt gewordener Unfälle auf Spielplätzen
Aussagen:
Welche Folgen hatte der Unfall?
Witterungsbedingungen zum Unfallzeitpunkt:
War der Spielplatz zum Unfallzeitpunkt besonders intensiv bespielt? Anzahl anwesender Kinder:

Beispiel-Formblatt **zur Erfassung bekannt gewordener Unfälle auf Spielplätzen**
Trug der Verunfallte zum Unfallzeitpunkt • einen Fahrradhelm, • Kleidung mit Kordeln, • ein Schlüsselband, • ein Schlüsselband mit Soll-Reißstelle?
Datum und Personal der letzten Inspektionen und Wartungen • visuelle Routineinspektion, • operative Inspektion, • Instandsetzung • jährliche Hauptinspektion • sonstige Wartung
Datum der Unfalluntersuchung:
Wer führte die Unfalluntersuchung durch?

Beispiel-Formblatt **zur Erfassung bekannt gewordener Unfälle auf Spielplätzen**
Welche Unfallursachen wurden ermittelt? • Genaue Beschreibung technischer Ursachen • Beschreibung anderer Ursachen
Erfolgte der Unfall an einem nicht leicht zugänglichen Gerät mit Unterstützung anderer Personen und war der Verunfallte jünger als 36 Monate?
Rechtliche Bewertung:
Getroffene Maßnahmen:

Beispiel-Formblatt zur Erfassung bekannt gewordener Unfälle auf Spielplätzen
Ort und Datum Name, Unterschrift
Gegenzeichnung durch den Betreiber: Name, Funktion, Unterschrift
Bildanlagen

Sicherheitstechnische Anforderungen von A–Z

Absturzsicherung

Norm: Nr. 4.2.4 DIN EN 1176 1

In Abhängigkeit von der freien Fallhöhe sind **hoch gelegene Plattformen gegen Absturz** zu sichern. Die Anforderungen an die Art der Absturzsicherungen sind abhängig davon, ob diese für die Nutzer leicht zugänglich sind oder nicht (s. Kapitel ► „Leicht zugängliche und nicht leicht zugängliche Spielplatzgeräte").

Die Absturzsicherung kann auf verschiedene Arten erfolgen:

- **Handläufe** sollen dem Benutzer z. B. bei einer Treppe sicheren Halt geben. Wenn sie an der freien Seite einer Treppe angebracht werden, übernehmen sie zugleich die Funktion eines Geländers.
- **Geländer** bestehen aus einem linienförmigen Element in einer bestimmten Höhe über der Standfläche, das gegen Absturz sichert.
- **Brüstungen** sichern wie Geländer gegen Absturz und durch ihre Ausfüllung zusätzlich gegen ein Hindurchrutschen.

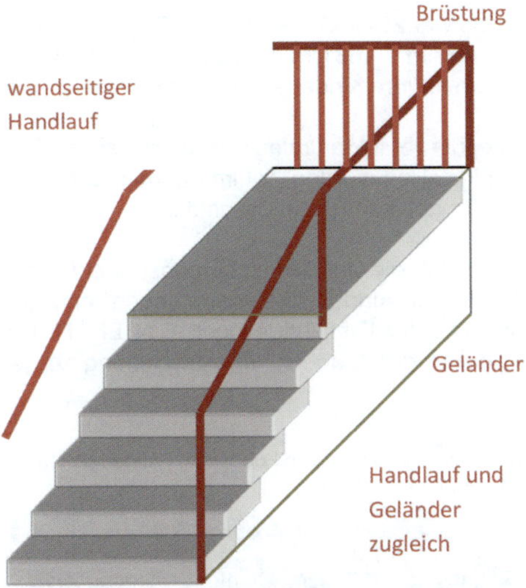

***Bild 1:** Beispiele für Handlauf, Geländer und Brüstung. (Quelle: GAO – Gesundheits- und Arbeitsschutz Onischka UG [haftungsbeschränkt])*

Nationale Abweichung für Deutschland

Die Unterscheidung zwischen leichtem (bzgl. Kinder unter 3 Jahre (U3-Kinder)) und nicht leichtem Zugang ist seit der Erstausgabe der DIN EN 1176-1 (1998) Bestandteil der Norm. Hintergrund ist, dass Spielplatzgeräte in vielen EU-Mitgliedstaaten grundsätzlich als Spielangebote für Kinder ab etwa einem Jahr betrachtet werden und keine gesetzlich geregelte Aufsichtspflicht besteht.

Bis zur Normausgabe war 2017-12 waren diese Regelungen für U3 mit Verweis auf der im § 1631 BGB Abs. 1 geregelten Aufsichtspflicht der Eltern für ihre Kinder ausgenommen.[1]

Für Spielplatzgeräte, die vor Inkrafttreten der Normausgabe DIN EN 1176-1:2017-12 installiert wurden, gilt im Rahmen der allgemeinen rechtlichen Grundsätze Bestandsschutz.

Unabhängig davon hatten die Unfallversicherungsträger bereits zuvor in der DGUV Regel „Kindertageseinrichtungen“ empfohlen, Spielbereiche für unter Dreijährige nach DIN EN 1176-1 ohne Anwendung der früheren deutschen Abweichung zu gestalten.[2]

Tabelle 1: *Übersicht: Absturzsicherung von Podesten in Abhängigkeit vom Zugang und von der freien Fallhöhe*

Freie Fallhöhe [cm]	**Erforderliche Absturzsicherung**		
	Zugang nicht leicht	**Zugang leicht bis November 2017**	**Zugang leicht ab Dezember 2017**
Bis 60	keine	keine	keine
60 bis 100	keine	keine	Brüstung
100 bis 200	Geländer	Geländer	Brüstung
200 bis 300	Brüstung	Brüstung	Brüstung

1 DIN EN 1176 Bbl.1:2003-06 und Normausgaben 2009-01 Zum Nationalen Vorwort

2 DGUV Regel 102-002 Abschnitt 3.4.7.; Hinweis: mit dem Erscheinen der DGUV Regel 102-602 im Jahr 2019 wurde diese Regelausgabe zurückgezogen

Anforderungen

(1) **Handläufe** müssen 60 bis 85 cm über der Mitte der Standebene (Stufe) verlaufen (abweichende Regelung gegenüber DIN 18065, Gebäudetreppen). Sie müssen gut zu greifen sein (max. Breite 6 cm, s. hierzu auch Kapitel ► „Greifen und Umfassen“). Die Oberkante des Geländers oder der Brüstung kann als Handlauf ausgebildet sein.

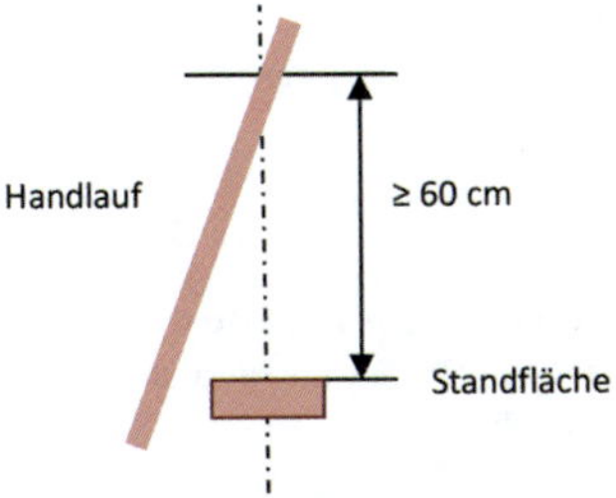

***Bild 2:** Die Höhe des Handlaufs ist von der Stufenmitte zu messen. (Quelle: GAO – Gesundheits- und Arbeitsschutz Onischka UG [haftungsbeschränkt])*

(2) **Geländer** müssen 60 bis 85 cm hoch sein. Sie müssen die Plattformen vollständig umgeben. An Zu- und Abgängen darf die freie Öffnung maximal 50 cm breit sein. An Treppen, Rampen und Brücken darf diese Öffnung breiter als 50 cm, aber nicht größer als die Breite dieser Elemente sein.

Geländer sind bei nicht leicht zugänglichen Geräten ab 1,0 m freie Fallhöhe bis 2,0 m freie Fallhöhe vorzusehen.

Bei Treppen zu Plattformen ≤ 100 cm darf ein Geländer die Brüstung ersetzen, wenn der vertikale Abstand zwischen Stufenmitte und Geländerunterkante < 60 cm ist.

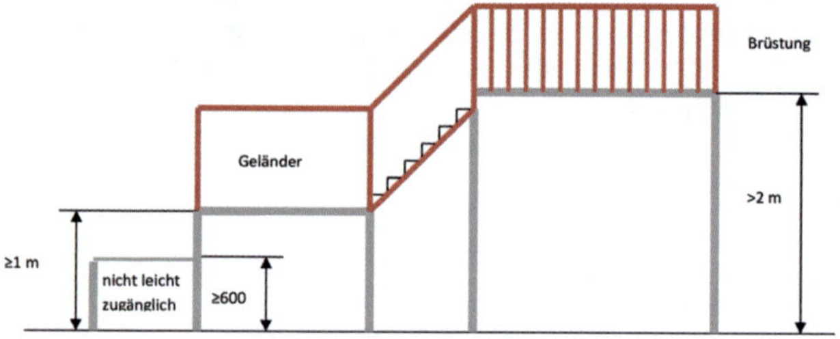

***Bild 3:** Bei nicht leichtem Zugang sind bei 1 bis 2 m Fallhöhe Geländer, darüber Brüstungen vorzusehen. (Quelle: GAO – Gesundheits- und Arbeitsschutz Onischka UG [haftungsbeschränkt])*

(3) **Brüstungen** müssen mindestens 70 cm hoch sein. Sie müssen die Plattformen vollständig umgeben. An Zu- und Abgängen darf die freie Öffnung maximal 50 cm breit sein. Breitere Öffnungen sind bis 1,2 m zulässig, wenn sie durch ein Geländer gesichert sind.

An Treppen, Rampen, Brücken usw. darf diese Öffnung breiter als 50 cm, aber nicht größer als die Breite dieser Elemente sein.

Brüstungen sind so zu gestalten, dass sie nicht zum Aufsteigen verleiten oder das Aufsteigen erleichtern. Sind solche Elemente vorhanden, ist die Brüstungshöhe von der höchsten Aufstiegsmöglichkeit zu messen. Die Oberkante sollte so gestaltet sein, dass die Benutzer nicht auf ihr zum Stehen oder Sitzen ermutigt werden.

Zwischen der Standfläche des Podests und der Unterkante der Brüstung darf ein Durchrutschen nicht möglich sein, d. h., der Prüfkörper C darf nicht durch die Öffnung passen.

An leicht zugänglichen Geräten dürfen Öffnungen in der Brüstung, die zu steilen Spielelementen führen, nicht höher als 2,0 m (Podesthöhe) und nicht breiter als 50 cm sein. Ab 1 m Podesthöhe müssen Handunterstützungen vorhanden sein, die zum Greifen geeignet sind (s. hierzu auch Kapitel ► „Greifen und Umfassen“).

Bei nicht leicht zugänglichen Geräten ist bei Fallhöhen über 2,0 m eine Brüstung erforderlich.

Bei leicht zugänglichen Geräten ist ab DIN EN 1176-1:2017-12 bereits ab 60 cm freier Fallhöhe eine Brüstung erforderlich.

Bild 4: *Negativbeispiel: besteigbare Brüstung. (Quelle: GAO – Gesundheits- und Arbeitsschutz Onischka UG [haftungsbeschränkt])*

(4) Nach „EK 2/28.108 vom 13.12.2010" (Beschluss zu Absturzsicherung bei Podesten) tolerieren die Prüfstellen Podeste mit einer freien Fallhöhe über 3,0 m, wenn diese mit Brüstungen komplett verschlossen sind (Käfig) oder nicht überkletterbare Brüstungen von mindestens 1,8 m Höhe vorhanden sind.

Bild 5: *Bei Fallhöhen über 3 m muss gesichert sein, dass ein Absturz unmöglich ist. (Quelle: GAO – Gesundheits- und Arbeitsschutz Onischka UG [haftungsbeschränkt])*

(5) Geländer und Handläufe müssen so ausgelegt sein, dass sie einer waagerechten Last von 750 N/m standhalten.

Hinweis

Flächen, die nur unter Zuhilfenahme einer Handunterstützung betreten und genutzt werden können, gelten nicht als Plattformen. Die Handunterstützung ist in diesen Fällen die Sicherung gegen Absturz.

Inspektionen

- ☐ Zunächst ist zu prüfen, ob Handläufe, Geländer und Brüstungen – soweit vorgeschrieben – vorhanden sind.
- ☐ Sind diese entsprechend der freien Fallhöhe, der Art des Zugangs und des Installationszeitpunkts in der vorgeschriebenen Art ausgeführt?
- ☐ Danach ist zu prüfen, ob die vorgeschriebenen Mindesthöhen eingehalten wurden.
- ☐ Die Gestaltung der Handläufe ist auf „Greifmöglichkeit" zu prüfen.
- ☐ Brüstungen sind auf vorschriftsmäßige Gestaltung und Vermeidung von Aufstiegsmöglichkeiten und Fangstellen zu prüfen.
- ☐ Sind die Öffnungen in Geländern und Brüstungen normgerecht ausgeführt und ohne Fangstellen?
- ☐ Die mechanische Festigkeit ist zu beurteilen.

Aufprallfläche

Norm: DIN EN 1176-1, insbesondere Nr. 4.2.8.5, sowie die Vorgaben zu Aufprallflächen in den weiteren Teilen der DIN EN 1176-Reihe

Die **Aufprallfläche** ist i. d. R. der Untergrund innerhalb des Fallraums und damit Bestandteil der Spielebene. Auf ihr trifft der Nutzer nach einem beabsichtigten Absprung oder infolge eines Absturzes auf. Diese Ereignisse sind vorhersehbar und im normalen Gebrauch angelegt. Entsprechend werden an Zustand und Beschaffenheit der Aufprallfläche besondere sicherheitstechnische Anforderungen gestellt.

Die Ausdehnung der Aufprallfläche entspricht der Ausdehnung des Fallraums (zu den Anforderungen an den Fallraum s. Kapitel ► „Räume und Flächen“).

Im folgenden Abschnitt geht es um die Ausdehnung (Länge) der Aufprallfläche (zu den Anforderungen an die Stoßdämpfung s. Kapitel ► „Stoßdämpfende Spielplatzböden“).

Die Aufprallfläche übernimmt im Ereignisfall (z. B. bei einem Absturz) eine sicherheitsrelevante Schutzfunktion, vergleichbar mit der Wirkungsweise eines Airbags im Kraftfahrzeug. Ihre Ausdehnung sowie ihre stoßdämpfenden Eigenschaften sind daher von zentraler Bedeutung für die Minderung der Verletzungsschwere.

Aufprallflächen erfordern besondere Aufmerksamkeit im Rahmen der Planung, Ausführung und Inspektion und müssen frei von sicherheitsrelevanten Mängeln sein.

Anforderungen

(1) Die Ausdehnung der Aufprallfläche muss vom Hersteller in der Dokumentation angegeben werden.

(2) Sofern nicht anders bestimmt, beträgt die Länge der Aufprallfläche in möglicher Sprung- oder Fallrichtung mindestens 1,5 m. Ab einer freien Fallhöhe von 1,5 m verlängert sich die Aufprallfläche und erreicht mit 2,5 m ihre maximale Ausdehnung bei der maximal zulässigen Fallhöhe von 3,0 m (siehe hierzu auch Kapitel ► „Freie Fallhöhe“).

Es gilt die Formel $x = 2/3\, y + 0{,}5$ m

x = Länge der Aufprallfläche in m y = freie Fallhöhe in m

Tabelle 1: *Freie Fallhöhe nach Länge der Aufprallfläche.*

Freie Fallhöhe [m]	0,60	1,00	1,50	1,80	2,10	2,40	2,70	3,00
Länge der Aufprallfläche [m]	1,50	1,50	1,50	1,70	1,90	2,10	2,30	2,50

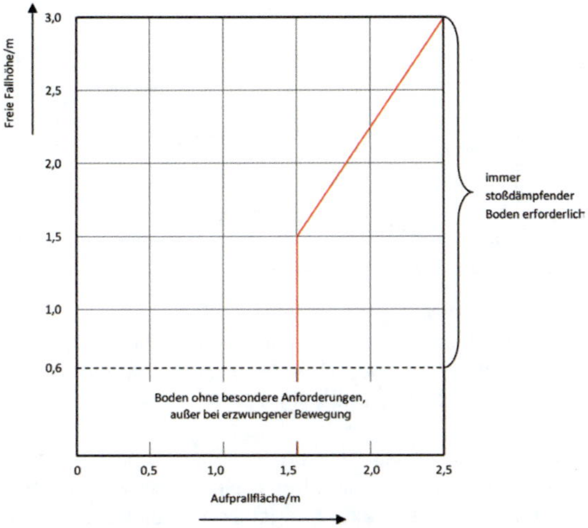

***Bild 1:** Diagramm: Länge der Aufprallfläche [m] in Abhängigkeit von der freien Fallhöhe [m]. (Quelle: GAO – Gesundheits- und Arbeitsschutz Onischka UG [haftungsbeschränkt])*

(3) Um jedes Spielplatzgerät muss unabhängig von der Fallhöhe eine Aufprallfläche von mindestens 1,5 m Länge vorhanden sein – sofern in der Gerätenorm nichts anderes bestimmt wird.

A B E F G H K L N P R S W Z

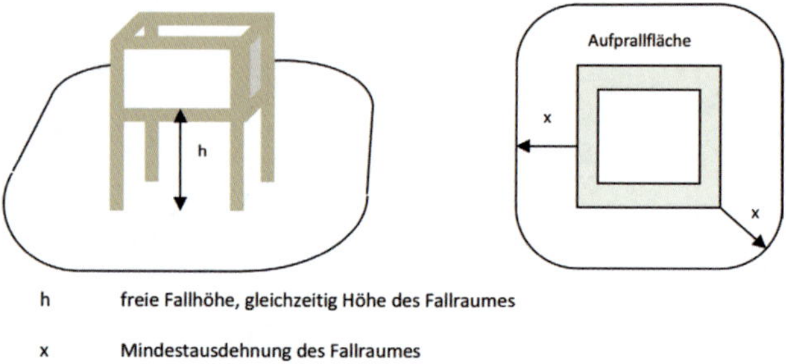

Bild 2: *Fallraum und Aufprallfläche eines Podestes (links perspektivische Ansicht, rechts Draufsicht) (Quelle: GAO – Gesundheits- und Arbeitsschutz Onischka UG [haftungsbeschränkt])*

(4) Die Aufprallfläche muss frei von jeglichen scharfkantigen, spitzen oder sonstigen gefährlich hervorstehenden Teilen sein. Durch ihren Einbau dürfen keine Fangstellen entstehen.

(5) Bis zu einer freien Fallhöhe von 60 cm bestehen keine Anforderungen an die Stoßdämpfung der Aufprallfläche. Lediglich wenn eine erzwungene Bewegung stattfindet, muss die Aufprallfläche unabhängig von der freien Fallhöhe stoßdämpfend sein, z. B. bei Schaukeln, Rutschen, einigen Wippgeräten, Seilbahnen (s. hierzu auch Kapitel ▶ „Räume und Flächen“).

(6) Bei freien Fallhöhen über 60 cm oder bei erzwungener Bewegung muss die Aufprallfläche immer stoßdämpfend sein. Die kritische Fallhöhe der Bodenart muss mindestens so groß sein wie die tatsächliche freie Fallhöhe (s. hierzu auch Kapitel ▶ „DIN EN 1177 Stoßdämpfende Spielplatzböden, Bestimmung der kritischen Fallhöhe“).

(7) Innerhalb von Spielplatzgeräten sind zwischen angrenzenden Plattformen bis zu einer Höhendifferenz von 1,0 m keine stoßdämpfenden Böden erforderlich. Überschreitet die Höhendifferenz 1,0 m, wird die untere Plattform als Aufprallfläche angesehen und muss damit stoßdämpfende Eigenschaften haben.

(8) Bei der Planung eines Spielplatzes sollte nicht nur auf die exakte Einhaltung der Mindestlänge der Aufprallfläche geachtet werden: Direkt im Anschluss an die Aufprallfläche sollten keinesfalls spitze oder scharfkantige, kleinteilige Elemente vorgesehen werden. Gegen größere abgerundete Teile, z. B. Baumstämme ohne Astenden, gibt es keine Bedenken.

(9) Spielzeug (z. B. Sandspielzeug, Spielzeugautos u. Ä.) darf nicht in Aufprallflächen von Spielplatzgeräten liegen; in Aufprallflächen darf auch nicht damit gespielt werden (s. Kapitel ▶ „Spielzeug und Alltagsgegenstände“).

Inspektion

- ☐ Bei der Inspektion nach der Installation ist immer zu prüfen, ob die Mindestabmessung der Aufprallfläche gemäß Herstellerdokumentation gegeben ist und diese den Anforderungen gemäß DIN EN 1176 entspricht.
- ☐ Die Aufprallfläche ist auf gefährliche Gegenstände und Materialien sowie Fangstellen zu prüfen.
- ☐ Es ist zu überprüfen, ob die Aufprallfläche in der vorgeschriebenen Bodenart ausgeführt wurde und bei freien Fallhöhen über 60 cm (bei erzwungener Bewegung auch unabhängig von der Fallhöhe) stoßdämpfende Böden hergestellt wurden.

A B E F G H K L N P R S W Z

- ☐ Bei angrenzenden Plattformen innerhalb der Spielplatzgeräte ist die freie Fallhöhe zwischen diesen zu ermitteln und die Notwendigkeit des Einsatzes stoßdämpfender Böden zu prüfen.
- ☐ Es ist zu prüfen, ob unmittelbar an die Aufprallfläche anschließende Einrichtungen oder Bauteile eine Gefährdung beinhalten.

Aufstiege/Zugänge

Norm: DIN EN 1176 – Spielplatzgeräte und Spielplatzböden – Teil 1: Allgemeine sicherheitstechnische Anforderungen und Prüfverfahren

Unter der Bezeichnung „Zugänge" werden in der DIN 18034-1 Anforderungen an Ein- und Ausgänge von Spielplätzen aufgestellt (siehe hierzu auch Kapitel ► „Zugänge und Zufahrten"). Für eine verständliche Abgrenzung wird der nun folgende Abschnitt der DIN EN 1176-1 mit dem Titel „Aufstiege / Zugänge" versehen, denn bei den verschiedenen Zugängen handelt es sich immer um Aufstiege.

Die Normung beschränkt sich auf Leitern, Treppen, Rampen und steile Spielelemente. Damit werden weitere Zugänge nicht verboten. Der Hersteller muss bei Normabweichungen nachweisen, dass er ein vergleichbares Sicherheitsniveau erbringt.

Zur Problematik leicht/nicht leicht zugänglich siehe auch Kapitel ► „Absturzsicherung".

Anforderungen

(1) **Leitern** sind Aufstiegshilfen mit Sprossen oder Stufen, auf denen der Benutzer mithilfe der Hände aufsteigen kann.

Es bestehen folgende Anforderungen:

- Die Abstände zwischen den Sprossen bzw. Stufen dürfen keine Fangstellen für den Kopf bilden. Da es sich um vollständig umschlossene Öffnungen handelt, muss der lichte Abstand entweder kleiner als 89 mm sein oder mindestens 230 mm betragen. Sprossenabstände bis 89 mm sind für eine Leiter nicht praktikabel, sodass nur Abstände von 230 mm und mehr infrage kommen. Die Anforderung gilt auch für Öffnungen zwischen Sprossen unterhalb 60 cm Höhe und für Strickleitern.

Bild 1: *Die Sprossenabstände sind gleichmäßig, aber unter dem Podest besteht eine Kopffangstelle. (Quelle: GAO – Gesundheits- und Arbeitsschutz Onischka UG [haftungsbeschränkt])*

- Sprossen bzw. Stufen müssen – außer bei Strickleitern – untereinander einen gleichmäßigen Abstand haben. Das gilt nicht für den Abstand zwischen der Spielebene und der untersten Sprosse/Stufe sowie den Abstand zwischen der obersten Sprosse/Stufe und der zu besteigenden Plattform. Der letztere Abstand darf aber ebenfalls keine Kopffangstelle beinhalten. Bis zum Erscheinen der Normausgabe 2008 musste auch der Abstand von der obersten Sprosse/Stufe zur Plattform so groß wie die Sprossenabstände sein.
- Sprossen/Stufen müssen gegen Verdrehen gesichert sein. Holzteile müssen formschlüssig gegen Verdrehen und Verschieben gesichert sein, z. B. durch Zapfenverbindungen. Verbindungen, die nur durch Nägel oder Schrauben zusammengehalten werden, sind nicht ausreichend.

Bild 2: *Die Sprossen sind nicht formschlüssig befestigt. (Quelle: GAO – Gesundheits- und Arbeitsschutz Onischka UG [haftungsbeschränk]).)*

- Um besser auf die zu erreichende Plattform übersteigen zu können, dürfen die Wangen ohne Sprossen/Stufen bis zur Oberkante der Brüstung senkrecht weitergeführt werden.
- Zum sicheren Auftreten müssen von der Mitte der Sprosse/ Stufe nach hinten mindestens 9 cm hindernisfreier Raum vorhanden sein.

Bild 3: *Hinter einer Sprosse ist nicht genügend hindernisfreier Raum für den Fuß. (Quelle: GAO – Gesundheits- und Arbeitsschutz Onischka UG [haftungsbeschränkt])*

- Sprossen/Stufen müssen waagerecht mit einer Toleranz von 3° sein.
- Die Neigung von Leitern beträgt üblicherweise 60° bis 90°.[1]
- Die Handunterstützung beim Begehen der Leitern muss wie folgt realisiert sein:
  - Normausgaben bis einschl. 2008: Sprossen und/oder Wangen müssen greifbar oder es müssen umfassbare Handläufe vorhanden sein.
  - Normausgabe 2017: Sprossen und/oder Wangen oder Handläufe müssen greifbar oder umfassbar sein.
  (Siehe hierzu auch Kapitel ► „Greifen und Umfassen“)

***Bild 4:** Leiter mit Handläufen (Quelle: GAO – Gesundheits- und Arbeitsschutz Onischka UG [haftungsbeschränkt])*

- Annähernd senkrechte Leitern können mit umfassbaren Sprossen oder Wangen sicher begangen werden.

[1] Vgl. Adge u. a., Spielgeräte – Sicherheit auf Europas Spielplätzen. Beuth Verlag, 3. Auflage, S. 68., Berlin, Wien, Zürich, 2007.

A B E F G H K L N P R S W Z

(2) **Treppen** sind Aufstiege mit Stufen, die bequemer sind als Leitern.

Es bestehen folgende Anforderungen:

- Ein Treppenlauf muss mindestens drei Steigungen haben. Die Steigungen müssen konstant sein, d. h. gleicher Abstand zwischen den Stufen und gleiche Auftrittstiefe.
- Die Stufen müssen einheitlich konstruiert und waagerecht mit maximal 3° Abweichung sein.
- Der lichte Stufenabstand darf keine Fangstellen beinhalten.
- Um eine genügend große Auftrittsfläche zu haben, muss die Stufentiefe mindestens 11 cm und der Mindestüberstand 14 cm betragen. Ein negativer Untertritt von maximal 3 cm ist also zulässig. Bis einschl. Normausgabe 2003 musste die Stufentiefe mindestens 14 cm betragen; der Spalt war nicht zulässig.

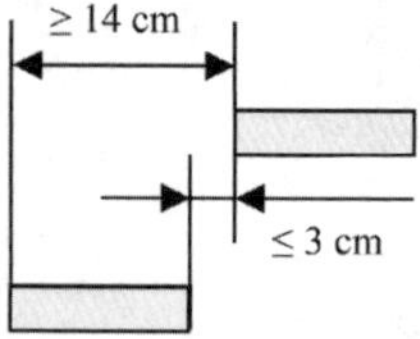

***Bild 5:** Auftrittstiefe und Stufenüberstand (Quelle: GAO – Gesundheits- und Arbeitsschutz Onischka UG [haftungsbeschränkt])*

Bild 6: *Keine gleichmäßige Steigung von der letzten Stufe zum Übertritt auf das Podest (Quelle: GAO – Gesundheits- und Arbeitsschutz Onischka UG [haftungsbeschränkt])*

- Wenn die freie Fallhöhe der Treppe mehr als 60 cm beträgt, müssen von der ersten Stufe an Absturzsicherungen (Geländer oder Brüstungen) vorhanden sein (siehe hierzu auch Kapitel ► „Absturzsicherung").
- Geländer sind nur für solche Treppen erlaubt, die zu Plattformen von höchstens 1,0 m Höhe führen. Ansonsten sind Brüstungen erforderlich. Bei einem Geländer darf der Abstand zwischen der Mitte der Stufe und Unterkante des Geländers maximal 60 cm betragen. Bei Plattformhöhen über 1,0 m darf

die Absturzsicherung der Treppe aus Geländer und Brüstung kombiniert werden.

- Bis einschließlich Normausgabe 2008 galt: Wenn ein Treppenlauf höher als 1,0 m und steiler als 45° ist, muss die Brüstung die Anforderungen an das Greifen erfüllen oder es ist ein zusätzlicher Handlauf vorzusehen. Ab Ausgabe 2017 müssen Geländer oder Brüstungen immer zu greifen sein oder es ist ein zusätzlicher Handlauf erforderlich.
- Brüstungen aus Platten bis zu einer Dicke von 6 cm erfüllen die Anforderungen an das Greifen.
- Wenn Treppen Höhenunterschiede von mehr als 2,0 m überwinden, müssen mindestens alle 2,0 m Zwischenpodeste vorhanden sein. Die Zwischenpodeste müssen mindestens 1,0 m lang und so breit wie die Treppe sein.
- Bis einschl. Normausgabe 2008 mussten die Treppenläufe auf den Zwischenpodesten die Richtung um mindestens 90° ändern oder um eine Treppenbreite versetzt sein. Der Versatz bzw. die Richtungsänderung nach Zwischenpodesten ist ab Ausgabe 2017 entfallen.

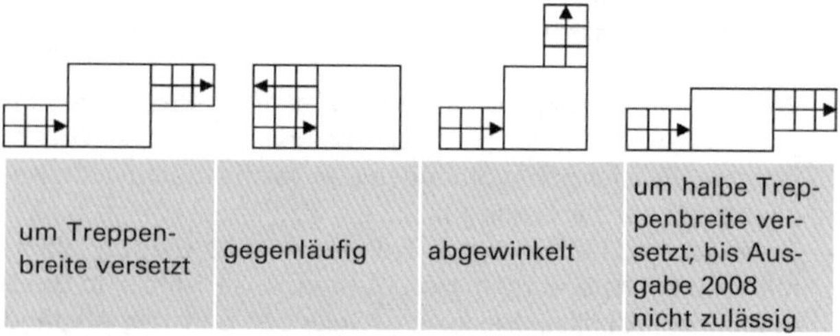

Bild 7: *Frühere Anforderungen an die Lage der Treppenläufe zu Zwischenpodesten (Quelle: GAO – Gesundheits- und Arbeitsschutz Onischka UG [haftungsbeschränkt])*

(3) **Rampen** sind flächige, geneigte Gebilde. Da sie eine konstante Neigung besitzen, werden sie auch als schiefe Ebenen bezeichnet.

Bild 8: *Mehrere Rampen. (Quelle: GAO – Gesundheits- und Arbeitsschutz Onischka UG [haftungsbeschränkt])*

Bild 9: *Bogenförmige Zugänge sind keine Rampen. (Quelle: GAO – Gesundheits- und Arbeitsschutz Onischka UG [haftungsbeschränkt])*

Folgende Anforderungen bestehen:

- Die Neigung darf maximal 38° betragen. In den Normausgaben bis einschl. 2003 gab es keine Winkelbegrenzung.
- Rampen müssen über die gesamte Breite eben und waagerecht mit einer Toleranz von ± 3° sein.
- Rampen müssen in Abhängigkeit von der freien Fallhöhe Absturzsicherungen haben (siehe hierzu auch Kapitel ► „Absturzsicherung").
- Wenn Rampen auch von Kleinkindern begangen werden, sind zur Trittsicherheit geeignete Maßnahmen zu treffen, z. B. aufgeschraubte Fußstützen.
- Wenn die Rampe zu einem Podest mit maximal 1,0 m Höhe führt, genügt ein Geländer. Der senkrechte Abstand zwischen Trittfläche und Geländer darf maximal 60 cm betragen. In allen anderen Fällen sind Brüstungen erforderlich. Wenn Geländer angebracht sind, müssen sie am Anfang der Rampe beginnen.
- Bis einschl. Normausgabe 2003 waren bis 1,0 m Fallhöhe keine Absturzsicherungen vorgeschrieben, danach genügte ein Geländer. Ab 2,0 m Fallhöhe war eine Brüstung obligatorisch. Ab 60 cm Fallhöhe war bei leichter Zugänglichkeit eine Brüstung vorzusehen.

(4) **Steile Spielelemente** sind z. B. schiefe Ebenen mit einer Neigung von mehr als 45°.

- Anforderungen an steile Spielelemente sind erst ab Normausgabe 2008 festgelegt.
- Wenn sie an leicht zugänglichen Teilen von Spielplatzgeräten angeordnet sind, darf die Öffnung in der Brüstung maximal

50 cm breit sein und die freie Fallhöhe der Plattform maximal 2,0 m betragen.

- Üblicherweise werden auf der schiefen Ebene Taue als Aufstiegshilfen angebracht. Alternativ finden sich auch andere Kletterhilfen. Auf die Vermeidung von Fangstellen und Erdrosselungsgefahr wird hingewiesen.

***Bild 10:** Rampenförmiges steiles Spielelement mit beidseitig befestigtem Seil als Aufstiegshilfe (Quelle: GAO – Gesundheits- und Arbeitsschutz Onischka UG [haftungsbeschränkt].)*

- Öffnungen in der Absturzsicherung eines Podestes mit mehr als 1,0 m freie Fallhöhe, die zu einem steilen Spielelement führen, müssen greifbare Handunterstützungen haben (siehe hierzu auch Kapitel ► „Greifen und Umfassen").

Bild 11: *Der Zugang zum Podest erfolgt über ein Kletternetz als steiles Spielelement. Es fehlen Handunterstützungen am Ausstieg auf das Podest. (Quelle: GAO – Gesundheits- und Arbeitsschutz Onischka UG [haftungsbeschränkt])*

Inspektion

- ☐ Es ist zu überprüfen, ob der Aufstieg/Zugang den grundsätzlichen Anforderungen entspricht.
- ☐ Sind die Schutzziele für Kinder unter drei Jahre erfüllt?
- ☐ Entsprechen die Absturzsicherungen den Vorgaben?
- ☐ Sind Fangstellen vermieden?
- ☐ Sind die allgemeinen Grundsätze (Verbindungselemente, Radien usw.) erfüllt?
- ☐ Ist die Aufprallfläche ausreichend bemessen und mit zulässigem Bodenmaterial ausgeführt?
- ☐ Sind die Standsicherheit und die allgemeine Betriebssicherheit gegeben?
- ☐ Haben Verschleiß und Verwitterung die Sicherheit beeinträchtigt?
- ☐ Sind Reparaturen sachgerecht ausgeführt?
- ☐ Gibt es Schäden durch Vandalismus oder andere Veränderungen?

Ausführung, Werkstoffe, Konstruktion

Norm: DIN EN 1176 – Spielplatzgeräte und Spielplatzböden – Teil 1: Allgemeine sicherheitstechnische Anforderungen und Prüfverfahren

Spielplatzgeräte müssen eine Reihe sicherheitstechnischer Anforderungen erfüllen. Dazu gehört auch, dass

- die Werkstoffe dauerhaft und für die Nutzer unbedenklich sind,
- die Ausführung stabil, standsicher, frei von Gefährdungen für die Nutzer und funktional ist,
- Verbindungselemente und -verfahren dauerhaft und sicher sind und
- das Endprodukt eine lange Lebensdauer hat und möglichst wenig Wartung erfordert.

Anforderungen

(1) Werkstoffe müssen so beschaffen oder durch Anstriche o. Ä. geschützt sein, dass sie die Standsicherheit des Geräts unter Berücksichtigung der klimatischen und anderen Verhältnisse am Aufstellort mindestens bis zur nächsten jährlichen Hauptinspektion garantieren.

Anstrichstoffe und Beschichtungen müssen physiologisch unbedenklich sein.

Bei der Auswahl und Errichtung von Spielplatzgeräten ist auf eine mögliche übermäßige Aufheizung in der Sonne zu achten, z. B. bei Rutschen. Werkstoffe, die eine besondere Brandgefährdung darstellen, z. B. durch flächiges Abflammen, dürfen nicht verwendet werden.

Metallische Werkstoffe sind, sofern erforderlich, gegen allgemeine und kathodische Korrosion zu schützen. Kunststoffe, auch stoßdämpfende Böden, dürfen durch UV-Strahlung, Ozon oder andere atmosphärische Einflüsse nicht altern. Sollte das der Fall sein, muss der Hersteller angeben, in welchen Fristen diese Teile präventiv zu wechseln sind.

Bei Bauteilen aus glasfaserverstärktem Kunststoff (GFK-Bauteilen), wie z. B. Rutschen, muss bspw. durch eine anders gefärbte Lage eine übermäßige Abnutzung erkennbar sein, bevor Glasfasern frei werden.

Jegliche gefährliche Substanzen, die bei den Benutzern zu gesundheitlichen Beeinträchtigungen führen können, dürfen weder beim Bau der Spielplatzgeräte noch bei Wartungen und Instandsetzungen verwendet werden. Dazu gehören z. B. toxische Anstrichstoffe, Beschichtungen oder Holzschutzmittel genauso wie Gummiteile, die nicht für die besondere Verwendung auf Spielplätzen hergestellt wurden.

Reifen, ob neu oder gebraucht, können PAK[1] enthalten und sollten nicht ohne eine nachgewiesene Unbedenklichkeit auf Spielplätzen verbaut werden, wenn häufig Hautkontakt bestehen

[1] Polycyclische aromatische Kohlenwasserstoffe.

kann. Die Stellungnahme des BgVV[2] zur Nutzung von Autoreifen und -schläuchen als Spielgeräte in Kindergärten findet sich unter www.bfr.bund.de.

***Bild 1:** Diese Reifen sind unbedenklich, da kaum Hautkontakt besteht. (Quelle: GAO – Gesundheits- und Arbeitsschutz Onischka UG [haftungsbeschränkt])*

***Bild 2:** Negativbeispiel: Hier besteht großflächiger Hautkontakt mit dem Reifen. (Quelle: GAO – Gesundheits- und Arbeitsschutz Onischka UG [haftungsbeschränkt])*

(2) Die Dimensionierung und der Schwierigkeitsgrad der Geräte sollen der vorgesehenen Altersklasse entsprechen. Das Spielrisiko muss für die Benutzer vorhersehbar sein. Auf gemeinsa-

[2] Ehemals Bundesinstitut für gesundheitlichen Verbraucherschutz und Veterinärmedizin. Jetzt Bundesinstitut für Risikobewertung BfR.

men Spielplätzen für Kinder unter und ab drei Jahren sollten Geräte für Kinder über drei Jahre nicht leicht zugänglich sein. Zumindest ist aber auf dem Spielplatzschild der Altersbereich der Geräte anzugeben.

Sofern für die Spielfunktion nicht erforderlich, dürfen sich innerhalb, unter und auf Spielplatzgeräten keine Wasseransammlungen bilden können, z. B. unter der Sprungfläche von Sprunggeräten oder unter Karussells mit bündig eingebauten Böden.

(3) Für jedes in Verkehr gebrachte Spielplatzgerät muss die konstruktive Festigkeit für die vorgesehene Lebensdauer, insbesondere die Standsicherheit, rechnerisch und/oder experimentell für die ungünstigste Belastungssituation nachgewiesen werden.

Besonders sorgfältig sind Einmastgeräte zu betrachten.

(4) Die Konstruktion jedes Spielplatzgeräts muss es ermöglichen, dass Erwachsene einen Zugang haben, um den Kindern zu helfen. Für geschlossene Elemente, z. B. Tunnel und Spielhäuser, sind die Anforderungen zur Vermeidung von Fangstellen für den ganzen Körper zu beachten. Bei einem inneren Abstand über 2,0 m müssen sich die Ausgänge an verschiedenen Seiten befinden und dürfen nicht verschließbar sein. Hilfsmittel für den Zugang, wie z. B. Leitern, müssen fest angebracht sein.

(5) Geräteoberflächen müssen splitterfrei sein. Das gilt neben Holz insbesondere für GFK-Produkte.

Nägel dürfen nicht überstehen, Drahtseilenden nicht herausragen. Spitze oder scharfkantige Teile sind generell nicht zulässig.

Sofern Oberflächen rau sind, darf dies nicht zu Gefährdungen führen.

Überstehende Schraubenenden müssen dauerhaft abgedeckt sein, z. B. durch Hutmuttern. Schrauben und Muttern dürfen maximal 8 mm über angrenzende Bauteile vorstehen. Alternativ können Schraubenenden und Muttern versenkt oder abgedeckt werden, wobei die Abdeckung mindestens mit einem Radius von 3 mm gerundet sein muss. Bei versenkten Schraubenköpfen oder Muttern darf der Abstand zu benachbarten Flächen maximal 25 mm betragen. Schweißnähte müssen glatt sein.

Bild 3: *Schraubenenden mit Hutmuttern gesichert. (Quelle: GAO – Gesundheits- und Arbeitsschutz Onischka UG [haftungsbeschränkt])*

Bild 4: *Schrauben versenkt, Abdeckung gerundet – vorschriftsmäßig! (Quelle: GAO – Gesundheits- und Arbeitsschutz Onischka UG [haftungsbeschränkt])*

Bild 5: *Spezialschrauben ohne Gefährdungspotenzial (Quelle: GAO – Gesundheits- und Arbeitsschutz Onischka UG [haftungsbeschränkt])*

Bild 6: *Schrauben zu lang, sodass die Abdeckkappe nicht mehr passt (Quelle: GAO – Gesundheits- und Arbeitsschutz Onischka UG [haftungsbeschränkt])*

(6) Sich bewegende Teile dürfen zu keinen Gefährdungen führen. Insbesondere dürfen zu anderen sich bewegenden oder starren Teilen keine Quetsch-, Scher- oder Fangstellen bestehen. Das kann z. B. durch eine Bodenfreiheit von mindestens 40 cm realisiert werden.

Teile mit hoher Stoßbelastung sollten gedämpft ausgeführt sein.

(7) Verbindungsstellen, z. B. Schraubverbindungen, dürfen sich nicht selbst lösen können. Das kann durch verschiedene Siche-

rungen, z. B. durch selbstsichernde Muttern, realisiert werden. Gewinde müssen so lang sein, dass die Mutter auf der ganzen Länge trägt.

Verbindungsteile müssen gegen ein unbefugtes Lösen gesichert sein, d. h., sie dürfen nur mit Werkzeug lösbar sein.

(8) Verschleißteile, die während der Lebensdauer eines Spielplatzgeräts ausgewechselt werden müssen, sind auswechselbar zu gestalten. Diese Teile müssen wartungsarm und gegen unbefugte Eingriffe gesichert sein. Eventuell austretende Schmierstoffe dürfen weder das Gerät noch die Umwelt verschmutzen oder schädigen.

Inspektion

- ☐ Alle Oberflächen sind auf Korrosion und Verwitterung zu prüfen.
- ☐ Rutschen dürfen nicht so (nach Süden) ausgerichtet sein, dass sie sich übermäßig aufheizen. Auch dunkle Gummi- und andere Teile, die z. B. als Sitzfläche dienen, dürfen sich nicht unzulässig aufheizen.
- ☐ Es ist zu prüfen, ob die vom Hersteller vorgegebene Lebensdauer für bestimmte Teile erreicht oder überschritten wurde.
- ☐ Sind GFK-Teile an der Verschleißgrenze?
- ☐ Wurden toxische oder physiologisch bedenkliche Stoffe vermieden? Liegt für Reifen, zu denen die Benutzer großflächigen Hautkontakt haben, ein Zertifikat vor?
- ☐ Wurde bei der Planung altersgemischter Spielplätze die besondere Schutzbedürftigkeit von Kindern unter drei Jahren beachtet?
- ☐ Sind unnötige Wasseransammlungen vermieden?
- ☐ Ist die Standsicherheit gewährleistet?

- ☐ Haben Erwachsene einen Zugang zur Hilfeleistung? Wurden die Anforderungen an Fangstellen für den ganzen Körper beachtet?
- ☐ Sind Geräteoberflächen splitterfrei?
- ☐ Gibt es weder hervorstehende Nägel noch überstehende Drahtseilenden? Wurden spitze und scharfkantige Teile vermieden?
- ☐ Sind überstehende Schraubenenden gesichert?
- ☐ Sind Schweißnähte glatt?
- ☐ Sind bewegliche Teile ohne Quetsch-, Scher- und Fangstellen?
- ☐ Sind Verbindungsstellen tragfähig sowie gegen selbstständiges und unbefugtes Lösen gesichert?
- ☐ Sind Verschleißteile auswechselbar und evtl. austretende Betriebsstoffe unbedenklich?

Ballspielbereiche

Norm: DIN 18034-1 – Spielplätze und Freiräume zum Spielen – Anforderungen für Planung, Bau und Betrieb

Ballspielbereiche auf Spielplätzen wurden in den Spielplatznormen bisher nicht erschöpfend geregelt. Die spezifischen Sportnormen für Ballspiele nach den Regeln der Sportfachverbände, z. B. DIN 18035-1[1], fanden i. d. R. keine Anwendung, da die benötigte Fläche oftmals nicht zur Verfügung stand. Außerdem gibt es auf Spielplätzen weder starre Spielregeln noch eine festgelegte Anzahl von Spielern und schon gar keine Schiedsrichter.

Das hat sich mit Erscheinen von DIN 18034-1 geändert: Nunmehr wird gefordert, dass Flächen, die vorrangig für Ballspiele dienen sollen, dem Flächentyp I oder II nach DIN 18035-1 (der Sportplatznorm) entsprechen sollen. Zu Planungsdetails wird auf diese Norm verwiesen. Besondere sicherheitstechnische Anforderungen sind damit nicht verbunden. Für die Geräte, wie Tore für Ballspiele, Basketball- oder Streetballgeräte, Volleyballgeräte, Badmintoneinrichtungen, Tischtennistische oder frei zugängliche Multisportgeräte wird auf die einschlägigen Produktnormen verwiesen.

Ballspielbereiche auf Spielplätzen oder separat, die hauptsächlich für Fußball konzipiert wurden, werden auch als Bolzplätze bezeichnet.

---

[1] DIN 18035-1:2018-09 Sportplätze – Teil 1: Freianlagen für Spiele und Leichtathletik – Planung und Maße.

Die Prüfung von genormten Sportplätzen oder Sportgeräten und Fun-Courts ist nicht Gegenstand dieser Veröffentlichung.

***Bild 1:** Ballspielfläche auf einem Spielplatz. (Quelle: GAO – Gesundheits- und Arbeitsschutz Onischka UG [haftungsbeschränkt])*

Anforderungen

(1) Ballspielbereiche müssen auf Spielplätzen so angeordnet sein, dass die Benutzer anderer Spielplatzgeräte oder Einrichtungen durch „verirrte“ Bälle nicht beeinträchtigt werden. Auch sollten keine Wege über die Spielflächen führen.

(2) Alle allgemeinen sicherheitstechnischen Anforderungen an Spielplätze, wie Zugang, Beschilderung, Einfriedung, müssen auch von den nicht genormten Ballspielbereichen und den dort aufgestellten Geräten erfüllt werden.

Dazu gehören u. a. Standsicherheit, konstruktive Festigkeit, Vermeidung gefährlicher Substanzen, Abrundung zugänglicher Ecken und Kanten mindestens mit einem Radius von 3 mm, Vermeidung von Fangstellen aller Art.

A B E F G H K L N P R S W Z

(3) Auf öffentlichen Spielplätzen sollten Einrichtungen für Ballspielbereiche immer fest angeordnet werden – schon wegen der Diebstahlgefahr. Auf durchgängig betreuten bzw. beaufsichtigten Spielplätzen, z. B. in Kindereinrichtungen, können auch mobile Tore u. Ä. verwendet werden.

***Bild 2:** Eine dauerhafte Befestigung der Tore am Aufstellort ist der Standsicherheit durch Gewichtsauflagen vorzuziehen. (Quelle: GAO – Gesundheits- und Arbeitsschutz Onischka UG [haftungsbeschränkt].)*

(4) Zu jedem auf einer Ballspielfläche angeordneten Gerät muss eine Herstellerdokumentation vorliegen, in der es Vorgaben für die Installation und Wartung geben muss. Diese Dokumentation ist in die Spielplatzakte aufzunehmen.

(5) Es gibt keine normativen Vorgaben für die Größe der Ballspielfläche. Manche Hersteller empfehlen Mindestgrößen. Auf jeden Fall muss die Spielfläche ein sinnvolles Spiel ermöglichen, d. h. angemessen und funktionsgerecht groß sein.

(6) Die Art der Sportfläche ist ebenfalls nicht genormt. Ob Rasen, Kunstrasen, Kunststoffflächen oder Tennenflächen – wichtig ist, dass die Spielfläche spieltauglich ist. Dazu gehört in erster Linie das Vermeiden von Stolperstellen. Auch lose Steine oder andere Fremdstoffe sowie Löcher gehören nicht auf Spielflächen.

Je nach Größe und Aufbau darf auch auf Spielfeldmarkierungen verzichtet werden.

(7) Falls zu befürchten ist, dass Bälle auf benachbarte Grundstücke oder öffentliche Verkehrsflächen gelangen können, ist die Notwendigkeit von Ballfangzäunen zu prüfen (siehe hierzu auch Kapitel ► „Einfriedungen").

***Bild 3:** Ballfangzaun an der Stirnseite eines Spielfelds (Quelle: GAO – Gesundheits- und Arbeitsschutz Onischka UG [haftungsbeschränkt])*

***Bild 4:** Ungünstige Anordnung des Tores, Glasschäden sind wahrscheinlich. (Quelle: GAO – Gesundheits- und Arbeitsschutz Onischka UG [haftungsbeschränkt])*

Beim Anlegen von Ballspielbereichen in Kindereinrichtungen ist zu beachten, dass Bälle an den Gebäuden keine Schäden anrichten können. Wenn die Fläche nicht verlegt werden kann und Ballfangeinrichtungen nicht sinnvoll sind, können Verglasungen auch ballwurfsicher ausgeführt werden.

(8) Für Streetball sollte die Spielfläche mindestens 6 x 6 m, besser 10 x 10 m betragen. Der Ständer sollte sehr massiv, ortsfest und standsicher sein. Die Auslage, d. h. der Abstand des Bretts zum Pfosten, sollte mindestens 1,0 m betragen. Ebenso sollte

A B E F G H K L N P R S W Z

der Pfosten mindestens 1,0 m von Hindernissen aller Art entfernt sein.

Bild 5: *Streetball-Anlage mit besonderer Eignung für große Schulhöfe (Quelle: GAO – Gesundheits- und Arbeitsschutz Onischka UG [haftungsbeschränkt])*

Bild 6: *Ballwurfanlage mit Stolperstellen am Fußpunkt durch grobe Unebenheiten (Quelle: GAO – Gesundheits- und Arbeitsschutz Onischka UG [haftungsbeschränkt])*

Da Streetball traditionell auf Straßen gespielt wird, sind auch „harte“ Bodenbeläge wie Asphalt, Beton, Pflaster als Spielfläche möglich.[2]

(9) Auch wenn größere Tore für Ballspiele eher auf Sportplätzen zu finden sind, gibt es ebenfalls auf Spielplätzen Exemplare. Sie sollten auf jeden Fall ortsfest und gegen Umstürzen gesichert sein. Diese Sicherung sollte nicht so erfolgen, dass sie von Kindern unwirksam gemacht werden kann, z. B. keine Sicherung mit Gewichten oder Sandsäcken. Ebenso sollten die Tore so gestaltet sein, dass sie nicht leicht beklettert werden können. Diese Sicherungsmaßnahmen haben höchste Priorität, da durch umstürzende Tore schon mehrere Todesfälle verursacht wurden.

Zur Bekletterbarkeit von Netzen siehe auch Kapitel ► „Einfriedungen“.

Inspektion

Die Hauptinspektion von Ballspielflächen verlangt vom Spielplatzprüfer – wegen des Fehlens konkreter Vorgaben – viel Erfahrung und Sachverstand. Oftmals werden vom Hersteller oder Planer nur wenige Vorgaben gemacht, oder die Dokumentation ist nicht verfügbar.

Auch die vorstehend aufgeführten Anforderungen sind nur beispielhaft. Im Zweifelsfall sollte sich der Prüfer mit dem Sachkundigen für die Sportgeräteprüfung beraten und eine Gefährdungsbeurteilung vornehmen. Alle sicherheitstechnischen

[2] Weitere Hinweise zu Streetball finden sich z. B. in der 1. Auflage der Druckschrift der Unfallkasse Sachsen (Sicherer Schulsport. Eine Handreichung für Sportlehrkräfte [GUV-SI 8451]).

Anforderungen an Spielplatzgeräte sind sinngemäß zu überprüfen.

Folgende Kriterien sollten unbedingt Bestandteil der Inspektionen sein:

- ☐ Ist die Ballspielfläche für den vorgesehenen Zweck und den Altersbereich der Nutzer ausreichend dimensioniert?
- ☐ Ist die Spielfläche spieltauglich (ebenflächig, ohne Stolperstellen und Fremdkörper)?
- ☐ Sind, soweit erforderlich, geeignete und nicht bekletterbare Ballfangeinrichtungen vorhanden?
- ☐ Sind Tore für Ballspiele, Streetball-Anlagen, Pfosten für Volleyball und andere Spielfeldgeräte für öffentliche Spielplätze geeignet, standsicher und unbeschädigt?
- ☐ Sind Spielfeldgeräte frei von Fangstellen und nicht bekletterbar?
- ☐ Werden die Spielfeldgeräte nach Herstellervorgaben gewartet und inspiziert?

In folgenden Normen finden sich weitere Informationen:

DIN EN 748:2018-04	Spielfeldgeräte – Fußballtore – Funktionelle und sicherheitstechnische Anforderungen, Prüfverfahren
DIN EN 749:2006-01	Spielfeldgeräte – Handballtore – Funktionelle und sicherheitstechnische Anforderungen, Prüfverfahren

DIN EN 1270:2008-10	Spielfeldgeräte – Basketballgeräte – Funktionelle und sicherheitstechnische Anforderungen, Prüfverfahren
DIN EN 1271:2015-01	Spielfeldgeräte – Volleyballgeräte – Funktionelle und sicherheitstechnische Anforderungen, Prüfverfahren
DIN EN 1509:2009-02	Spielfeldgeräte – Badmintoneinrichtungen – Funktionelle und sicherheitstechnische Anforderungen, Prüfverfahren
DIN EN 15312:2010-12	Frei zugängliche Multisportgeräte – Anforderungen, einschließlich Sicherheit und Prüfverfahren

Beschilderung

Norm: DIN EN 1176-7 – Spielplatzgeräte und Spielplatzböden – Teil 7: Anleitung für Installation, Inspektion, Wartung und Betrieb

In allen Bereichen des Lebens kann Sicherheit am wirksamsten durch technische Maßnahmen geschaffen werden. Wie diese technischen Maßnahmen aussehen müssen, ist für Spielplatzgeräte in der europäischen Normenreihe DIN EN 1176 festgelegt. Damit diese technische Sicherheit erhalten bleibt, bedarf es einer bestimmten Sicherheitsorganisation des Betreibers, die z. B. Inhalte und Fristen der vorgeschriebenen Inspektionen in der Praxis umsetzt. Alles, was sich an Sicherheit weder technisch noch organisatorisch lösen lässt, muss über das Verhalten der Menschen erfolgen. Auf den öffentlichen Spielplätzen müssen dazu Schilder mit Verhaltensanweisungen aufgestellt werden. Diese beinhalten quasi die „Hausordnung" des Betreibers für den Spielplatz.

Von den Schilderherstellern wird eine Vielzahl von Standardschildern angeboten. Diese sind i. d. R. nicht geeignet.

***Bild 1:** Dieses Schild entspricht nicht der DIN EN 1176-7. (Quelle: GAO – Gesundheits- und Arbeitsschutz Onischka UG [haftungsbeschränkt])*

Anforderungen

(1) Auf jedem Spielplatz muss sich mindestens ein Spielplatzschild befinden. Schilder sind dort verzichtbar, wo die Benutzung ausschließlich unter Beaufsichtigung stattfindet, z. B. in Kindertageseinrichtungen. Das gilt nicht für Schulhöfe, die nach Schulschluss für die Öffentlichkeit zugänglich sind.

Bild 2: *Alle drei Schilder auf einem Spielplatz. Das ist gut gemeint, aber Informationsüberflutung. (Quelle: GAO – Gesundheits- und Arbeitsschutz Onischka UG [haftungsbeschränkt])*

(2) Jedes Schild muss gut sichtbar sein. Sofern ein Spielplatz über mehrere Zugänge verfügt, ist zu prüfen, ob weitere Schilder erforderlich sind.

(3) Die Schilder müssen folgende Mindestangaben enthalten:

- die allgemeine Notrufnummer
- die Telefon-Nr. des Wartungspersonals, die E-Mail-Adresse oder die Homepage des Betreibers, um z. B. Mängel melden zu können

- den Namen des Spielplatzes
- die Anschrift oder die GPS-Koordinaten zur eindeutigen Identifizierung
- weitere individuelle örtliche Festlegungen des Betreibers, z. B. Öffnungszeiten, das Verbot von Glasflaschen, Rauch- und Alkoholverbot u. a.

  Es sollten weitgehend Symbole in den üblichen Sicherheitsfarben und -formen Verwendung finden.

  Öffentliche Spielplätze werden nicht auf eigene Gefahr benutzt, und die Eltern haften i. d. R. auch nicht für ihre Kinder. Derartige Hinweise sind unrichtig und sollten deshalb unterbleiben.

Bild 3: *Die Benutzung erfolgt nicht auf eigene Gefahr. (Quelle: GAO – Gesundheits- und Arbeitsschutz Onischka UG [haftungsbeschränkt])*

Bild 4: *Verbote sollten mit runden Verbotszeichen dargestellt werden. (Quelle: GAO – Gesundheits- und Arbeitsschutz Onischka UG [haftungsbeschränkt])*

Bild 5: *Eltern haften auf dem Spielplatz i. d. R. nicht für ihre Kinder. (Quelle: GAO – Gesundheits- und Arbeitsschutz Onischka UG [haftungsbeschränkt])*

(4) Die Schilder sollten barrierefrei sein, d. h. für Menschen mit Visus 0,1 noch les- und erkennbar. Mehr Informationen hierzu finden Sie im Kapitel ▶ „Barrierefreie Spielplätze“.

Inspektionen

- ☐ Der Spielplatz ist beschildert.
- ☐ Die Anzahl der Schilder ist ausreichend.
- ☐ Die Schilder sind sicher aufgestellt und unbeschädigt (kein Graffiti, nicht ausgeblichen).
- ☐ Die Schilder sind leicht auffindbar und gut lesbar.
- ☐ Es sind alle Pflichtangaben vorhanden. Die örtlichen Angaben sind angemessen.
- ☐ Alle Schilder sind barrierefrei.

Einfriedungen

Norm: DIN 18034-1 – Spielplätze und Freiräume zum Spielen – Anforderungen für Planung, Bau und Betrieb

Eine Einfriedung dient dazu, ein Grundstück ganz oder teilweise zu umschließen und so unbefugtes Betreten oder Verlassen sowie störende Einwirkungen zu verhindern.

Es haben sich bereits tödliche Unfälle an Fangstellen von Einfriedungen ereignet. Deshalb wird empfohlen, Fangstellen zu vermeiden.

Anforderungen

(1) Öffentliche Spielplätze sind einzufrieden, wenn sie an Gefahrstellen grenzen. Als Gefahrstellen gelten Straßen, Bahn- und Gleisanlagen, tief stehende und fließende Gewässer sowie Abgründe und andere Absturzstellen.

***Bild 1:** Keine wirksame Sicherung gegen Bahnanlagen (Quelle: GAO – Gesundheits- und Arbeitsschutz Onischka UG [haftungsbeschränkt])*

(2) Einfriedungen können in Form von Zäunen oder dichten Hecken realisiert werden. Mauern sind weniger günstig, da sie den (Sicht-)Kontakt zur Umgebung erschweren.[1]

(3) Einfriedungen müssen als solche wirksam sein und dürfen nicht zu missbräuchlicher Nutzung verleiten.[2]

1 Empfehlung des Sächsischen Staatsministeriums für Soziales zu den räumlichen Anforderungen an Kindertageseinrichtungen vom 02.06.2005.

2 § 27 Abs. 4 DGUV Vorschrift 82 Kindertageseinrichtungen.

***Bild 2:** Aufsteigen und Überklettern sind möglich. (Quelle: GAO – Gesundheits- und Arbeitsschutz Onischka UG [haftungsbeschränkt])*

(4) In einer Kita muss der Aufenthaltsbereich der Kinder auf dem Außengelände, also auch der Spielplatz, generell eingefriedet sein.[3]

(5) Einfriedungen müssen so beschaffen sein, dass sie keine Gesundheitsgefährdungen beinhalten.

(6) Ballfangeinrichtungen sind an der Spielplatz- oder Spielfeldgrenze anzubringen, wenn zu erwarten ist, dass Bälle durch den Spielbetrieb in Gefahrenbereiche gelangen können. Sie können auch erforderlich sein, um die Nutzer von Nachbargrundstücken nicht unzumutbar zu belästigen oder zu gefährden.

[3] § 27 Abs. 3 DGUV Vorschrift 82 Kindertageseinrichtungen.

***Bild 3:** Ballfangeinrichtung an der Spielplatzgrenze (Quelle: GAO – Gesundheits- und Arbeitsschutz Onischka UG [haftungsbeschränkt])*

Netze von Ballfangeinrichtungen gelten nach dem Beschluss des EK 2 AK 2.5 vom 19.03.2019 mit horizontalen Öffnungen, die max. 50 mm breit sind, als schwer bekletterbar. Netze mit horizontalen Öffnungen, die kleiner als 8 mm sind, gelten als nicht bekletterbar (vgl. auch DIN EN 15312). Ihre Höhe ist der Situation (Alter der Benutzer, Größe der Ballspielfläche) anzupassen. Auf Sportplätzen sind Ballfangzäune an den Stirnseiten mit 6,0 m Höhe, an den Längsseiten mit 4,0 m Höhe üblich.[4] Auf Spielplätzen sind 4,0 m üblich. Ballfangzäune aus Stabgittermatten oder mit engen Maschen haben sich als kaum bekletterbar und dauerhaft erwiesen. Bei der richtigen Auswahl und Montage verursachen sie keine zusätzlichen Schallemissionen beim Auftreffen von Bällen. Für die Pfosten von Ballfangzäunen ist die Notwendigkeit von Blitzschutzmaßnahmen zu prüfen.

[4] Vgl. DIN 18035, Sportplätze – Teil 1: Freianlagen.

(7) Ob auf Einfriedungen von Spielplätzen, die an Sackgassen, Anliegerstraßen oder andere verkehrsberuhigte Bereiche oder Gefahrstellen grenzen, verzichtet werden kann, ist durch eine Gefährdungsbeurteilung zu klären.

(8) Bei Einfriedungen, die gleichzeitig als Absturzsicherung wirksam sein sollen, ist das allgemeine Baurecht zu beachten. In Kindertageseinrichtungen ist darüber hinaus § 11 der DGUV Vorschrift 82 zu beachten.

***Bild 4:** Überkletterbarer Zaun, Absturzgefahr von der Mauer, Halsfangstellen (Quelle: GAO – Gesundheits- und Arbeitsschutz Onischka UG [haftungsbeschränkt])*

(9) Bei Hecken ist zu berücksichtigen, dass diese zum Zeitpunkt des Anpflanzens i. d. R. noch nicht als Einfriedung wirksam sind. Dieser Zustand wird meist erst nach mehreren Jahren erreicht. Während der Nutzung kann es dazu kommen, dass einzelne Pflanzen absterben oder die Hecke unten verkahlt und dann u. U. nicht mehr als Einfriedung wirksam ist.

***Bild 5:** Sicher eingefriedet durch dichte Hecke (Quelle: GAO – Gesundheits- und Arbeitsschutz Onischka UG [haftungsbeschränkt])*

(10) Zäune sind als Einfriedung wirksam, wenn sie nicht überklettert werden können. Für Kitas ist eine Mindesthöhe von 1,0 m obligatorisch. Die Unfallkasse Sachsen empfiehlt ab dem Kindergartenalter eine Höhe von 1,4 m.[5]

Eine missbräuchliche Nutzung ist ausgeschlossen, wenn die Einfriedung nicht zum Hochklettern oder Spielen verleitet. Ein Hochklettern gilt als verhindert, wenn keinerlei besteigbare Elemente, z. B. Zaunriegel, vorhanden sind.

5 Vgl. Fischer: Rundum sicher-Einfriedungen in Kindertageseinrichtungen, in: i-punkt, Sonderausgabe für Kindertageseinrichtungen, Unfallkasse Sachsen, 2011.

Bild 6: *Defekter und bekletterbarer Zaun mit Halsfangstellen (Quelle: GAO – Gesundheits- und Arbeitsschutz Onischka UG [haftungsbeschränkt])*

***Bild 7:** Überstehende obere Spitzen sind nicht zulässig. (Quelle: GAO – Gesundheits- und Arbeitsschutz Onischka UG [haftungsbeschränkt])*

(11) Gesundheitsgefahren für Kinder werden vermieden, wenn das Material der Einfriedung physiologisch unbedenklich ist, keine scharfen Kanten und Ecken (spitze, scharfkantige oder hervorspringende Teile) vorhanden sind und keinerlei Fangstellen bestehen. Alternativ kann der Zugang zur Einfriedung z. B. durch bodendeckende Pflanzen verhindert oder stark erschwert werden.

(12) Gabionen und Jägerzäune können beklettert werden und sind deshalb nicht geeignet. Maschendrahtzaun enthält oftmals umgebogene Drahtspitzen und muss bei der VRI sehr genau geprüft werden. Es wird empfohlen, auf Gabionen, Jägerzäune und Maschendraht zu verzichten.

Bild 8: *Gabionen sind für Spielplätze ungeeignet. (Quelle: GAO – Gesundheits- und Arbeitsschutz Onischka UG [haftungsbeschränkt])*

Bild 9: *Überkletterbarer Jägerzaun mit Halsfangstellen und Spitzen (Quelle: GAO – Gesundheits- und Arbeitsschutz Onischka UG [haftungsbeschränkt])*

Bild 10: *Gefährdung durch Stacheldraht und Maschendrahtzaun (Quelle: GAO – Gesundheits- und Arbeitsschutz Onischka UG [haftungsbeschränkt])*

(13) Bauaufsichtsbehörden sind befugt, die Entfernung eines auf einer Einfriedung angebrachten Stacheldrahtzauns anzuordnen, wenn von diesem eine Gefährdung für spielende Kinder ausgehen kann. Dies folgt aus einer Entscheidung des Verwaltungsgerichts Koblenz.[6]

(14) Spielplätze sollten grundsätzlich nicht in Überschwemmungsgebieten geplant werden. Ist dies unvermeidbar, sind folgende Vorgaben zu beachten:

6 Juraforum, „VG Koblenz: Kein Stacheldraht auf Einfriedung", online abrufbar unter: https://www.juraforum.de/news/vg-koblenz-kein-stacheldraht-auf-einfriedung_22886 (Abruf am 01.03.2026).

In Überflutungsbereichen dürfen keine Einfriedungen errichtet werden,

- die den natürlichen Hochwasserabfluss behindern,
- die die Funktion von Deichen oder Dämmen übernehmen,
- oder die im Hochwasserfall eine Gefahr für Menschen oder Tiere darstellen können.

Ist aufgrund besonderer Gefahrenlagen dennoch eine Einfriedung erforderlich, kommt beispielsweise eine umklappbare Konstruktion in Betracht. Hierzu ist das Einvernehmen mit der zuständigen Behörde herzustellen.

(15) In der Veröffentlichung „Sichere Weidezäune“ des Bundesinformationszentrums Landwirtschaft werden insbesondere Anforderungen an hütesichere Weidezaunanlagen beschrieben[7]. Von Weide-Elektrozäunen können unter anderem folgende Gefährdungen ausgehen:

- Stromschlag, insbesondere mit gesundheitlichen Risiken für Kinder oder Personen mit Herzschrittmachern[8],
- Strangulationsgefahr durch lose oder gelöste, meist dünne und flexible Drähte, Litzen, Seile oder Bänder,
- Weideausbruch sowie Beschädigungen des Zauns durch Weide- oder Wildtiere,
- Überwinden des Zauns und Betreten der Weide durch Kinder.

---

[7] Bundesinformationszentrum Landwirtschaft: *Sichere Weidezäune*,abrufbar unter: https://www.ble-medienservice.de/1132-7-sichere-weidezaeune.html (Abruf 01.03.2026).

[8] DIN VDE 0131 (VDE 0131):2020-01 Errichtung und Betrieb von Elektrozaunanlagen für Tiere empfiehlt in der Nähe Wohngebieten mit ggf. unbeaufsichtigten Kinder die Ausgangsleistung zu begrenzen ist.

Vor dem Hintergrund dieser Risiken und unter Berücksichtigung der Anforderungen nach Nr. 6.2 DIN 18034-1 wird empfohlen, vom Spielplatz aus erreichbare Weidezäune durch eine wirksame Einfriedung, z. B. einen 1,40 m hohen, nicht bekletterbaren Stabgittermattenzaun, abzusichern.

Inspektion

- □ Überprüfen, ob Einfriedungen notwendig, vorhanden, sicherheitsgerecht und unbeschädigt sind
- □ Überprüfen der Wirksamkeit und Sicherheit von Einfriedungen (Höhe, Aufstiegsmöglichkeiten) unter Beachtung des Alters der Benutzer
- □ Wirksamkeit von Hecken als Einfriedung, Giftpflanzen?
- □ Vermeidung von Fangstellen und sonstigen Gefährdungen, auch solchen durch Heckenschnitt (Gefahr von Augenverletzungen)
- □ keine Gefährdungen durch Werkstoff, z. B. chromathaltige Holzimprägnierung
- □ Wirksamkeit und Sicherheit des Ballfangs, u. U. auch durch eine Befragung der Nachbarn

Die Inspektion erfordert viel Sachverstand des Prüfers und vertiefte Kenntnisse.

Einmastgeräte

Norm: DIN EN 1176 – 1, DIN EN 1176 – 7
Technische Regel: DIN CEN/TR 17994:2026-01[1] (TR 17994)
keine normativen Wirkungen -informativer Charakter

Einmastgeräte, bis zur Normausgabe 2017 als Einbeingeräte bezeichnet, sind

- Spielplatzgeräte, bei denen die Standsicherheit von einem einzigen Querschnitt abhängt, oder
- Geräte mit mehreren tragenden Querschnitten (Masten, Pfosten), die sich durch ein Tragwerk nicht gegenseitig durch einen zweiten Lastpfad abstützen (z. B. mehrere Pfosten in einer Reihe)

Bis zum Erscheinen von DIN EN 1176-1:2017-12 waren im Beiblatt weitere Anforderungen gestellt:

- Die Standsicherheit ist durch statische Berechnung nachzuweisen. Bei Holzpfosten ist die Sicherheit gegenüber der Berechnung nach den Anhängen A und B zu verdoppeln.
- Der Hersteller muss Vorgaben zur Häufigkeit der Prüfungen, zu den Prüfstellen und den Beurteilungskriterien machen.

[1] Für bestimmte Situation, die jedoch nicht explizit benannt werden, kann die TR 17994 hilfreich sein, von einer generellen Anwendung wird abgeraten.

Durch umstürzende Einmastgeräte sind bereits mehrfach schwere und sogar tödliche Unfälle verursacht worden.[2] Die DIN CEN/TR 17994:2026-01 „Einmastgeräte – Inspektionsleitfaden" entfaltet keine normative Wirkung, da es sich um ein vornormatives Dokument handelt. Insoweit wird auf die Ausführungen im Abschnitt „Vornormative Dokumente im Bereich der Spielplatznormung" verwiesen.

Von einer unreflektierten Anwendung der DIN CEN/TR 17994:2026-01 ist abzuraten. Der Leitfaden weist in der vorliegenden Fassung erkennbaren Überarbeitungsbedarf auf; seine praktische Anwendbarkeit erscheint daher derzeit teilweise eingeschränkt.

Grundsätzliche sicherheitstechnische Sachverhalte

(1) Konstruktion und Ausführung sind so zu gestalten, dass Fäulnis, Korrosion und sonstige materialbedingte Schädigungen an tragenden sowie für die Standsicherheit maßgeblichen Bauteilen weitestgehend minimiert werden.

(2) Die Kontrolle dieser Bauteile im Rahmen der Inspektionen muss möglich, sicher und praktikabel sein. Hierzu ist sicherzustellen, dass der kritische Bereich/Zone – i. d. R. der Übergang von Pfosten bzw. Mast zum Boden bis zum Fundament - bei Bedarf freigelegt werden kann. Insbesondere bei Verwendung synthetischer Fallschutzsysteme sind demontierbare oder herausnehmbare Elemente vorzusehen, um eine ordnungsgemäße Inspektion zu gewährleisten.

[2] AG Offenbach am Main, Urteil vom 01.10.2004 – 27 Ds 1120 Js 68056/02, in: BADK-Information 4/2005, S. 190 ff. (s. g. Mastkorburteil)

(3) Die Konstruktion ist so auszuführen, dass die Standsicherheit unter der Voraussetzung der Durchführung der vorgesehenen Wartungs- und Inspektionsmaßnahmen über die geplante Nutzungsdauer gewährleistet bleibt.

(4) Vom ausführenden Unternehmen sollte eine Fachunternehmererklärung eingefordert werden, aus der die norm- und herstellerkonforme Umsetzung hervorgeht. Diese sollte insbesondere die Einhaltung der vorgegebenen Abmessungen (Aufmaß) sowie die Betonqualität (mindestens durch Lieferschein nachgewiesen) umfassen. Die dauerhafte Aufbewahrung dieser Unterlagen gehört zu den Betreiberpflichten im Rahmen der Verkehrssicherung.

(5) Eine Zersetzung von Fundamenten ist über die übliche Nutzungsdauer von Spielplatzgeräten hinweg unwahrscheinlich. Bei Pfosten mit hohen seitlichen Belastungen oder Torsionsbeanspruchungen können jedoch Lockerungen auftreten, die sich durch geringe Relativbewegungen zwischen Fundament und umgebendem Bodenmaterial zeigen. Im Rahmen der Funktionsprüfung ist eine Sicht- und Bewegungsprüfung i. d. R. ausreichend, um ein akutes Versagensrisiko auszuschließen. Bewegungen, die über ein geringfügiges Maß hinausgehen, sind im Prüfbericht zu dokumentieren und mit Empfehlungen zur Wiederherstellung der Fundamentstabilität zu versehen.

Vor einer weitergehenden Beurteilung der Fundamentstabilität durch fachkundiges Personal ist auszuschließen, dass die Ursache der Bewegung in einer Schädigung des Pfostens liegt.

(6) Das mit der Inspektion beauftragte Personal muss für die Beurteilung der kritischen Bereiche und verwendeten Materialien besonders qualifiziert und unterwiesen sein. Dies umfasst insbesondere die sichere Erkennung materialtypischer Schadensbilder, wie z. B. Pilz- und Insektenbefall bei Holzbauteilen, Korrosionserscheinungen bei metallischen Bauteilen sowie sonstige Zersetzungs- und Alterungsprozesse.

(7) Im Rahmen des Sicherheitsmanagements sind die Dokumentationspflichten beginnend mit Planung, Vergabe und Errichtung sowie die Auswahl von Prüf- und Wartungspersonal, die Durchführung von Inspektionen und Wartungen verbindlich zu regeln. Die getroffenen sicherheitstechnischen Maßnahmen sind hinsichtlich ihrer Wirksamkeit mindestens einmal jährlich zu überprüfen.

Bild 1: *Klassisches Einmastgerät (Quelle: GAO – Gesundheits- und Arbeitsschutz Onischka UG [haftungsbeschränkt])*

Bild 2: *Jedes Gerät mit nur zwei Masten (Pfosten) ist ein Einmastgerät. (Quelle: GAO – Gesundheits- und Arbeitsschutz Onischka UG [haftungsbeschränkt])*

Bild 3: *Beim Stufenreck stehen drei Masten (Pfosten) in einer Reihe. Also ist auch das ein Einmastgerät. (Quelle: GAO – Gesundheits- und Arbeitsschutz Onischka UG [haftungsbeschränkt])*

Bild 4: *Auch das ist ein Einmastgerät, da die drei Pfosten sich nicht gegenseitig stützen. (Quelle: GAO – Gesundheits- und Arbeitsschutz Onischka UG [haftungsbeschränkt])*

Bild 5: *Auch bei dieser Einpunktschaukel hängt die Stabilität von einem einzigen Querschnitt ab. (Quelle: GAO – Gesundheits- und Arbeitsschutz Onischka UG [haftungsbeschränkt])*

Inspektionsempfehlungen

Bei den Inspektionen sind die Herstellervorgaben zu berücksichtigen. Falls keine oder nur unvollständige Herstellerangaben vorliegen, empfehlen wir vor dem Hintergrund des Optimierungspotentials der TR 17994, die nachfolgend dargestellte Prüflogik zu evaluieren und gegebenenfalls anzupassen. Es wird vorausgesetzt, dass der Qualifizierte Spielplatzprüfer (QSP) die beschriebenen Prüfverfahren einschließlich deren Dokumentation beherrscht oder bei Bedarf als Zusatzleistung Fachpersonal mit entsprechender Ausrüstung hinzuzieht. Dies betrifft unter anderem materialabhängige Sichtprüfungen, Funktionsprüfungen, Klopfproben, Sondierungsprüfungen (z. B. mittels

Ahle, Prüfspitze o. Ä.) Ggf. sind gesondert zu beauftragen Bohrwiderstandsmessungen bei Holz sowie bei metallischen Bauteilen z. B. Ultraschall-, Schichtdickmessung)

a) Tragwerksanalyse

Einzelmast, Einzellager, Pfostenreihe, Vorspannsystem, Druckelement, vorhandene Redundanz

Hintergrund: Einmastgeräte sind nicht immer auf den ersten Blick erkennbar, insbesondere wenn Herstellerunterlagen fehlen.

Ziel: Ausschluss bzw. Bestätigung, ob ein Einmastgerät vorliegt.

b) Kritische Zone festlegen

Dies kann sein: z. B. Bodenübergang, Pfostenschuh (Aufständerung)/Holz-Metall-Kontakt, Mastinneres, Fundamentanschlüsse, Schweißnähte, Lager, Seilanschlüsse, Bereich unter synthetischem Fallschutz, kritische Querschnitte auch oberhalb des Bodens (z. B. Giraffenschaukel), sehr selten das Fundament

→ Die kritische Zone bestimmt die Prüftiefe bzw. das Vorgehen bei der Prüfung.

c) Boden- und Umfeldanalyse

Feuchtestau, Entwässerung, Setzungen, Spaltbildungen

Loser Fallschutz: höhere Sichtbarkeit von Schadensbildern, Entwässerung und Bewegungen erkennbar

Synthetischer Fallschutz: regelmäßig verdeckte kritische Zone, schwerer zugänglich, Feuchteränder, Setzungen, Rissbildung, möglicher Feuchtestau

d) Funktionsprüfung (Bewertungs- und Entscheidungsschritt)

Prüfung der funktionalen Tragfähigkeit vor vertieften Eingriffen:

- Mast- bzw. Pfostenbewegung
- Spiel an Lagern und Verschraubung
- Vorspannung / Netzsymmetrie
- Geräusche unter Belastung
- Setzungen / Lageänderungen
- Bodenbewegungen

Einordnung:

unauffällig	→ kritische Zone im Rahmen der Inspektionen bzgl. Veränderungen beobachten, prüfen
auffällig	→ vertiefte Materialprüfung / Freilegen der kritischen Zone am Pfosten, Analyse der Fundamentstabilität

e) Entscheidung über Freilegen der kritischen Zone

Freilegen ist zu prüfen, wenn die kritische Zone nicht ausreichend beurteilbar ist oder strukturelle Hinweise vorliegen. Ggf. sind Zusatzleistungen vom Betreiber zu beauftragen, z. B. Aufnehmen von Pflasterflächen und EPDM-Belägen.

b) Materialprüfung

Holz:

Außen:	Sichtprüfung, Klopfprobe mit Hammer, Sondierung z. B. Ahle → Randzonenfestigkeit
Innen (bei Indikatoren wie Klopfprobe):	Bohrwiderstand → Restquerschnittermittlung (Empfehlung: zur betreiberseitigen Abstimmung mit Hersteller) *Hinweis: Die Bohrwiderstandsmessung muss von sachkundigem Personal ausgeführt werden, um Schäden zu vermeiden. Moderne Geräte verwenden dünne Bohrnadeln (ca. 2,8–3 mm), die minimale Eingriffe verursachen. Die Bohrlöcher schließen sich durch zurückbleibende Holzspäne weitgehend selbstständig, sodass keine nennenswerte Schwächung der Struktur entsteht. Wichtig ist, dass keine zusätzlichen Feuchtigkeits- oder Angriffsflächen für Pilze geschaffen werden.*

Metall:

Außen:	Sichtprüfung, Beschichtung, Schrauben,
Innen (bei Indikatoren):	Hohlprofile, Rostwasser *Hinweis: Nach dem derzeitigen Stand der Technik ist eine verlässliche und zugleich wirtschaftlich vertretbare Prüfung unzugänglicher Hohlprofile im Rahmen der regelmäßigen Inspektionen nicht möglich. Reparaturen an unzugänglichen Hohlprofilen sind grundsätzlich kritisch zu bewerten, da eine fachgerechte Ausführung sowie eine nachhaltige Wirksamkeit regelmäßig nicht hinreichend überprüfbar sind. Die fachliche Ausführungs- und Reparaturdokumentation ist daher einzufordern. Liegt diese nicht vor oder bestehen Zweifel an der ordnungsgemäßen Instandsetzung, ist die Anlage außer Betrieb zu nehmen bzw. sind geeignete Sicherungsmaßnahmen zur Vermeidung unsicherer Situationen zu veranlassen.*

Kontaktbereiche (Holz/Metall, Metall/Metall, Pfostenschuh):

Holz/Metall (z. B. Pfostenschuh), Kontakt unterschiedlicher Metallarten.

Kritische Situationen:	Feuchte, Sauerstoff, Holzextraktstoffe (Gerbsäure)
Schadens-mechanismen:	Kontaktkorrosion bei Holz/Metall-, Metall/Metallverbindungen, Schraubenkorrosion, Rost unter Beschichtung

Prüfverfahren: Sichtprüfung (Korrosion, Rostfahnen, Lackablösung; Fäulnis) Sondierung, Funktionsprüfung, Freilegung, Spalt, Schrauben prüfen

Hinweis: Herstellervorgaben zu Prüfverfahren und Prüfmitteln sind bei Inspektionen zu beachten. Sie können über die Anforderungen der DIN EN-Reihe 1176 hinausgehen und dienen der Sicherstellung der Standsicherheit sowie der frühzeitigen Erkennung von Materialschäden. Ihre Einhaltung ist insbesondere im Hinblick auf Haftungsrisiken erforderlich.

Das Beiblatt 1 zur DIN EN 1176:2008 gilt für die Normausgaben ab 2017 nicht mehr. Die darin enthaltenen weitergehenden Festlegungen, beispielsweise zu Einmastgeräten, besitzen daher keine normative Bindungswirkung. Gleichwohl werden einzelne Inhalte aufgrund ihrer sicherheitstechnischen Bedeutung in der Praxis weiterhin berücksichtigt, insbesondere bei der Bewertung von Kipp- oder Umsturzrisiken.

In der Praxis verlangen Hersteller teilweise zusätzliche Prüfungen, etwa regelmäßige Belastungs- oder Funktionsprüfungen zur Kontrolle der Standsicherheit. Diese können den Einsatz spezieller Prüfmittel, z. B. Kraftmessgeräte oder Neigungsmesser, erfordern und gehen über die Mindestanforderungen der DIN EN-Reihe 1176 hinaus.

A B E F G H K L N P R S W Z

Fangstellen

Norm: DIN EN 1176 – Spielplatzgeräte und Spielplatzböden – Teil 1: Allgemeine sicherheitstechnische Anforderungen und Prüfverfahren

Eine Fangstelle ist eine Stelle an einem Spielplatzgerät, an der der Benutzer mit einem Körperteil oder Kleidungsstück hängen bleiben kann, wodurch sich eine gefährliche Situation ergeben kann. Deshalb sind Fangstellen bereits bei der Konstruktion des Gerätes auszuschließen. Durch Abnutzung oder Werkstoffveränderung sowie unsachgemäße Reparaturen können sich ebenfalls Fangstellen ergeben.

Die Prüfungen mit den Prüfkörpern stellen ein Hilfsmittel dar und müssen sicherheitstechnisch bewertet werden.

Anforderungen

A) Fangstellen für Kopf und Hals

Fangstellen für Kopf und Hals dürfen weder dadurch entstehen, dass der Benutzer den Kopf in einen Zwischenraum steckt und hängen bleiben kann, noch dadurch, dass sich der Benutzer mit den Füßen voran in einen Zwischenraum begibt und mit dem Kopf hängen bleiben kann.

Gefährliche Situationen können entstehen durch

- vollständig umschlossene Öffnungen,
- teilweise umschlossene oder V-förmige Öffnungen und

- andere Öffnungen, wie Scherstellen oder veränderliche Öffnungen.

Öffnungen sollen keine Konstruktionselemente enthalten, die nach unten in einem Winkel von weniger als 60° zusammenlaufen, wenn die nachfolgen Bedingungen zutreffen. Für Geräte nach DIN 7926 beträgt der Winkel 50°.

(1) Vollständig umschlossene Öffnungen

Diese Öffnungen sind nur dann auf Fangstellen zu prüfen, wenn sie Benutzern zugänglich sind und ihre untere Kante mindestens 60 cm über der Spielebene liegt.

Die Prüfung erfolgt je nach Baujahr mit den Prüfkörpern

- A (Füße voran),
- B (Kopf voran),
- C (Torso, Füße voran)
- D (großer Kopf) und
- E (kleiner Kopf, Kopf voran).

Da die Prüfkörper jeweils 100 mm dick sind, gehen sie auch nur durch eine Öffnung, wenn sich im Bereich von 100 mm hinter dieser keine Hindernisse befinden. Zur korrekten Handhabung sind die Prüfkörper rechtwinklig zur Öffnung einzuführen. Einhaken, Einfädeln oder schräges Einführen sind nicht zu berücksichtigen.

Für Geräte nach früheren Ausgaben gilt Bestandsschutz. Es sind die zum Zeitpunkt des Inverkehrbringens festgelegten Prüfkörper zu benutzen.

Nach DIN 7926

In DIN 7926 waren nur zwei kreisrunde Prüfkörper festgelegt. Nach dieser Norm galten nur Öffnungen zwischen parallelen Elementen mit einer Öffnungsweite zwischen 120 und 200 mm als Fangstellen. Diese Maße finden sich noch heute, z. B. in DIN 18065.[1] Bei runden und rechteckigen Öffnungen können die Kontrollen anstelle der Prüfkörper mit einem Gliedermaßstab erfolgen.

Wenn der kleine Prüfkörper hindurchgeht, muss das auch der große. Ansonsten handelt es sich um eine unzulässige Fangstelle.

Nach DIN EN 1176-1 Ausgaben 1998 und 2003

Bei Spielplatzgeräten für Kinder über drei Jahren sind die Prüfkörper A, B und D zu benutzen. Wenn einer oder beide Prüfkörper A oder B durch eine Öffnung gehen, muss auch Prüfkörper D hindurchpassen; ansonsten besteht eine unzulässige Fangstelle. Eine Kraft, mit der die Prüfkörper durch die Öffnung gedrückt werden, wurde nicht festgelegt.

Für Geräte für Kinder unter 36 Monaten galten die Anforderungen aufgrund der festgelegten nationalen Abweichung in Deutschland offiziell nicht. Trotzdem war es, z. B. auf Spielplätzen von Kinderkrippen, sinnvoll, auch diesen Teil der Norm zur Beurteilung von Fangstellen heranzuziehen. In diesen Fällen sind (wie in Europa) die Prüfkörper C, E und D zu benutzen.

---

1 DIN 18065:2015-03 Gebäudetreppen – Begriffe, Messregeln, Hauptmaße.

Nach DIN EN 1176-1 ab Ausgabe 2008

Bei Spielplatzgeräten ab DIN EN 1176-1:2008 sind für alle Altersklassen nur noch die Prüfkörper C und D sowie der neue Prüfkörper E anzuwenden. An den zu prüfenden Öffnungen sind die Prüfkörper nacheinander heranzuführen und, wenn sie nicht leicht durchgehen, mit einer Kraft von (222 ± 5) N in die Öffnung zu drücken bzw. durchzuziehen. Wenn einer oder beide Prüfkörper C oder E vollständig durch die Öffnung passen, muss auch Prüfkörper D hindurchpassen; ansonsten besteht eine unzulässige Fangstelle.

Mit diesem Prüfverfahren sind auch Fangstellen an Spielplatzgeräten für Krippenkinder zu beurteilen.

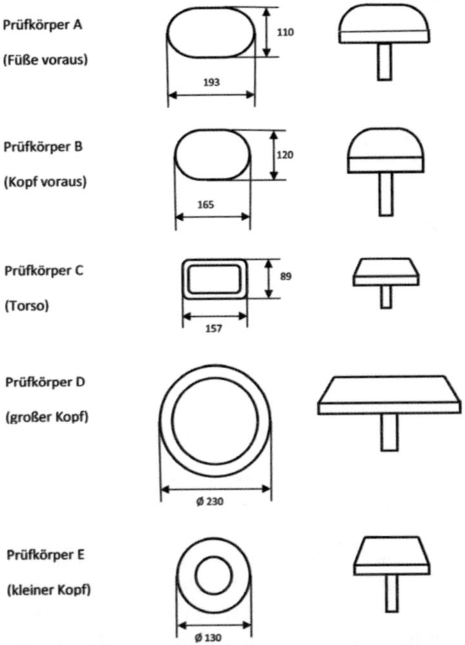

***Bild 1:** Übersicht zu den Prüfkörpern, nicht maßstäblich (Quelle: GAO – Gesundheits- und Arbeitsschutz Onischka UG [haftungsbeschränkt])*

Anwendungsbeispiele

1. Spitze Winkel

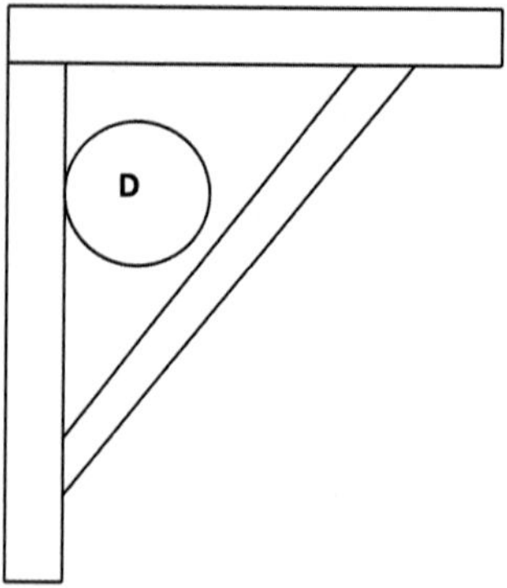

Bild 2: *Negativbeispiel: Nicht zulässige Öffnung (Quelle: GAO – Gesundheits- und Arbeitsschutz Onischka UG [haftungsbeschränkt])*

Normalerweise wäre die Prüfung bei der oben abgebildeten, vollständig umschlossenen Öffnung bestanden, da auch der große Prüfkörper D durch die Öffnung passt. Da aber die Balken nach unten in einem Winkel von weniger als 60° zusammenlaufen, liegt hier ein Verstoß gegen die Zusatzforderung vor.

2. Leiter

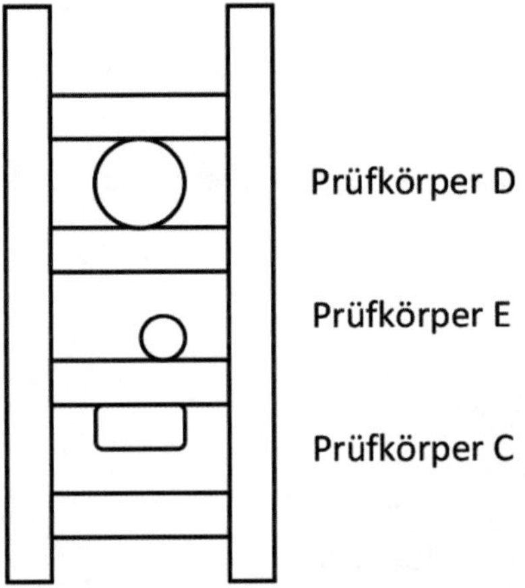

***Bild 3:** Prüfkörper für den Sprossenabstand einer Leiter (Quelle: GAO – Gesundheits- und Arbeitsschutz Onischka UG [haftungsbeschränkt])*

Der Abstand zwischen den Sprossen einer Leiter muss gleich sein. Es darf entweder keiner der Prüfkörper C oder E durchpassen oder es müssen alle drei Prüfkörper C, D, E durchpassen. Im ersten Fall würde das einen lichten Sprossenabstand von weniger als 89 mm bedeuten. Eine solche Leiter würde sich nicht gut begehen lassen. Im zweiten Fall müsste der lichte Sprossenabstand mindestens 230 mm betragen.

Nach DIN 7926 darf der Sprossenabstand nicht zwischen 120 und 200 mm liegen.

Nach DIN EN 1176-1 Ausgaben bis 2003 darf der Sprossenabstand maximal 110 mm oder mehr als 230 mm betragen.

Zum Bestandsschutz siehe auch Kapitel ► „Rechtliche Grundlagen“

3. Brüstung

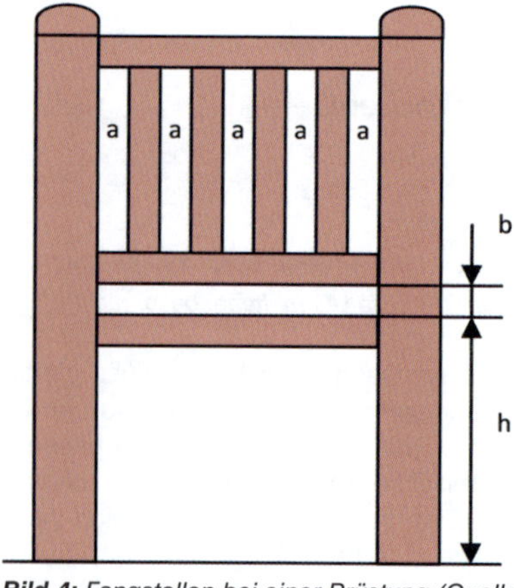

***Bild 4:** Fangstellen bei einer Brüstung (Quelle: GAO – Gesundheits- und Arbeitsschutz Onischka UG [haftungsbeschränkt])*

Der Stababstand *a* muss

- seit 2008 so bemessen sein, dass der kleinste Prüfkörper C nicht hindurchpasst, also kleiner als 89 mm sein,
- bei Geräten nach DIN 7926 kleiner als 120 mm sein oder
- für die Normausgaben 1998 und 2003 kleiner als 110 mm sein (außer Krippenspielplätze dort ist auch der Prüfkörper C anzuwenden).

Fangstellen werden zwar auch vermieden, wenn der Stababstand größer als 230 mm bzw. größer als 200 mm (DIN 7926) ist. In diesem Fall wäre aber die Absturzsicherung mangelhaft.

Das Gleiche gilt für das Maß *b*.

Wenn auf den Untergurt der Brüstung aufgetreten werden kann, ist die Höhe der Brüstung auch von dort, und nicht vom Podest zu messen. Die dargestellten Fangstellen für *b* sind nur zu prüfen, wenn *h* größer als 60 cm ist.

4. Netze

Zwischen Seilen und in Netzen können sich sehr viele verschiedenartige geschlossene Öffnungen ergeben, die u. U. alle mit den Prüfkörpern geprüft werden müssen. Hierzu sind die verschiedenen Belastungszustände zu simulieren. Es ist wichtig, die Prüfkörper mit der festgelegten Kraft von (222 ± 5) N in die Öffnung zu ziehen.

(2) Teilweise umschlossene oder V-förmige Öffnungen

Der für diese Prüfung erforderliche Prüfkörper heißt offiziell „Prüfkörper zur Bewertung von Fangstellen für Kopf und Hals in teilweise umschlossenen und V-förmigen Öffnungen“. Wegen seiner Form sprechen manche Prüfer vom „Spaten-Prüfkörper“ oder „Fisch“. Wichtig sind die angegebenen Maße. Seine Dicke beträgt 45 mm. Zur Masseerleichterung wird oftmals ein Teil des „Spatenblatts“ ausgeschnitten.

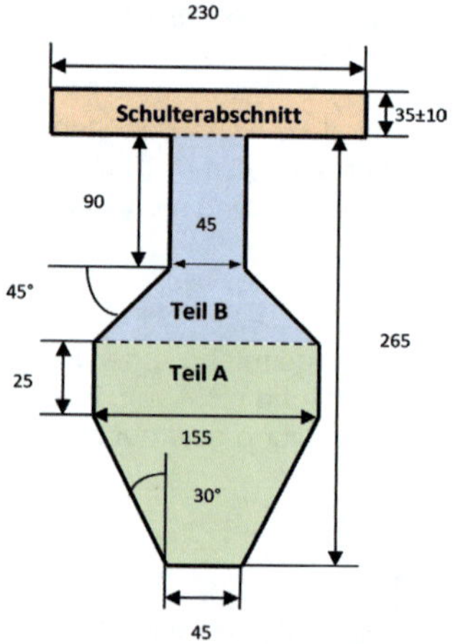

***Bild 5:** Prüfkörper für teilweise umschlossene und V-förmige Öffnungen (Quelle: GAO – Gesundheits- und Arbeitsschutz Onischka UG [haftungsbeschränkt])*

Der Prüfkörper enthält mehrere Schablonen. Im oberen Teil befindet sich der Schulterabschnitt, er wird auch als Teil B1 bezeichnet. Der gesamte obere Teil einschließlich des Schulterabschnitts bis zur gestrichelten Linie ist Teil B. Dieser Teil wird hauptsächlich waagerecht für die Zugänglichkeitsprüfung genutzt. Damit wird geprüft, ob sich Kopf und Hals in eine Öffnung mindestens 60 cm über der Spielebene einführen lassen.

Erst dann und nur dann, wenn eine Öffnung zugänglich ist, ist es erforderlich, mit dem Teil A zu prüfen, ob Kopf und Hals diese Öffnung wieder verlassen können, ohne hängen zu bleiben. Dabei wird der Prüfkörper mit dem Teil A voran in die zu prüfende Öffnung eingeführt – die Prüfung auf Zulässigkeit.

Grundsatz

Die Prüfung wird nur an solchen Öffnungen durchgeführt, deren unterer Eingang mindestens 60 cm über der Spielebene liegt.

Anwendungsbeispiele

1. Lattenzaun

***Bild 6:** Prüfung auf Zulässigkeit (Quelle: GAO – Gesundheits- und Arbeitsschutz Onischka UG [haftungsbeschränkt])*

Der Lattenzaun enthält teilweise umschlossene (nach oben offene) Öffnungen. In der obigen Abbildung wird nur ein Teil des oberen Zaunriegels mit drei überstehenden Latten abgebildet. Bei dem angegebenen Zaun handelt es sich eindeutig um teilweise umschlossene Öffnungen. Diese sind mit dem „Spaten-Prüfkörper" zu prüfen.

Im ersten Schritt erfolgt die Zugänglichkeitsprüfung mit Teil B des Prüfkörpers. Dieser lässt sich bis zum Zaunriegel einführen, also viel weiter, als der Prüfkörper dick ist. Damit gilt die Öffnung als zugänglich. Im nächsten Schritt muss daher die Zulässigkeit geprüft werden. Im rechten Bild ist zu erkennen, dass der Prüfkörper seitlichen Kontakt mit der Öffnung hat, bevor er deren Grund erreicht. Die Öffnung ist daher nicht zulässig.

Aus den Abmessungen des Prüfkörpers lässt sich ableiten, dass teilweise umschlossene parallele Öffnungen zulässig sind, wenn entweder der Stababstand oder der obere Überstand geringer als 45 mm sind.

2. Nicht senkrechte Öffnungen

Bei der Zulässigkeitsprüfung ist Teil A des Prüfkörpers symmetrisch zur Öffnung einzuführen. Dabei werden drei Bereiche unterschieden.

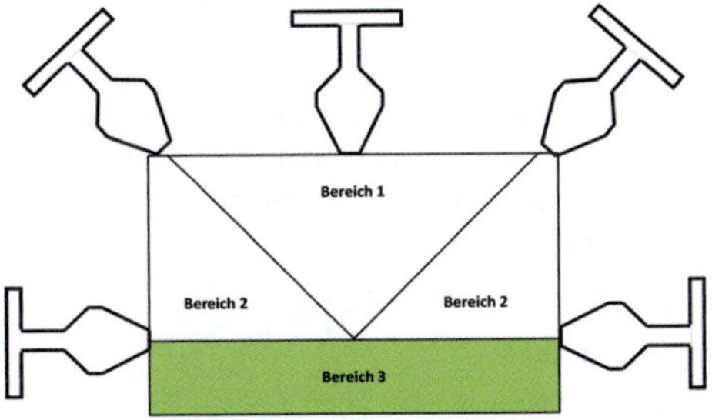

Bild 7: *Zulässigkeitsprüfung für nicht senkrechte Öffnungen (Quelle: GAO – Gesundheits- und Arbeitsschutz Onischka UG [haftungsbeschränkt])*

Bereich 1

Die Mittellinie des Teils A wird senkrecht oder beidseitig bis zu 45° geneigt in die zu prüfende Öffnung eingeführt.

Bereich 2

Die Mittellinie des Teils A wird waagerecht oder maximal 45° nach oben geneigt eingeführt.

Bereich 3

Die Mittellinie des Teils A liegt unterhalb von Bereich 2.

In den Bereichen ergeben sich folgende Anforderungen:

- Im Bereich 1 (0 bis 45° beidseits zur Senkrechten) bestehen keine Fangstellen, wenn die Spitze des Teils A den Grund der Öffnung berührt und die Öffnung insgesamt nicht tiefer ist als bis zum Schulterteil (max. 265 mm) – es sei denn, die Schulter passt mit in die Öffnung.[2]

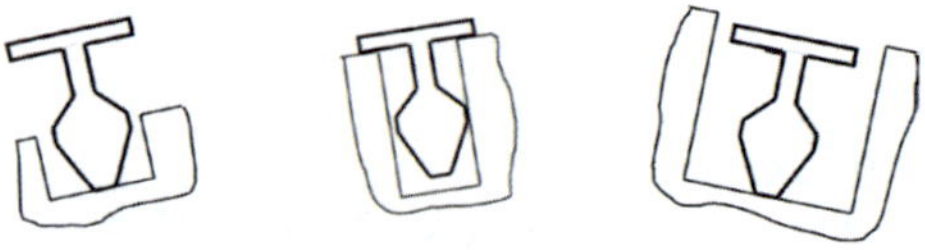

Zulässig	Nicht zulässig!	Zulässig
Teil A erreicht den Grund, Tiefe geringer als 265 mm.	Teil A erreicht den Grund nicht.	Teil A erreicht den Grund, Schulter passt mit hinein.

***Bild 8:** Anforderungen an die Zulässigkeitsprüfung im Bereich 1 (Quelle: GAO – Gesundheits- und Arbeitsschutz Onischka UG [haftungsbeschränkt])*

- Im Bereich 2 (45° bis 90° beidseits zur Senkrechten) bestehen keine Fangstellen, wenn die Spitze des Teils A den Grund der Öffnung berührt **und** die Tiefe der Öffnung kleiner als der Teil A des Prüfkörpers ist. Wenn die Tiefe der Öffnung größer als der Teil A des Prüfkörpers ist, muss sie so breit sein, dass auch der Schulterabschnitt hineinpasst (> 230 mm).

[2] Bfu, ERFA-Tagung, 29.06.2011, Bern, Vortrag von Andreas Hochstrasser.

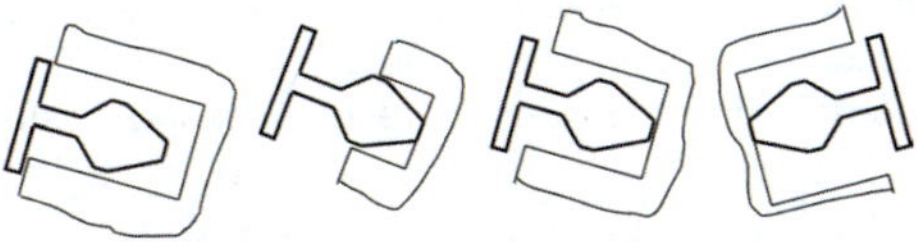

Nicht zulässig!	Zulässig	Nicht zulässig!	Zulässig
Teil A erreicht nicht den Grund.	Teil A erreicht den Grund, Öffnung nicht so tief wie A.	Teil A erreicht den Grund, Öffnung aber tiefer als A.	Teil A erreicht den Grund, Öffnung tiefer als A, aber breiter als die Schulter.

Bild 9: *Anforderungen an die Zulässigkeitsprüfung im Bereich 2 (Quelle: GAO – Gesundheits- und Arbeitsschutz Onischka UG [haftungsbeschränkt])*

- Im Bereich 3 gibt es keine Anforderungen.

3. V-förmige Öffnungen

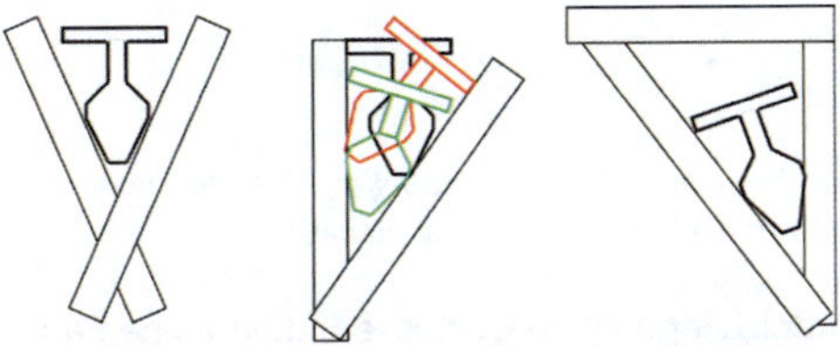

Nicht zulässig!	Nicht zulässig!	Nicht zulässig!
Teil A erreicht nicht den Grund	Teil A erreicht nicht den Grund.	Teil A erreicht nicht den Grund.

Bild 10: *Prüfung V-förmiger Öffnungen (Quelle: GAO – Gesundheits- und Arbeitsschutz Onischka UG [haftungsbeschränkt].)*

V-förmige, vollständig umschlossene Öffnungen sind auch wie teilweise umschlossene Öffnungen zu prüfen. Bei einer Prüfung mit den Prüfkörpern C, D und E wäre die rechte Öffnung zulässig gewesen.

(3) Andere Öffnungen, z. B. Scherstellen oder bewegliche Öffnungen

Nicht starre Teile, z. B. Seile, Wackelbrücken o. Ä., dürfen sich nicht untereinander oder mit starren Teilen überlappen, wenn daraus Fangstellen wie bei vollständig umschlossenen Öffnungen entstehen können.

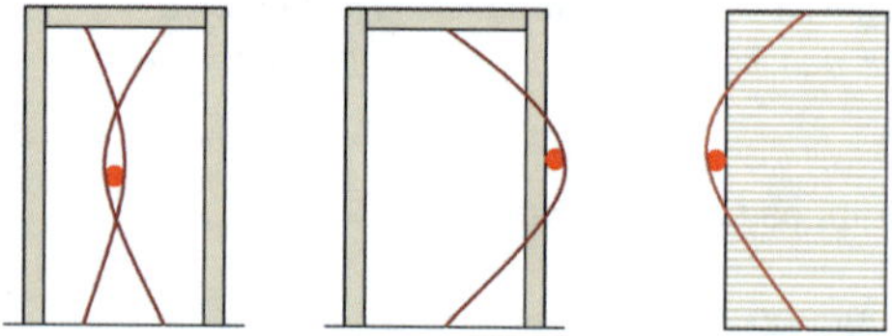

Zwei nebeneinander liegende Klettertaue bilden miteinander Fangstellen.	Ein Klettertau bildet mit dem Gerüst Fangstellen.	Ein Hangeltau bildet mit der Rampenkante Fangstellen.

***Bild 11:** Prüfung von Fangstellen an Seilen (Quelle: GAO – Gesundheits- und Arbeitsschutz Onischka UG [haftungsbeschränkt])*

Die Taue sind in der Länge so zu bemessen, dass keine Fangstellen entstehen.

Öffnungen zwischen den beweglichen Teilen von Hängebrücken und starren Teilen dürfen in keinem Belastungszustand Öffnungen bilden, die den Prüfkörper D (Durchmesser 230 mm) nicht sicher durchgehen lassen.

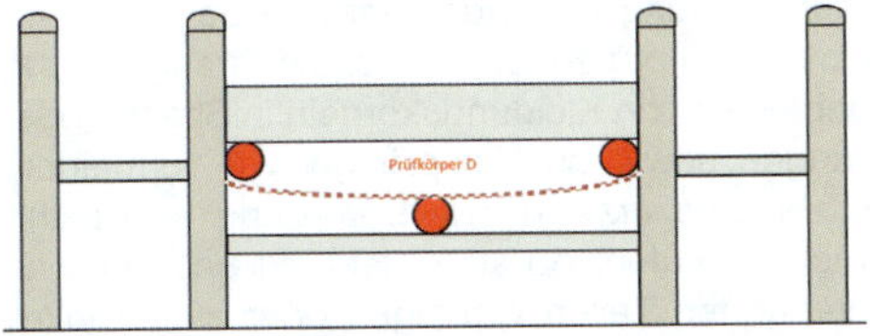

Bild 12: *Prüfung von Fangstellen an Hängebrücken mit dem Prüfkörper D (Quelle: GAO – Gesundheits- und Arbeitsschutz Onischka UG [haftungsbeschränkt])*

Bei Hängebrücken muss in jedem Belastungszustand der Prüfkörper D zwischen den beweglichen und starren Teilen hindurchgehen!

B) Fangstellen für Kleidung und Haar

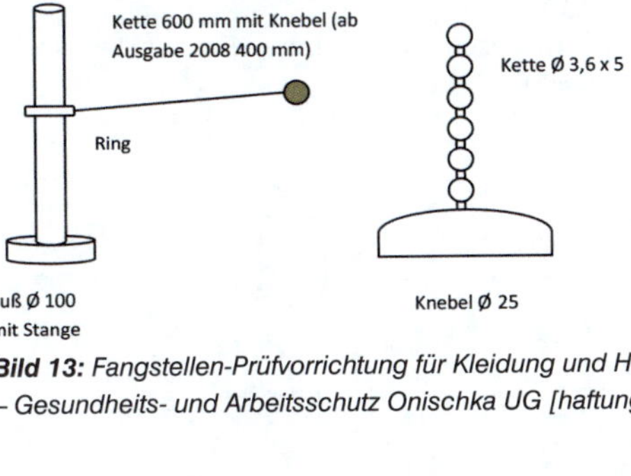

Bild 13: *Fangstellen-Prüfvorrichtung für Kleidung und Haar (Quelle: GAO – Gesundheits- und Arbeitsschutz Onischka UG [haftungsbeschränkt])*

Die Fangstellen für Kleidung und Haar sind mit der oben abgebildeten Vorrichtung zu prüfen. Ziel ist es, die Strangulierung durch ein Hängenbleiben von Kleidungskordeln in Spalten oder V-förmigen Öffnungen sowie an Vorsprüngen zu vermeiden, wenn vom Benutzer eine erzwungene Bewegung ausgeführt wird. Außerdem ist zu prüfen, ob sich Kleidung und Haar an Spindeln bzw. drehenden Teilen verfangen oder aufgewickelt werden können.

Diese Prüfung ist auf Rutschen, Rutschstangen und begehbare Dächer begrenzt.

Hinweis

1. Derartige Spalten können auch erst im Laufe der Nutzung auftreten, z. B. durch Austrocknung oder ein Verziehen von Holzbauteilen.
2. Bei Elementen aus Rundholz können Fangstellen konstruktiv vermieden werden.

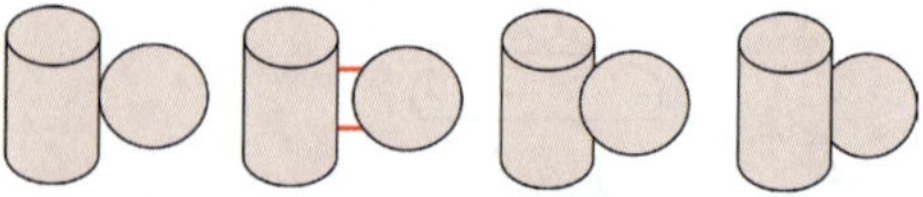

Extreme Fangstelle mit sehr spitzem Winkel	Fangstelle wird durch Sattelscheibe zwischen den Hölzern vermieden.	Fangstellengefahr wird durch Abplattung des waagerechten oder des senkrechten Rundholzes vermindert, aber nicht vollständig beseitigt.

Bild 14: *Fangstellen an Rundhölzern (Quelle: GAO – Gesundheits- und Arbeitsschutz Onischka UG [haftungsbeschränkt])*

<u>*Anwendung der Prüfkörper*</u>

1. An Rutschen

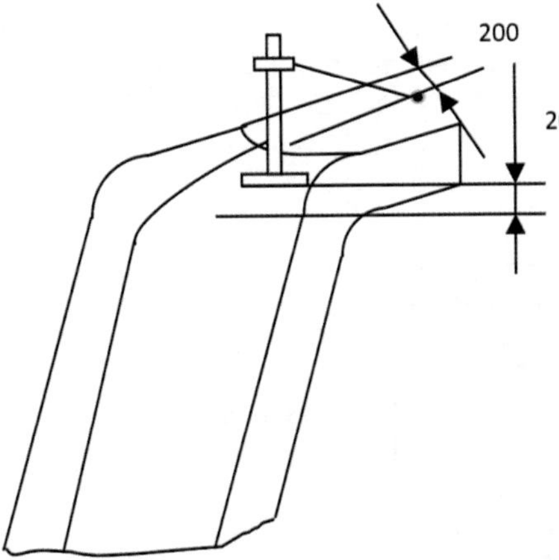

Bild 15: *Prüfung von Fangstellen an Rutschen (Quelle: GAO – Gesundheits- und Arbeitsschutz Onischka UG [haftungsbeschränkt])*

Die Prüfvorrichtung wird in 200 mm Entfernung vom Übergangspunkt im waagerechten Teil der Rutsche in der Mitte, höchstens aber 200 mm vom Rand aufgestellt. Bei breiten Rutschen also an zwei Standorten.

Knebel und Kette werden nun nach beiden Seiten an allen möglichen Stellen platziert, und es wird geprüft, ob sich Knebel oder Kette irgendwo verfangen. Dabei wird mit einer maximalen Kraft von 50 N in Richtung der erzwungenen Bewegung gezogen.

Wenn sich Kette oder Knebel dabei nicht lösen, liegt eine unzulässige Fangstelle vor.

Bei Geräten nach DIN EN 1176-1 Ausgaben 1998 und 2003 ist mit einer 600 mm langen Kette zu prüfen. Es ist keine definierte Kraft aufzubringen. Es soll nur die Eigenmasse von Knebel und Kette wirken.

2. An Rutschstangen

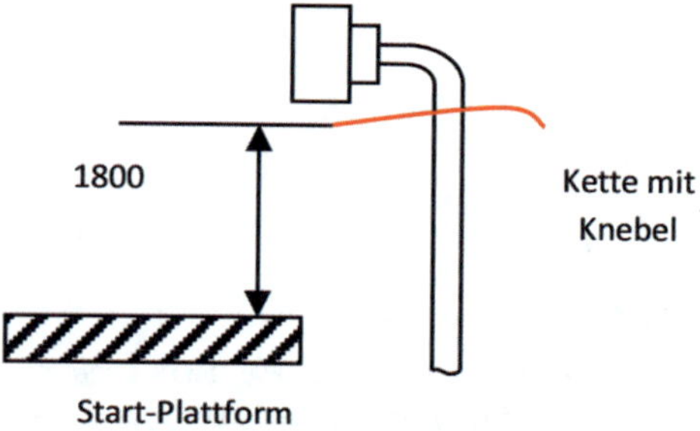

Bild 16: *Prüfung von Fangstellen an Rutschstangen (Quelle: GAO – Gesundheits- und Arbeitsschutz Onischka UG [haftungsbeschränkt])*

Die Prüfung wird zweifach durchgeführt:

a) Die Prüfvorrichtung wird an den vorderen Rand der Plattform gestellt, und zwar an die Stelle, die der Rutschstange am nächsten ist. Dort wird im gesamten Bereich der Reichweite der Kette und in allen Positionen des verschiebbaren Rings geprüft, ob die Kette oder der Knebel nur durch ihr Eigengewicht irgendwo hängen bleiben. Sollte das geschehen, wird eine maximale Kraft von 50 N in Richtung der erzwungenen Bewegung aufgewendet. Falls sich dabei Kette oder Knebel nicht lösen, handelt es sich um eine unzulässige Fangstelle.

b) Die Kette wird mit dem Knebel von der Prüfvorrichtung abgenommen und 1,8 m über die Oberfläche der Start-Plattform gehalten, bei kürzeren Stangen an deren höchsten Punkt. Dort wird ebenfalls im gesamten Bereich der Reichweite geprüft, ob die Kette oder der Knebel irgendwo nur durch ihr Eigengewicht hängen bleiben.

Diese Prüfung wird nun im Verlauf der ganzen Kletterstange nach unten fortgeführt bis 1,0 m über dem Boden, bis 2017 waren es 1,2 m über dem Boden. Falls sich bei 50 N Belastung Kette oder Knebel nicht lösen, handelt es sich um eine unzulässige Fangstelle.

Spielplatzgeräte nach DIN EN 1176-1 Ausgaben 1998 und 2003 werden mit einer 600 mm langen Kette geprüft. Hier werden hängen gebliebene Ketten oder Knebel auch nicht mit einer definierten Kraft gezogen. Bereits das Hängenbleiben gilt als unzulässige Fangstelle.

3. Auf Dächern (z. B. Spielhäusern, Finnhütten)

Der Ring mit Kette und Knebel wird von der Prüfvorrichtung getrennt und auf alle erreichbaren Öffnungen an der Spitze des Daches und entlang der Oberfläche des Daches angewandt. Wenn sich der Knebel oder die Kette irgendwo verfangen, wird mit einer maximalen Kraft von 50 N in Richtung einer möglichen Gleitbewegung des Benutzers gezogen. Falls sich dabei Knebel oder Kette nicht lösen, liegt eine unzulässige Fangstelle vor.

***Bild 17:** Durch die Halterung des Sonnensegels wird das Dach bekletterbar (Quelle: GAO – Gesundheits- und Arbeitsschutz Onischka UG [haftungsbeschränkt])*

Spielplatzgeräte nach DIN EN 1176-1 Ausgaben 1998 und 2003 werden mit einer 600 mm langen Kette geprüft. Hier werden hängen gebliebene Ketten oder Knebel auch nicht mit einer definierten Kraft gezogen. Bereits das Hängenbleiben gilt als unzulässige Fangstelle.

C) Fangstellen für den ganzen Körper

Geräte müssen so konstruiert sein, dass

- Kinder in Räumen, in die sie mit dem ganzen Körper kriechen können, nicht gefangen sein können. Das betrifft nicht nur Tunnel, sondern auch andere Hohlräume, z. B. Spielhäuser.

- Fangstellen für den ganzen Körper unter abgehängten, schweren Teilen oder solchen mit starren Aufhängungen, z. B. unter Wippgeräten, nicht auftreten können.

Für Tunnel und andere Hohlräume gelten folgende Anforderungen:

(1) Mit nur einem Zugang

- Durchmesser an der engsten Stelle mindestens 75 cm
- maximale Länge 2,0 m
- maximale Neigung + 5° nach oben
- Es darf kein Wasser drin stehen bleiben (keine Senke).

Bild 18: *Es ist nur eine Öffnung vorhanden. Diese müsste mindestens 75 cm Durchmesser haben. (Quelle: GAO – Gesundheits- und Arbeitsschutz Onischka UG [haftungsbeschränkt])*

(2) Mit zwei oder mehr Zugängen

- Durchmesser an der engsten Stelle mindestens
  - 40 cm bei einer Länge bis zu 1,0 m,
  - 50 cm bei einer Länge bis zu 2,0 m,
  - 75 cm bei einer Länge über 2,0 m.
- maximale Neigung 15° oder
- Neigung größer als 15° mit zusätzlichen Klettervorrichtungen (Stufen oder Griffen) und einem Mindestdurchmesser von 75 cm.
- Es darf kein Wasser drin stehen bleiben (keine Senke).
- Ab DIN EN 1176-1:2017 ist die Länge auf maximal 10,0 m begrenzt.

D) Fangstellen für den Fuß oder das Bein

Um ein gefährliches Umknicken zu vermeiden, sind folgende Fangstellen nicht zulässig:

- In Laufrichtung dürfen sich keine Spalten von mehr als 30 mm Breite befinden. Das gilt z. B. für Podeste. Quer zur Laufrichtung können größere Spalten toleriert werden, z. B. bei Hängebrücken.

Bild 19: *Keine Fußfangstellen, da nicht in Laufrichtung (Quelle: GAO – Gesundheits- und Arbeitsschutz Onischka UG [haftungsbeschränkt])*

Bild 20: *Kinder balancieren gern über den Wippbalken. Deshalb ist dieser Spalt eine Fußfangstelle. (Quelle: GAO – Gesundheits- und Arbeitsschutz Onischka UG [haftungsbeschränkt].)*

- Fangstellen entstehen oft auch bei einer naturnahen Gestaltung aus Baumstämmen und einer Aufschüttung von Steinen.
- Auf Flächen, die absehbar mit dem Fuß betreten werden, dürfen Fußstützen und Handgriffe nicht herausragen und Fußfangstellen bilden.

Bild 21: *Negativbeispiel: Kritische Spalten in Längsrichtung (Quelle: GAO – Gesundheits- und Arbeitsschutz Onischka UG [haftungsbeschränkt])*

E) Fangstellen für Finger

Als Fingerfangstellen gelten

- Spalten, Löcher und V-förmige Öffnungen zwischen 8 mm und 25 mm Durchmesser, in denen Finger hängen bleiben können, während der Körper eine erzwungene Bewegung ausführt.
- Löcher im Freiraum oder Fallraum, deren untere Kante mindestens 1,0 m über der möglichen Aufprallfläche liegt (nach

DIN EN 1176-1 Ausgaben 1998 und 2003 1,2 m über der möglichen Aufprallfläche).

- veränderliche Spalten, die in beliebiger Situation eine lichte Weite von 12 mm unterschreiten.
- offene Rohrenden.
- verschlossene Rohrenden, deren Verschlüsse sich von Kindern leicht, d. h. ohne Verwendung von Werkzeug, entfernen lassen.

***Bild 22:** Fingerfangstelle an einer Rutsche ist wegen der erzwungenen Bewegung nicht zulässig. (Quelle: GAO – Gesundheits- und Arbeitsschutz Onischka UG [haftungsbeschränkt])*

- Trockenrisse in Holzbauteilen gelten nicht als Fingerfangstellen.
- Ketten (siehe hierzu auch Kapitel ► „Ketten").

Prüfung

Zunächst wird der Prüfkörper 8 mm angewandt (Zugänglichkeitsprüfung). Wenn er an irgendeiner Stelle im vorgegebenen allseitigen Winkel von 45° in die Öffnung passt oder blockiert wird, muss auch der Rundstab 25 mm hineinpassen (Zulässigkeitsprüfung). Ist das nicht der Fall, handelt es sich um eine unzulässige Fangstelle.

Veränderliche Spalten werden mit dem Prüfstab 12 mm geprüft. Dieser darf in keiner Situation klemmen.

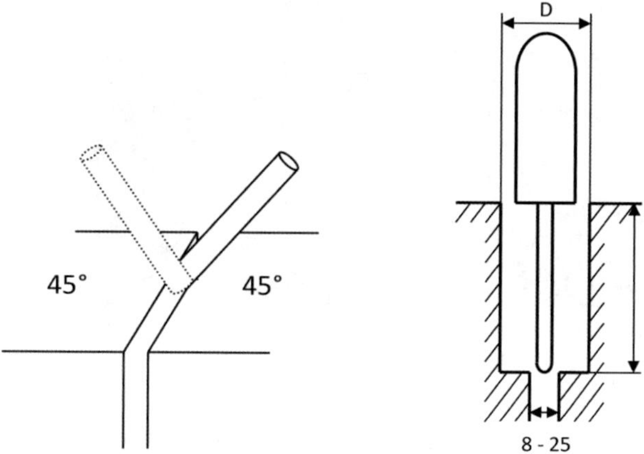

Bild 23: *Prüfung auf Fingerfangstellen in Vertiefungen (Quelle: GAO – Gesundheits- und Arbeitsschutz Onischka UG [haftungsbeschränkt])*

Ab Normausgabe 2017 sind Fingerfangstellen auch zu prüfen, wenn diese in Vertiefungen liegen. Wenn der kleine Prüfstab durchgeht und der große nicht, ist der Durchmesser der Vertiefung und dessen Tiefe maßgebend (Zugang mit der Hand).

Es gelten folgende Bedingungen:

Tabelle 1: *Bedingungen für die Prüfung auf Fingerfangstellen*

D [mm]	T [mm]	Prüfung bestanden?
	< 100	nein
> 60	> 100	nein
< 60	> 100	ja

Inspektion

- ☐ Bei der Inspektion nach der Installation eines Spielplatzgeräts darf es keine Fangstellen geben. Sie können aber durch falsche Instandsetzung bzw. Montage oder verzogene bzw. beschädigte Teile entstehen. Der Prüfer muss deshalb alle infrage kommenden Stellen prüfen – im Zweifelsfall auch mit den Prüfkörpern.
- ☐ Bei den jährlichen Hauptinspektionen ist auch auf Fangstellen durch Verschleiß, Vandalismus etc. zu prüfen. Der Prüfer muss deshalb mit großem Sachverstand und im Zweifelsfall mit den Prüfkörpern arbeiten.

Freie Fallhöhe

Norm: DIN EN 1176 – Spielplatzgeräte und Spielplatzböden – Teil 1: Allgemeine sicherheitstechnische Anforderungen und Prüfverfahren

Grundsätzlich ist davon auszugehen, dass Kinder von Spielplatzgeräten herunterfallen können oder selbst abspringen. Die Anforderungen an die Länge der Aufprallfläche und deren stoßdämpfende Eigenschaften steigen mit der Fallhöhe. Deshalb ist es wichtig, die freie Fallhöhe zu definieren:

Als freie Fallhöhe gilt der größte lotrechte Abstand von der eindeutig beabsichtigten Körperunterstützung zur darunter befindlichen Aufprallfläche.

Es gelten dabei folgende Festlegungen:

- In stehender Position gilt die Höhe der Fußunterstützung über der Spielebene als freie Fallhöhe.
- In sitzender Position ist die Höhe der Sitzfläche maßgebend.
- Wenn der Körper nur an den Händen hängt, aber bis auf das Niveau der Hände gehoben werden kann, gilt die Handunterstützung als freie Fallhöhe.

Bild 1: *Bei Podesten ist deren Höhe identisch mit der freien Fallhöhe (Benutzungsart stehend). (Quelle: GAO – Gesundheits- und Arbeitsschutz Onischak UG [haftungsbeschränkt])*

Bild 2: *Bei Schaukelsitzen ist die Benutzungsart sitzend maßgebend. Als freie Fallhöhe wird die Mitte Sitzoberkante bei 60° Auslenkung definiert. (Quelle: GAO – Gesundheits- und Arbeitsschutz Onischak UG [haftungsbeschränkt])*

***Bild 3:** Am Reck erfolgt die Körperunterstützung durch die Hände. Der Körper kann auf die Höhe der Reckstange gelangen. Deshalb ist deren Oberkante als freie Fallhöhe definiert. (Quelle: GAO – Gesundheits- und Arbeitsschutz Onischak UG [haftungsbeschränkt])*

- An Rutschstangen und Kletterelementen ist die höchste Position der Hände abzüglich 1 m gleich der freien Fallhöhe – unter der Voraussetzung, dass mit dem Körper die Position der Hände nicht erreichbar ist.

Bild 4: *Die Fallhöhe des Netzes ist identisch mit der Gerüsthöhe, da dort aufgesessen werden kann. (Quelle: GAO – Gesundheits- und Arbeitsschutz Onischak UG [haftungsbeschränkt])*

Bild 5: *Die freie Fallhöhe der Rutschstange ergibt sich aus deren Höhe abzüglich 1 m. (Quelle: GAO – Gesundheits- und Arbeitsschutz Onischak UG [haftungsbeschränkt])*

- Für Sprunggeräte gilt seit DIN EN 1176-1:2017 der vertikale Abstand von der Sprungfläche zum tiefsten Punkt des Fallraums zzgl. 90 cm als freie Fallhöhe.
- Für die in den Teilen 2 bis 11 der DIN EN 1176 beschriebenen Geräte gelten teilweise andere Definitionen. Diese werden an der entsprechenden Stelle im Buch erläutert.
- Dächer und andere Spielelemente, die nicht als Aufenthaltsbereich vorgesehen sind, brauchen nicht berücksichtigt zu werden, wenn nicht zum Zugang ermutigt wird, d. h., wenn diese Elemente faktisch für die Benutzer nicht erreichbar sind.
- Die maximale freie Fallhöhe ist auf 3,0 m begrenzt.
- Die freie Fallhöhe wird vom Hersteller des Spielplatzgeräts ermittelt und in der Gerätedokumentation angegeben.

Anforderungen

(1) Die in der Herstellerdokumentation angegebene freie Fallhöhe muss mit der tatsächlichen übereinstimmen.

(2) Die maximale freie Fallhöhe darf 3,0 m nicht überschreiten.

(3) Für Kinderkrippen gelten folgende Empfehlungen:[1]

- Im Bereich von Krabbelkindern sollte die Fallhöhe 20 cm nicht überschreiten.
- Für Kleinkinder sollte die Fallhöhe bei hartem Untergrund 40 cm nicht überschreiten.
- Die maximale freie Fallhöhe sollte auf 1,0 m begrenzt werden.

(4) Bei leicht zugänglichen Geräten darf die freie Fallhöhe von Plattformen ohne Brüstungen maximal 60 cm betragen.

Inspektion

☐ Bei der Inspektion nach der Installation ist zu überprüfen, ob die vom Hersteller angegebene freie Fallhöhe mit der Realität übereinstimmt. Dabei sind als Oberkante der Spielebene die entsprechenden Markierungen an den Pfosten zu nutzen.

☐ Wird die maximal zulässige freie Fallhöhe von 3 m eingehalten? Bei größeren Fallhöhen sind besondere Anforderungen an die Absturzsicherung zu stellen (siehe hierzu auch Kapitel ▶ „Absturzsicherung“).

☐ Werden die Empfehlungen für Krippenspielplätze eingehalten?

[1] Unfallkasse Hessen, Außengelände für Krippenkinder, Ausgabe Januar 2016.

Fundamente

Norm: DIN EN 1176 – Spielplatzgeräte und Spielplatzböden – Teil 1: Allgemeine sicherheitstechnische Anforderungen und Prüfverfahren

Fundamente sind nach Herstellervorgabe zu realisieren. Sie können als Fertigfundament oder mittels Ortbeton errichtet werden.

***Bild 1:** Bei der Installation eines Spielplatzgerätes muss der Sachkundige auch die Fundamente prüfen (Quelle: GAO – Gesundheits- und Arbeitsschutz Onischka UG [haftungsbeschränkt])*

Anforderungen

(1) Fundamente müssen die Standsicherheit des Geräts unter allen Witterungsbedingungen und auch bei vorhersehbaren Über- oder Fehlbelastungen garantieren.

(2) Durch Fundamente dürfen keine Gefährdungen verursacht werden, weder durch Stolpergefahr noch durch den Aufprall von Benutzern des Geräts.

Stolperstellen werden vermieden, wenn Fundamente in begehbaren Bereichen nicht oder nur unwesentlich über die Oberkante der Spielfläche hervorstehen. Als Stolperstellen gelten Höhendifferenzen von mehr als 4 mm.

Gefährdungen durch Aufprall werden vermieden, wenn

- die Fundamentoberkante einschließlich der enthaltenen Bestandteile, z. B. Steinschrauben, mindestens 40 cm unter der Spielebene liegt.

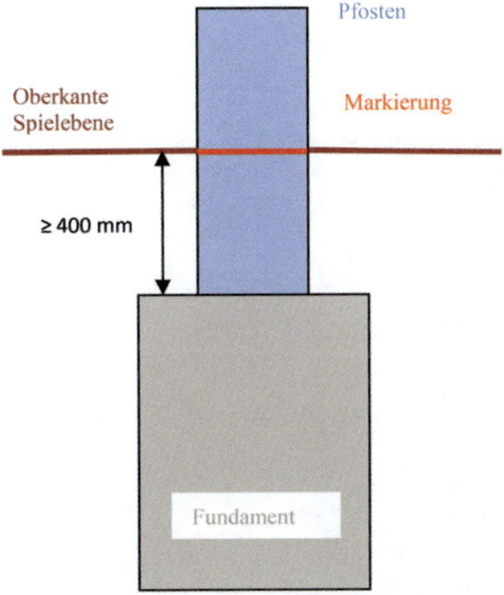

***Bild 2:** Waagerechte Fundamente müssen mindestens 40 cm unter der Oberkante Spielebene liegen, wenn sie mit losen Einzelpartikeln abgedeckt sind. (Quelle: GAO – Gesundheits- und Arbeitsschutz Onischka UG [haftungsbeschränkt])*

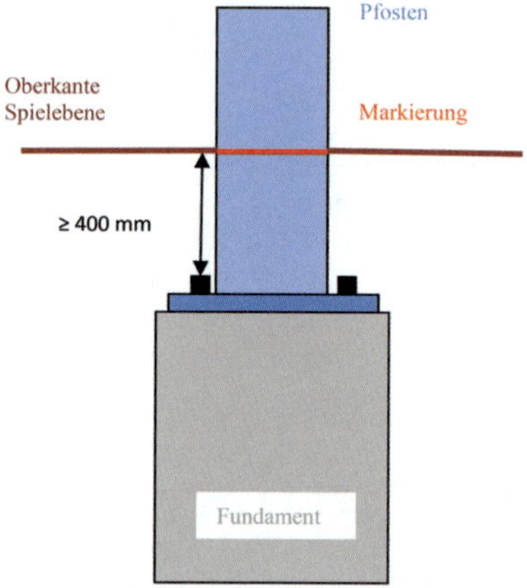

***Bild 3:** Die Überdeckung schließt auch Befestigungselemente ein. (Quelle: GAO – Gesundheits- und Arbeitsschutz Onischka UG [haftungsbeschränkt])*

- die Fundamente nach oben hin mit einem Winkel von mindestens 45° abgeschrägt sind und ihre Oberkante mindestens 20 cm unter der Spielebene liegt.

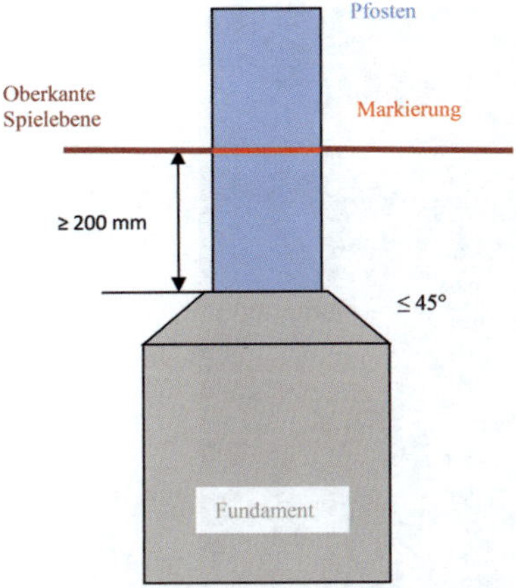

Bild 4: *Abgeschrägte Fundamente müssen mindestens 20 cm überdeckt sein. (Quelle: GAO – Gesundheits- und Arbeitsschutz Onischka UG (haftungsbeschränkt).)*

Bild 5: *Die Oberkante Spielebene ist an den Pfosten markiert. (Quelle: GAO – Gesundheits- und Arbeitsschutz Onischka UG (haftungsbeschränkt).)*

- die Fundamentoberkante durch das Gerät oder Geräteteile so abgedeckt wird, dass Benutzer nicht darauf fallen können, z. B. das Fundament eines Karussells mit mitdrehendem Boden.

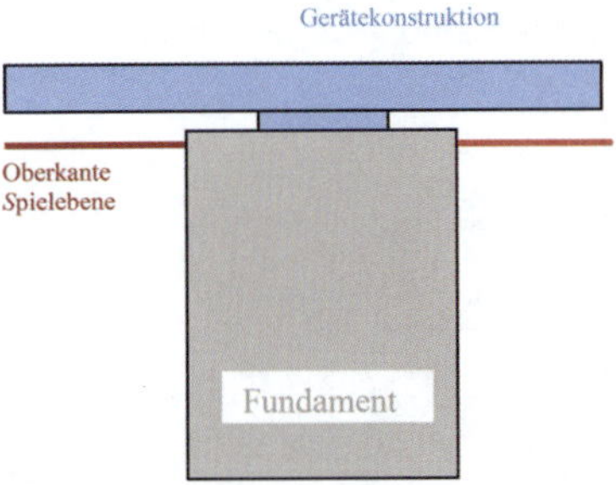

***Bild 6:** Die Fundamentoberkante wird durch Teile des Gerätes verdeckt. (Quelle: GAO – Gesundheits- und Arbeitsschutz Onischka UG (haftungsbeschränkt])*

***Bild 7:** Der Karussellboden verdeckt das Fundament. (Quelle: GAO – Gesundheits- und Arbeitsschutz Onischka UG [haftungsbeschränkt])*

- die Fundamentoberkante vollflächig mit Fallschutzplatten der vorgeschriebenen kritischen Fallhöhe abgedeckt ist.

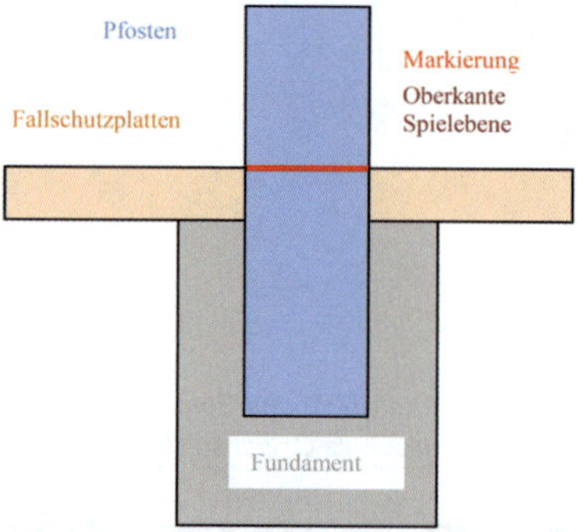

***Bild 8:** Die Fundamentoberkante ist vollständig mit Fallschutzplatten abgedeckt. (Quelle: GAO – Gesundheits- und Arbeitsschutz Onischka UG [haftungsbeschränkt])*

***Bild 9:** Verwendung von synthetischem Fallschutz (Quelle: GAO – Gesundheits- und Arbeitsschutz Onischka UG [haftungsbeschränkt])*

(3) Werden Pfosten einbetoniert, muss das Fundament unten offen sein, damit eingedrungenes Wasser abfließen kann.

(4) Die Fundamente sind so herzustellen, dass sowohl die geforderte Überdeckung bis zur Oberkante der Spielebene gewährleistet wird als auch die ggf. an den Pfosten befindliche Markierung der Oberkante der Spielebene sich tatsächlich an dieser Stelle befindet.

(5) Wenn die Fundamente mit synthetischem Fallschutz abgedeckt werden, müssen sich die um die Pfosten befindlichen Teile zu Inspektionszwecken herausnehmen lassen.

Inspektionen

- ☐ Bei der Inspektion nach der Installation ist zu prüfen, ob die Fundamente maßlich den Herstellervorgaben entsprechen und mit der erforderlichen Qualität des Betons hergestellt wurden.
- ☐ Bei jeder jährlichen Hauptinspektion ist die Überdeckung der Fundamente, deren Zustand sowie die Korrosion und Verrottung der Pfosten zu prüfen. Dazu kann es erforderlich sein, die Fundamente teilweise freizulegen.
- ☐ Sofern das Erfordernis zur Markierung der Oberkante der Spielebene an den Pfosten besteht, sind deren Vorhandensein und die deutliche Erkennbarkeit zu prüfen. Bei Bedarf ist die Kennzeichnung zu erneuern.

Giftpflanzen

Norm: DIN 18034-1 – Spielplätze und Freiräume zum Spielen – Anforderungen für Planung, Bau und Betrieb

Vergiftungen durch Pflanzenteile machen jedes Jahr Schlagzeilen in der Presse. So hatten Kinder in einem Hort Robiniensamen gegessen, woraufhin ihnen unwohl wurde und sie sich erbrachen. Die Erzieher riefen daraufhin (richtigerweise) den Notarzt und mehrere Krankenwagen, die die Kinder ins nächste Krankenhaus brachten. Bei allen Beteiligten war die Aufregung groß, denn die ganze Pflanze gilt als stark giftig.[1]

Die Erzieher wussten nichts über die Giftigkeit dieser Pflanze. Ansonsten hätten sie diese Kenntnisse in ihre pädagogische Arbeit einfließen lassen.

In einem anderen Fall hatten Kinder Früchte des Essigbaums zu sich genommen und daraufhin Magenbeschwerden bekommen. Glücklicherweise stellte sich heraus, dass die Toxizität nur sehr gering ist und keine bleibenden Gesundheitsschäden zu befürchten waren.

Auch wenn es theoretisch möglich erscheint, jegliche Giftpflanzen aus den Spielbereichen von Kindern zu entfernen, so ist das doch praxisfremd. Pilze können z. B. auch über Nacht plötzlich auf Spielplätzen erscheinen. Selbst in den Hausgärten und so-

[1] Vgl. Roth u. a., Giftpflanzen – Pflanzengifte, 6. Auflage, Nikol Verlag, Hamburg, 2012

gar im Blumenfenster finden sich zahlreiche Giftpflanzen. Es ist unmöglich, all diese Pflanzen aus der Umwelt der Kinder zu entfernen.

Schon Paracelsus schrieb:

Alle Dinge sind Gift, und nichts ist ohne Gift; allein die Dosis macht, dass ein Ding kein Gift sei.

Damit es nicht zu Vergiftungen mit dramatischen Folgen kommt, ist die präventive Arbeit von Eltern und Pädagogen wichtig. Wir alle müssen mit Giftpflanzen leben. Die DGUV Information 202-0232[2] wurde grundlegend überarbeitet und trägt nun den Titel „Pflanzen in Kindertageseinrichtungen und Schulen". Zur Bewertung des Gefährdungspotenzials erfolgt eine Einteilung der Pflanzen in vier Farbstufen, die durch weiterführende Informationen ergänzt wird.

Kinder erforschen ihre Umwelt und probieren vieles aus. Kleinkinder stecken alles Mögliche in den Mund. Deshalb ist es wichtig, Pflanzen, die schwerwiegende Gesundheitsschäden verursachen können, von Spielplätzen zu verbannen. Je jünger die Zielgruppe ist, desto schärfer muss der angelegte Maßstab sein.

In DIN 18034 waren bisher insgesamt sechs Pflanzen festgelegt, die auf Spielplätzen nicht toleriert werden dürfen. Eine Reihe weiterer Pflanzen findet sich in der Giftpflanzenliste des Umweltbundesamts.

---

[2] Bisheriger Titel: DGUV Information 202-023, Giftpflanzen, Beschauen, nicht kauen!

Anforderungen

(1) Nach DIN 18034 waren folgende Pflanzen auf Spielplätzen verboten:

1. Pfaffenhütchen, (Euonymus europaea)

Giftig sind alle Pflanzenteile, v. a. die Früchte.

***Bild 1:** Pfaffenhütchen (Quelle: GAO – Gesundheits- und Arbeitsschutz Onischka UG [haftungsbeschränkt])*

2. Seidelbast (Daphne mezereum) und Unterarten

Giftig sind alle Pflanzenteile, besonders Rinde, rote Beeren und Samen. Bei Trocknung bleibt die Toxizität erhalten.

Bild 2: *Daphne cneorum L. (Heideröschen, Rosmarinseidelbast) (Quelle: GAO – Gesundheits- und Arbeitsschutz Onischka UG [haftungsbeschränkt])*

Bild 3: *Pflanze mit Früchten. Diese färben sich noch rot. (Quelle: GAO – Gesundheits- und Arbeitsschutz Onischka UG [haftungsbeschränkt])*

3. Stechpalme (Ilex aquifolium)

Giftig sind die Blätter und die roten Beeren.

Bild 4: *Stechpalme (Quelle: GAO – Gesundheits- und Arbeitsschutz Onischka UG [haftungsbeschränkt])*

4. Goldregen (Laburnum anagyroides)

Giftig ist die ganze Pflanze, v. a. die bohnenähnlichen Hülsen. Die Toxizität bleibt auch in getrockneten Pflanzenteilen bestehen.

Bild 5: *Goldregen (Quelle: GAO – Gesundheits- und Arbeitsschutz Onischka UG [haftungsbeschränkt])*

Bild 6: *Goldregen (Quelle: GAO – Gesundheits- und Arbeitsschutz Onischka UG (haftungsbeschränkt).)*

5. Herkulesstaude, (Heracleum mantegazzianum)

Giftig ist die ganze Pflanze, v. a. der Saft. Bei Berührung und gleichzeitiger Sonneneinstrahlung kann es zu Hautveränderungen ähnlich Verbrennungen 3. Grades kommen.

Bild 7: *Herkulesstaude (Quelle: GAO – Gesundheits- und Arbeitsschutz Onischka UG [haftungsbeschränkt])*

6. Beifußblättriges Taubenkraut (Ambrosia artemisjifolia)

Ambrosia ähnelt dem Beifuß, hat aber grüne statt weißer Blattunterseiten. Berührung und Pollenflug können zu allergischen Reaktionen führen. Blühende Pflanzen dürfen nur mit Staubmaske ausgerissen werden.

Hinweis

1. Das Verbot bezog sich auf das Anpflanzen und Vorhandensein. Besonders Ambrosia siedelt sich von selbst an (Samen z. B. im Vogelfutter).

2. Herkulesstaude und Ambrosia sind keine Giftpflanzen im engeren Sinne. Wegen ihrer besonderen Gefährdung (Verätzung, Allergiegefahr) sind sie hier aber mit aufgeführt.

3. Herkulesstaude und Ambrosia wurden 2012 neu in die Norm aufgenommen. Für vorhandene Pflanzen galt aber kein Bestandsschutz (Verbot des Vorhandenseins).

(2) Mit Erscheinen von DIN 18034-1: 2020-10 wurde die bisherige Sicherheitsphilosophie zu Giftpflanzen vollständig dereguliert: In der aktuellen Norm finden sich keine konkreten Verbote mehr. Stattdessen wird gefordert, dass aus Anpflanzungen keine erheblichen Gefährdungen durch Verzehr oder Kontakt mit Pflanzen resultieren dürfen. Stark phototoxische Pflanzen sind unzulässig.

An die Stelle der bisherigen konkreten Festlegungen ist nun die Aufforderung zur Gefährdungsbeurteilung getreten.

Mit „stark phototoxischen Pflanzen“ ist vermutlich die Herkulesstaude gemeint. Ob weitere phototoxische Pflanzen, wie Diptam, Engelwurz, Weinraute oder Wiesenkerbel, ebenfalls in diese Kategorie einzustufen sind, ist noch zu prüfen.

Für Spielbereiche von Kleinkindern legt die Norm fest, dass nur solche Pflanzen angepflanzt werden dürfen, bei denen keine erhebliche Gefährdung durch Inhaltsstoffe zu erwarten ist.

Zur Begründung der Deregulierung wird darauf hingewiesen, dass in der aktuellen Vergiftungsstatistik kaum schwere Fälle dokumentiert sind. Möglicherweise ist das aber auch dem bisherigen Totalverbot dieser Pflanzen geschuldet.

Auf das Problem sich selbst ansiedelnder Pflanzen geht die Norm nicht ein.

In Kopf- bzw. Augenhöhe vorstehende Enden von Ästen und Zweigen im direkten Lauf- und Spielbereich der Kinder sind durch regelmäßiges Zurückschneiden zu vermeiden.

(3) Die Liste giftiger Pflanzenarten (Bundesanzeiger 06.05.2000, Jahrgang 52, Nr. 86, S.8517) wurde vom Bundesministerium für Umwelt, Naturschutz und Reaktorsicherheit herausgegeben. Im Text wurde ausdrücklich davor gewarnt, diese Pflanzen an Plätzen anzupflanzen oder aufwachsen zu lassen, die Kindern als Aufenthaltsort oder Spielort dienen. Somit entstand eine besondere Rechtsverbindlichkeit.

Das Bundesinstitut für Risikobewertung (BfR) hat die Liste giftiger Pflanzenarten überprüft und ist in Teilen zu einer anderen Bewertung gekommen. Die Ergebnisse mündeten in die folgende Publikation:

(4) Liste besonders giftiger Gartenpflanzen und einheimischer Pflanzen in der freien Natur (BAnz AT 02.07.2021 B4)

***Tabelle 1:** Liste besonders giftiger Gartenpflanzen und einheimischer Pflanzen in der freien Natur*

Deutscher Pflanzenname	Botanischer Pflanzenname	Vorwiegend giftige Pflanzenteile	Wuchsform der Pflanze
Alraune	Mandragora officinarum	Wurzel	krautige Pflanze
Aronstab, Trommelschlägel, Zehwurz	Arum maculatum	alle, besonders Früchte	krautige Pflanze
Bilsenkraut, schwarzes	Hyoscyamus niger	alle Pflanzenteile	krautige Pflanze
Blauregen, Glyzinie	Wisteria spec.	Samen	Kletterpflanze
Diptam	Dictamnus albus	Blätter	krautige Pflanze
Eibe	Taxus baccata	alle, außer das rote Fruchtfleisch	Strauch oder Baum
Eisenhut, blauer u. a., Sturmhut, echter • Tauern-Eisenhut, alle • Wolfs-Eisenhut/ alle	Aconitum napellus • A. tauricum • A. lycoctonum	alle Pflanzenteile	krautige Pflanze
Engelstrompete	Brugmansia suavolens	alle Pflanzenteile	Strauch oder krautige Pflanze

***Tabelle 1:** Liste besonders giftiger Gartenpflanzen und einheimischer Pflanzen in der freien Natur*

Deutscher Pflanzenname	Botanischer Pflanzenname	Vorwiegend giftige Pflanzenteile	Wuchsform der Pflanze
Feuerbohne	Phaseolus coccineus	Samen, Früchte	krautige Pflanze
Fingerhut	Digitalis spec.	alle Pflanzenteile	krautige Pflanze
Gartenbohne	Phaseolus vulgaris	Samen, Früchte	krautige Pflanze
Germer, weißer	Veratrum album	alle Pflanzenteile	krautige Pflanze
Giftsumach, behaarter	Rhus toxicodendron	Milchsaft, Blätter, Früchte	Strauch oder Kletterpflanze
Goldregen	Laburnum anagyroides	alle Pflanzenteile	Strauch oder Baum
Herbstzeitlose, Giftkrokus, Wiesensafran	Colchicum autumnale	alle Pflanzenteile	krautige Pflanze
Herkules-krautige Pflanze, Riesen-Bärklau	Heracleum mantegazzianum	alle Pflanzenteile	krautige Pflanze
Holunder, schwarzer	Sambucus nigra	rohe Früchte, Blätter	Strauch, Baum
Jungfernrebe, dreilappige	Parthenocissus tricuspidata	Früchte	Kletterpflanze

Tabelle 1: *Liste besonders giftiger Gartenpflanzen und einheimischer Pflanzen in der freien Natur*

Deutscher Pflanzenname	Botanischer Pflanzenname	Vorwiegend giftige Pflanzenteile	Wuchsform der Pflanze
Jungfernrebe, gewöhnliche, wilder Wein	Parthenocissus quinquefolia	alle Pflanzenteile	Kletterpflanze
Kaiserkrone	Fritillaria imperialis	Zwiebeln, Knollen	krautige Pflanze
Kermesbeere	Phytolacca americana	alle Pflanzenteile	krautige Pflanze
Lebensbaum, Friedhofsbaum, Lebenszaun	Thuja spec.	alle Pflanzenteile	Strauch oder Baum
Maiglöckchen, Maiblume, Marienlilie	Convallaria majalis	Blüten, Blätter, Beeren, Samen	krautige Pflanze
Narzisse, Osterglocke, Dichternarzisse	Narcissus spec.	Blätter, Zwiebeln	krautige Pflanze
Nieswurz, Christrose	Helleborus spec.	alle Pflanzenteile	krautige Pflanze
Oleander, Rosenlorbeer	Nerium oleander	alle Pflanzenteile	Kübelpflanze
Prachtlilie, Ruhmeskrone	Gloriosa superba	alle Pflanzenteile	krautige Pflanze

Tabelle 1: *Liste besonders giftiger Gartenpflanzen und einheimischer Pflanzen in der freien Natur*

Deutscher Pflanzenname	Botanischer Pflanzenname	Vorwiegend giftige Pflanzenteile	Wuchsform der Pflanze
Prunkwinde	Ipomoea spec.	alle Pflanzenteile, außer der Wurzel	krautige Pflanze, Strauch oder Baum
Rizinus, Wunderbaum, Palma Christi, Christuspalme	Ricinus communis	Samen	krautige Pflanze, auch als Zimmerpflanze
Rhododendron, Azalee, Alpenrose	Rhododendron spec.	Blätter, Blüten, Nektar	Strauch, Baum
Rittersporn	Delphinium spec.	alle Pflanzenteile	krautige Pflanze
Robinie, Scheinakazie, Silberregen	Robinia pseudoacacia	Samen	Baum
Sadebaum, Stinkwacholder, unechter Wacholder	Juniperus sabina	alle Pflanzenteile	Strauch
Schierling, gefleckter, Becherkrautige Pflanze, Mäusedolde	Conium maculatum	alle Pflanzenteile	krautige Pflanze

Tabelle 1: *Liste besonders giftiger Gartenpflanzen und einheimischer Pflanzen in der freien Natur*

Deutscher Pflanzenname	Botanischer Pflanzenname	Vorwiegend giftige Pflanzenteile	Wuchsform der Pflanze
Schlafmohn	Papaver somniferum	Mohnkapseln, Milchsaft, Blätter	krautige Pflanze
Schöllkraut	Chelidonium majus	alle Pflanzen-teile	krautige Pflanze
Seidelbast, gewöhnlicher	Daphne mezereum	alle Pflanzen-teile	Strauch
Seidenpflanze	Asclepias spec.	Milchsaft, Wurzel	krautige Pflanze
Stechapfel	Datura stramonium	alle Pflanzen-teile	krautige Pflanze
Tollkirsche, Irrbeere, Taumelstrauch	Atropa bella-donna	alle Pflanzen-teile	krautige Pflanze
Wasserschier-ling, Sumpfgift, Wüterich	Cicuta virosa	Blätter, Wurzel	krautige Pflanze
Weinraute, Gartenraute	Ruta graveo-lens	Blätter, Wur-zeln	Strauch
Wiesen-Bären-klau, Bauern-rhabarber	Heracleum sphondylium	Blätter und Pflanzensaft	krautige Pflanze

Tabelle 1: *Liste besonders giftiger Gartenpflanzen und einheimischer Pflanzen in der freien Natur*

Deutscher Pflanzenname	Botanischer Pflanzenname	Vorwiegend giftige Pflanzenteile	Wuchsform der Pflanze
Wolfsmilch-Arten: • Walzen-W. • Kreuzblättrige W. • Leuchtende W., Korallenröschen • Christusdorn • Dreikantige W. • Spuckpalme • Zypressen-W.	Euphorbia spec.: • E. myrsinites • E. lathyris • E. fulgens • E. milii var. splendens • E. trigona • E. leuconeura • E. cyparissias	Alle Pflanzenteile, insbesondere Milchsaft	krautige Pflanze
Zaunrübe, rote	Bryonia dioica	Rhizom, Wurzel, Früchte bei beiden	krautige Pflanze
Zaunrübe, weiße	Bryonia alba	Wurzel, Beeren, Samen	krautige Pflanze
Zierkürbis, Gartenkürbis	Cucurbita pepo	Früchte	krautige Pflanze

Hinweis

Gelbe Hinterlegung: Bereits die Aufnahme kleiner Mengen kann, bei Kleinkindern, zu mittelschweren Vergiftungen führen.

Rote Hinterlegung: Bereits die Aufnahme kleiner Mengen kann, bei Kleinkindern, zu potentiell lebensbedrohlichen führen.

Dornen und Stacheln

In den bereits genannten Normen findet sich kein Bezug zu Stacheln und Dornen.

In § 29 Abs. 2 der DGUV Vorschrift 82 heißt es: In *Aufenthaltsbereichen* der Kinder dürfen sich keine Pflanzen befinden, von denen besondere Verletzungs- und Gesundheitsgefahren ausgehen.

Die DGUV Regel 102-602 (Branchenregel Kindertageseinrichtungen) konkretisiert: *Pflanzen* mit langen und spitzen Dornen dürfen sich nicht im direkten Zugangsbereich befinden.

In Verbindung mit dem Schutzziel aus DIN 18034-1 „Kinder müssen lernen, Risiken abzuschätzen und mit ihnen umzugehen", ist ein vollkommenes Verbot von Pflanzen mit Dornen und Stacheln, außer auf Krippenspielplätzen, nicht gerechtfertigt. Mitten im Spielbereich sowie entlang der Wege sollten sie vermieden werden. Am Rande des Spielplatzes oder als natürliche Abgrenzung können sie durchaus sinnvoll sein (vgl. economie, Die Sicherheit von Spielplätzen, Praktischer Leitfaden für Unternehmer, 3. Auflage). Das gilt auch für weitere Pflanzen wie z. B. Brennnesseln.

Inspektionen

- ☐ Die Überprüfung auf Giftpflanzen muss Inhalt jeder operativen Inspektion und jährlichen Hauptinspektion sein. Die Kenntnis der Giftpflanzen wird in der Ausbildung der Sachkundigen nur rudimentär vermittelt. Jeder Prüfer muss sich anhand der Fachliteratur vertiefte Kenntnisse aneignen. Es wird empfohlen, in unklaren Fällen einen Gärtner, Botaniker oder eine andere Person mit vertieften Kenntnissen zu beteiligen.
- ☐ Im Aufenthaltsbereich der Kinder von Kinderkrippen müssen die Kontrollen besonders streng erfolgen. Bei Kindern in diesem Alter ist es typisch, dass sie vieles in den Mund stecken. Gefahrenbewusstsein und Einsichtsfähigkeit sind noch nicht im notwendigen Maße entwickelt.
- ☐ In Einrichtungen für ältere Kinder kann der Träger u. U. bei einer Gefährdungsbeurteilung zu dem Ergebnis kommen, dass bestimmte Giftpflanzen geduldet werden. Anstelle der technischen Sicherheit ist hier die gleiche Sicherheit durch die Aufsichtsführung des Personals zu gewährleisten.
- ☐ In jedem Protokoll einer jährlichen Hauptinspektion sollte es einen Bezug zu Giftpflanzen geben.

Aus der Rechtsprechung

VG Aachen, ***Eiben im Garten eines Wohnhauses****, Urteil vom 14.11.2007, Az. 5 K 268/07* (vgl. www.openjur.de/u/126955.html)

Im Garten eines Einfamilienhauses befanden sich u. a. zwei sehr große Eiben (Bäume). Die Besitzerfamilie mit zwei Kleinkindern beantragte eine Ausnahmegenehmigung zur Fällung dieser Bäume entsprechend Baumschutzsatzung und begründete das mit der Gefährdung ihrer Kinder beim Spiel im Garten durch die giftige Wirkung von Nadeln und Früchten der Eiben.

Die zuständige Behörde lehnte sowohl den Antrag als auch den eingelegten Widerspruch ab. Die Familie klagte gegen die Entscheidung der Behörde vor dem Verwaltungsgericht (VG). Die Behörde erteilte in der mündlichen Verhandlung die Ausnahmegenehmigung für die Fällung einer Eibe. Die Behörde wurde verurteilt, den erteilten Bescheid aufzuheben und auch für die zweite Eibe eine Ausnahmegenehmigung zum Fällen zu erteilen.

AG Grimma, ***Vergiftung durch Liguster in einer Kinderkrippe,*** *Urteil vom 28.10.1996, Az. 2 C 0108/96*

Ein Krippenkind hatte im Freigelände einer Kinderkrippe vermutlich Ligusterbeeren gegessen. Ihm musste daraufhin der Magen ausgepumpt werden. Die Eltern begehrten Erstattung der Kosten für den Transport ins Krankenhaus und die Behandlung. Krippenkinder gehörten zu diesem Zeitpunkt noch nicht zu den versicherten Personen nach Rechtsverordnung, sodass die gesetzliche Unfallversicherung nicht leistungspflichtig war. Das VG sah im ungehinderten Zugang der Krippenkinder einen Verstoß gegen die Verkehrssicherungspflicht des Trägers und gab dem Antragsteller Recht.

Greifen und Umfassen

Norm: DIN EN 1176 – Spielplatzgeräte und Spielplatzböden – Teil 1: Allgemeine sicherheitstechnische Anforderungen und Prüfverfahren

Um ein Spielplatzgerät zu besteigen oder das Gleichgewicht zu halten, müssen bestimmte Teile so gestaltet sein, dass die Benutzer sie greifen oder umfassen können. Die Abmessungen müssen der kindlichen Hand im vorgesehenen Altersbereich gerecht werden.

(1) **Greifen** beschreibt einen Vorgang, in dem ein Teil eines Geräts mit der Hand im sog. „Zangengriff" gefasst werden kann, d. h., das Teil wird zwischen dem Daumen und der restlichen Hand „in die Zange" genommen. Es wird unterstellt, dass dies möglich ist, wenn das Teil nicht dicker als 6 cm ist. Dabei ist es unerheblich, ob die Greifrichtung waagerecht von vorn oder senkrecht von oben oder schräg erfolgt. Ein „Untergriff" erfüllt zwar ebenfalls formal die Anforderungen an das Greifen, dürfte dem Sinn dieser Norm aber kaum gerecht werden.

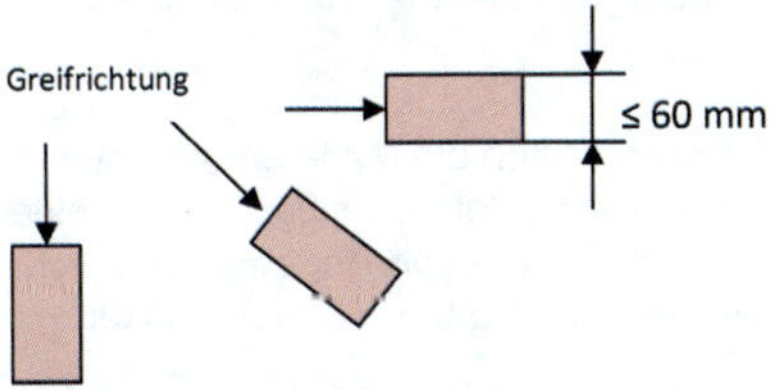

Bild 1: *Anforderungen an das „Greifen" (Quelle: GAO – Gesundheits- und Arbeitsschutz Onischka UG [haftungsbeschränkt])*

Bild 2: *Die Handläufe müssen die Anforderungen an das Greifen erfüllen. (Quelle: GAO – Gesundheits- und Arbeitsschutz Onischka UG [haftungsbeschränkt])*

Typische Anwendungsbeispiele für das Greifen sind aufrecht stehende Bretter als Handläufe an Rampen oder Wackelbrücken.

(2) **Umfassen** ist ein vollständiges Umschließen mit der Hand. Das ist nach Norm gewährleistet, wenn ein Teil bei der Messung durch seinen Mittelpunkt in beliebiger Richtung Werte von 16 bis 45 mm einhält. Das betrifft auch Seile (siehe hierzu auch Kapitel ► „Seile“).

Bei leicht zugänglichen Geräten sollten die Maße an der unteren Bereichsgrenze liegen. Runde oder leicht ovale Querschnitte sind besonders geeignet. Auch Seile im vorgegebenen Durchmesserbereich erfüllen die Anforderungen an das Umfassen.

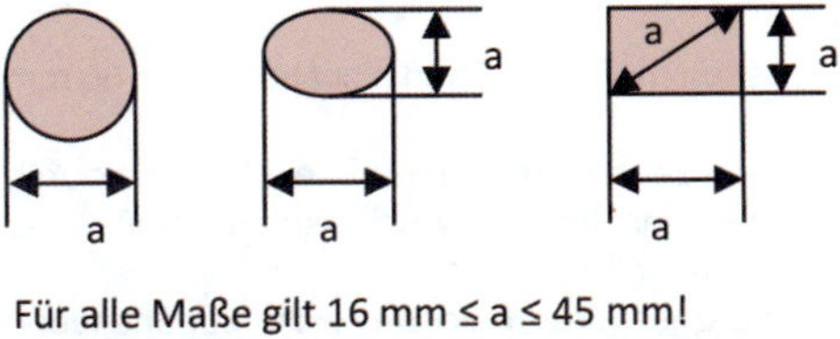

***Bild 3:** Anforderungen an das „Umfassen" (Quelle: GAO – Gesundheits- und Arbeitsschutz Onischka UG [haftungsbeschränkt])*

***Bild 4:** Handunterstützungen an Wippgeräten für Kleinkinder sollten umfassbar sein und höchstens 30 mm Durchmesser haben. (Quelle: GAO – Gesundheits- und Arbeitsschutz Onischka UG [haftungsbeschränkt])*

Anforderungen

(1) Zum Greifen vorgesehene Teile dürfen nicht breiter als 60 mm sein.

(2) Zum Umfassen vorgesehene Teile dürfen bei Messung durch den Mittelpunkt in keiner Richtung Abmessungen außerhalb von 16 mm bis 45 mm haben.

(3) Zum Umfassen vorgesehene Teile an leicht zugänglichen Geräten sollten Abmessungen im unteren Teil der zulässigen Maße, möglichst unter 30 mm, haben.

(4) Alle berührbaren Ecken und Kanten müssen mindestens mit Radius 3 mm gerundet sein.

(5) Berührbare Oberflächen dürfen keine Verletzungsgefahren beinhalten.

(6) Berührbare Oberflächen sollten frei von Holzschutzmitteln sein.[1]

Inspektion

- ☐ Bei der jährlichen Hauptinspektion und nach dem Auswechseln von Bauteilen sind alle zum Greifen und Umfassen vorgesehenen Bauteile auf ihre Abmessungen zu prüfen.
- ☐ Die Holzoberflächen sind so beschaffen, dass Handverletzungen ausgeschlossen sind (keine Risse, Absplitterungen, scharfe Kanten etc.).
- ☐ Es ist zu prüfen, ob zum Greifen und Umfassen vorgesehene Teile frei von Holzschutzmitteln sind.

[1] Deutsche Gesellschaft für Holzforschung München, Merkblatt für Holzschutzmaßnahmen bei Kinderspielplatzeinrichtungen, Ausgabe Oktober 1995.

A B E F G H K L N P R S W Z

Herstellerdokumentation

Norm: DIN EN 1176 – Spielplatzgeräte und Spielplatzböden – Teil 1: Allgemeine sicherheitstechnische Anforderungen und Prüfverfahren

Die Herstellerdokumentation soll dem Prüfer bei der Inspektion nach der Installation und der jährlichen Hauptinspektion vorliegen, soweit sie Informationen über Installation, Inspektion, Wartung und Betrieb von Spielplatzgeräten oder stoßdämpfenden Böden enthält. Der Prüfer soll in seinem Prüfprotokoll vermerken, ob ihm diese Dokumentation vorlag.

Anforderungen (Auszug)

(1) Die Produktinformationen müssen in deutscher Sprache zur Verfügung stehen. Sie sollen aussagekräftig und bebildert sein.

(2) Vor der Auftragsannahme muss der Hersteller/Vertreiber **Vorinformationen** geben, damit der Interessent prüfen kann, ob das Erzeugnis am vorgesehenen Standort tatsächlich errichtet werden kann.

Die Vorinformationen müssen mindestens Angaben enthalten über

- die Übereinstimmung mit der Norm DIN EN 1176 (Zertifikat),
- den erforderlichen Mindestraum,
- die Gesamtmasse,
- Maße und Masse des größten/schwersten Einzelteils,
- die Notwendigkeit, Hebezeuge o. a. Technik zur Entladung/ Montage einzusetzen,

- Festlegungen, ob die Installation im Freien oder in geschlossenen Räumen erfolgen muss,
- die Altersgruppe, für die das Gerät vorgesehen ist,
- Anforderungen an das Geländeprofil und den Untergrund sowie zu Fundamenten,
- die freie Fallhöhe und die Ausdehnung der Aufprallfläche sowie die dort erforderlichen Bodenarten,
- die Verfügbarkeit von Ersatzteilen.

(3) Mit jedem Spielplatzgerät sind mindestens folgende mit Zeichnungen, Abbildungen und Maßangaben versehene **Informationen für die Installation** zur Verfügung zu stellen:

- Liefer-/Stückliste mit Hinweisen zur Identifikation von Teilen
- Aufbauanleitung für die richtige Platzierung, Montage und Errichtung
- einzuhaltende Sicherheitsabstände und Mindestfreiräume
- Ausrichtung bezüglich Himmelsrichtung bzw. Hauptwindrichtung
- Anforderungen an die Fundamente
- Reihenfolge und Details der Montage
- notwendige Anstriche o. a. Behandlungen
- freie Fallhöhe, Abmessungen der Aufprallfläche und stoßdämpfende Böden

Auf Verlangen des Bestellers sollte der Prüfbericht zur Übereinstimmung mit der Norm vom Hersteller/Vertreiber zur Verfügung gestellt werden.

(4) Die **Informationen für Inspektion und Wartung** müssen mit der Nummer der zutreffenden Norm gekennzeichnet sein und Angaben enthalten über

- die Häufigkeit von Inspektionen und Wartungsarbeiten bei normaler und besonders intensiver Nutzung unter Beachtung von exponierten Standorten mit Vandalismus, dem Gerätealter und anderen Faktoren,
- richtige Einstellung, Funktion und Reparatur sowie den Austausch von Verschleißteilen, z. B. Lagern und deren Abdichtung,
- Fristen durchzuführender Arbeiten für die visuelle Routine-Inspektion, die operative Inspektion und die Hauptinspektion,
- besonders detaillierte Arbeiten zur Überprüfung der Standsicherheit von Einmastgeräten,
- Notwendigkeit, Fristen, Mittel und Verfahren von Pflegearbeiten,
- das Einstellen des Spiels von Lagern u. a. Teilen, Nachziehen von Schraubverbindungen mit Angabe des Drehmoments, Nachspannen von Spanneinrichtungen,
- die Wartung der Fallschutzböden und
- Verschleißprüfung und Austauschkriterien von GFK-Teilen.

(5) Hersteller/Vertreiber **stoßdämpfender Böden** haben mindestens

- in der Vorinformation die kritische Fallhöhe anzugeben, bis zu der der Boden zugelassen ist,
- mit dem Boden eine Verlegeanleitung und eine Anleitung über Inspektion und Wartung sowie deren Fristen mitzuliefern. Der Boden muss anhand der Kennzeichnung identifizierbar sein oder in der Dokumentation ist auf die Identifizierung und Sicherheitsdaten hinzuweisen.

Inspektion

- ☐ Der Prüfer sollte in die Beschaffung von Spielplatzgeräten und stoßdämpfenden Böden einbezogen werden und dazu sachkundig beraten.
- ☐ Er sollte anhand der Vorinformationen prüfen, ob am vorgesehenen Standort ein sicherer Betrieb möglich ist.
- ☐ Nach der Lieferung sollte der Prüfer die Vollständigkeit der Dokumentation prüfen und veranlassen, dass diese in die Spielplatzakte aufgenommen wird.
- ☐ Es wird empfohlen, den Prüfbericht immer anzufordern.
- ☐ Der Prüfer sollte darauf hinwirken, dass das Wartungspersonal anhand der Herstellerdokumentation geschult wird.
- ☐ Der Prüfer sollte bei der Installation beratend tätig werden und Zwischenkontrollen durchführen, z. B. bei der Herstellung der Fundamente (damit erspart er sich ein späteres Freischachten!).
- ☐ Im Anschluss an eine positive Inspektion nach der Installation muss das Spielplatzgerät in das Bestandsverzeichnis des Spielplatzes eingetragen und alle Unterlagen in der Spielplatzakte abgelegt werden.

Holz und Holzprodukte

Norm: DIN EN 1176 – Spielplatzgeräte und Spielplatzböden – Teil 1: Allgemeine sicherheitstechnische Anforderungen und Prüfverfahren

Holz ist ein nachwachsender Rohstoff und wird deshalb gern für Spielplatzgeräte genutzt. Damit eine lange Lebensdauer des Holzes ermöglicht wird und v. a. die Standsicherheit der Geräte erhalten bleibt, sind vorbeugend technische Maßnahmen des Holzschutzes zu treffen sowie regelmäßige Kontrollen und Wartungsarbeiten durchzuführen.

Welchen ökonomischen Faktor die richtige Holzart hat, zeigen die folgenden Zahlen:[1]

- Robinie kann mit Erdkontakt 35 Jahre und an der Luft sogar über 50 Jahre halten.
- Bei Fichte wird mit Erdkontakt nur eine Lebensdauer von fünf Jahren erreicht, in der Luft zehn bis 15 Jahre.
- Für kesseldruckimprägniertes Holz wird die Lebensdauer bei Erdkontakt mit sieben bis 20 Jahren und an der Luft mit 15 bis 30 Jahren angegeben. Danach fallen noch hohe Entsorgungskosten an.

Ökonomisch und ökologisch sind Holzarten mit ausreichend natürlicher Widerstandskraft zu bevorzugen.

[1] Pappler, Witt, Natur-Erlebnis-Räume, Kallmeyersche Verlagsbuchhandlung, 2001.

Anforderungen

(1) Die Konstruktion muss so erfolgen, dass Niederschläge ablaufen und Wasserstau vermieden wird.

Das wird z. B. durch folgende Maßnahmen erreicht:[2]

- Waagerechte Holzoberflächen werden vermieden.
- Hölzer werden so angeordnet, dass sich auf der Oberfläche keine Risse befinden.
- Zwischen Hölzern wird „Luft" gelassen.

***Bild 1:** Abdeckung mit Pfostenkappe (Quelle: GAO – Gesundheits- und Arbeitsschutz Onischka UG [haftungsbeschränkt])*

[2] Vgl. Deutsche Gesellschaft für Holzforschung e. V. München, Merkblatt für Holzschutzmaßnahmen bei Kinderspieleinrichtungen.

Bild 2: *Mit „Luft“ verbaute Hölzer verhindern Wasserstau an den Kontaktstellen. (Quelle: GAO – Gesundheits- und Arbeitsschutz Onischka UG [haftungsbeschränkt])*

Bild 3: *Aufbauleiste verhindert Wasserstau. (Quelle: GAO – Gesundheits- und Arbeitsschutz Onischka UG [haftungsbeschränkt])*

***Bild 4:** Durch Risse ist Wasser eingedrungen. Es zeigen sich bereits Fruchtkörper der Pilze. (Quelle: GAO – Gesundheits- und Arbeitsschutz Onischka UG [haftungsbeschränkt])*

(2) Für Hölzer mit Erdkontakt ist eines der folgenden Verfahren anzuwenden:

- Erdkontakt wird vermieden, z. B. durch Verwendung von Pfostenschuhen.
- Es werden Holzarten mit ausreichender natürlicher Widerstandskraft (Dauerhaftigkeitsklassen 1 und 2)[3] verwendet. Die Dauerhaftigkeit bezieht sich immer auf das Kernholz und beinhaltet den Schutz durch holzzerstörende Pilze. Gefordert sind die Dauerhaftigkeitsklassen DC 1 (sehr dauerhaft) oder DC 2[4] (dauerhaft). Splintholz ist DC 5 zugeordnet.

[3] Nach DIN EN 350_2016-12 Dauerhaftigkeit von Holz und Holzprodukten – Prüfung und Klassifizierung der Dauerhaftigkeit von Holz und Holzprodukten gegen biologischen Angriff.

[4] Das D steht für Dauerhaftigkeitsklasse, das C für Holz zerstörende Pilze.

***Tabelle 1:** Dauerhaftigkeit und Tränkbarkeit ausgewählter einheimische Hölzer*[3]

Handelsname des Holzes	Dauerhaftigkeitsklasse DC	Tränkbarkeitsklasse NP	
		Kernholz	Splintholz
Tanne, Weißtanne	4	2–3	2v
Lärche	3–4	4	2v
Fichte	4–5	3	2–3
Kiefer	3–4	3–4	1
Eibe	2	3	2
Ahorn	5	1	1
Rosskastanie	5	1	1
Erle	5	1	1
Gemeine Birke	5	1–2	1–2
Edelkastanie	2 (1)	4	2
Buche	5	2	2
Nussbaum	3	3	1
Eiche	1–2	4	1
Robinie	1–2	4	1

- Die Tränkbarkeitsklassen werden wie folgt eingeteilt:
  - NP 1: leicht tränkbar
  - NP 2: mäßig tränkbar
  - NP 3: schwer tränkbar
  - NP 4: sehr schwer tränkbar
  - n/a: keine ausreichenden Daten verfügbar
  - v: Die Art weist eine ungewöhnliche hohe Variabilität auf.
- Es wird mit Holzschutzmitteln behandeltes Holz verwendet. Gebrauchsklassen (GK) beschreiben die allgemeine Gebrauchssituation:
  - GK 1: Innenbereich, trocken
  - GK 2: Nicht der Witterung ausgesetzt, Kondensation möglich
  - GK 3: Außen, ohne Erdkontakt
  - GK 4: Außen, Kontakt mit Erde oder Süßwasser
  - GK 5: Dauerhaft oder regelmäßig in Salzwasser

  Spielplatzgeräte allgemein sind in GK 3, Teile mit Erdkontakt in GK 4 einzustufen.

  Nach DIN 68800-1 ist dafür folgende natürliche Dauerhaftigkeit erforderlich:
  - Für GK 3 sind erforderlich DC 1 und DC 2.
  - Für GK 4 ist erforderlich DC 1.[5]

  Sofern also Holzspielgeräte nicht aus Holz mit der geforderten natürlichen Dauerhaftigkeit hergestellt werden, ist eine Holzschutzbehandlung erforderlich. Dazu ist ein für

[5] Für Spielplatzgeräte wurden die geforderten Dauerhaftigkeitsklassen 1 und 2 in DIN EN 1176-1 für Teile mit Erdkontakt präzisiert. Die Anforderung bleibt hinter DIN 66800-1 zurück. Da in DIN EN 1176 für andere nicht mit Erdkontakt verbaute Hölzer nichts gefordert wird, gilt hier die nationale Norm.

die Gebrauchsklasse geeignetes Holzschutzmittel nach DIN EN 599-1[6] auszuwählen.

Das Holzschutzmittel muss bis zu einer bestimmten Tiefe eindringen, um eine dauernde Schutzwirkung zu gewährleisten:[7]

- Bei gut tränkbarem Schnittholz der GK 3, z. B. Kiefer, muss das gesamte Splintholz getränkt sein.
- Bei schwer tränkbarem Schnittholz der GK 3 muss das Holzschutzmittel mindestens 6 mm tief in das Splintholz eingedrungen sein.
- Bei Schnittholz GK 4 (mit Erdkontakt) muss das gesamte Splintholz getränkt sein und das Holzschutzmittel muss mindestens 6 mm in das freiliegende Kernholz eingedrungen sein.

Aufgrund der komplizierten Situation empfiehlt es sich, zumindest Bauteile mit Erdkontakt als Originalersatzteil vom Hersteller zu beziehen.

(3) Sperrholz muss DIN EN 636[8] GK 3 entsprechen.

(4) Weitere Anforderungen:

- Stark splitterndes Holz ist ungeeignet, z. B. Bongossi (Hartholz aus Afrika mit der Dauerhaftigkeitsklasse 1; Wasserbauholz für extreme Beanspruchung; sehr pilz- und insektenresistent).

6 DIN EN 599-1:2014-03 Dauerhaftigkeit von Holz und Holzprodukten – Wirksamkeit von Holzschutzmitteln wie sie durch biologische Prüfungen ermittelt wird – Teil 1: Spezifikation entsprechend der Gebrauchsklasse.

7 www.kloepfer.de/klmedia/2018/artikelstamm_pdf/020_konstruktions-_und_bauholz/holzschutz/2014/holzschutz_din6880_holzbau_mit_regeln_20140224.pdf.

8 DIN EN 636:2015-05 Sperrholz – Anforderungen.

- Holz muss physiologisch unbedenklich sein, z. B. keine Eisenbahnschwellen.
- Direkt einbetonierte Holzpfosten dürfen nicht in Beton-Sacklöchern stehen. Die Fundamente müssen nach unten offen sein, damit kein Wasserstau entstehen und eindringendes Wasser ablaufen kann.
- Aus ökologischen Gründen sollte auf Tropenholz verzichtet werden.

Bild 5: *Die Pfostenschuhe befinden sich in den Pfosten. (Quelle: GAO – Gesundheits- und Arbeitsschutz Onischka UG [haftungsbeschränkt])*

Bild 6: *Die Pfosten befinden sich in den Pfostenschuhen – zwischen Plattform und Sprossen dürfen keine Fangstellen vorhanden sein. (Quelle: GAO – Gesundheits- und Arbeitsschutz Onischka UG [haftungsbeschränkt])*

- Metallteile sind bei bestimmten Hölzern und Holzschutzmitteln verstärkt korrosionsgefährdet, z. B. durch Gerbsäure.
- Auf Holzoberflächen kann ein Wetterschutz durch Lasuren und Lacke aufgebracht werden. Die Produkte sollten lösemittelarm und mit dem „Blauen Engel" gekennzeichnet sein. Holzschutzmittel dürfen nicht auf Oberflächen aufgebracht werden, mit denen Kinder häufig in Hautkontakt stehen, z. B. Handläufe, Leitersprossen, Sandkästen.

Inspektionen

☐ Prüfen der mechanischen Festigkeit/Standsicherheit aller Teile, besonders bei Einmastgeräten
☐ auf der gesamten Oberfläche auf Splitter, Risse, Fäulnis, Pilze prüfen
☐ evtl. abklopfen, Belastungsprobe, Bohrwiderstandsmessung
☐ gefährdete Bereiche, z. B. Erdübergang, freilegen
☐ Zustand des Wetterschutzes, Notwendigkeit von Nachpflegemaßnahmen prüfen

Hinweis

Durch Austrocknung entstandene Trockenrisse in nicht kerngetrennten Hölzern gelten nicht als Fangstellen.

Beispiele verrotteter Hölzer:

Bild 7: *Fäulnis im Erdübergangsbereich (Quelle: GAO – Gesundheits- und Arbeitsschutz Onischka UG [haftungsbeschränkt])*

Bild 8: *Verrottung im Bereich von Rissen (Quelle: GAO – Gesundheits- und Arbeitsschutz Onischka UG [haftungsbeschränkt])*

***Bild 9:** Großflächige Absplitterungen (Quelle: GAO – Gesundheits- und Arbeitsschutz Onischka UG [haftungsbeschränkt])*

Karussells

Norm: DIN EN 1176 – Spielplatzgeräte und Spielplatzböden – Teil 5: Zusätzliche besondere sicherheitstechnische Anforderungen und Prüfverfahren für Karussells

Als Karussells i. S. d. Norm gelten Spielplatzgeräte, bei denen die Hauptfunktion darin besteht, sich um eine senkrechte oder annähernd senkrechte Zentralachse zu drehen. Mit der Normausgabe DIN EN 1176-5:2019-12 ist die Begrenzung auf einen Mindestdurchmesser von 50 cm entfallen.

Keine Karussells sind z. B. Lauftrommeln, Treträder und mit Motor betriebene Ausführungen, aber auch drehbare Klettergeräte, wie z. B. Seilbäume, sind keine Karussells im Sinne dieser Norm.

***Bild 1:** Lauftrommel (Quelle: GAO – Gesundheits- und Arbeitsschutz Onischka UG [haftungsbeschränkt])*

Bild 2: *Tretrad (Quelle: GAO – Gesundheits- und Arbeitsschutz Onischka UG [haftungsbeschränkt])*

Bild 3: *Mit Motor betriebenes Karussell (Quelle: GAO – Gesundheits- und Arbeitsschutz Onischka UG [haftungsbeschränkt])*

Karusselltypen

(1) Karussells vom Typ A – Drehkreuze – sind die Urform. Sie haben keinen Boden. Ihre Benutzerstellen sind über ein Tragwerk fest mit der Zentralachse verbunden. Üblich sind Kreuze mit drei bis sechs Armen, an denen außen einfache oder doppelte Sitzplätze angebracht sind.

(2) Karussells vom Typ B haben einen geschlossenen mitdrehenden Boden. Ihre Benutzerstellen sind über ein Tragwerk fest mit der Zentralachse verbunden.

(3) Karussells vom Typ C, mit hängend montierten Benutzerstellen, werden wegen ihrer Form auch als Drehpilze oder Rundläufe bezeichnet. Die Benutzerstellen sind über Kopf angebracht und beim Drehpilz starr am Tragwerk befestigt. Beim Rundlauf hängen sie vom Tragwerk beweglich herunter. Drehpilze haben meist ein Dach, wodurch die typische Pilzform entsteht. In der englischen Fassung der Norm wird dieser Typ treffender als „Overhead-Karussell“ bezeichnet.

(4) Karussells vom Typ D sind bahngeführt. Die Drehbewegung wird von Hand oder Fuß auf die Triebräder übertragen. Auf dem Boden bewegt sich die Konstruktion im Kreis auf einer Ebene oder in Wellenform. In der Praxis kommen sie nur sehr selten vor.

(5) Karussells vom Typ E werden als „Geneigte Drehscheiben“ bezeichnet, bis 2019 nur als „Drehscheiben“. Die gesamte Oberfläche der geneigten Drehscheibe bildet die Benutzerstellen. Handgriffe gibt es nicht. In Bewegung gesetzt werden Drehscheiben durch die Laufbewegung der Benutzer auf der geneigten Scheibe.

(6) Karussells vom Typ F werden als schüsselförmige Karussells bezeichnet. Typ F1 hat nur geringe Größe und ist üblicherweise für nur einen Benutzer bestimmt. Typ F2 ist größer und für mehrere Benutzer vorgesehen.

(7) Karussells mit einem Durchmesser von weniger als 50 cm sind zwar kein eigener Typ, aber an sie werden ebenfalls besondere Anforderungen gestellt.

Bild 4: *Karussell Typ A – Drehkreuz (Quelle: GAO – Gesundheits- und Arbeitsschutz Onischka UG [haftungsbeschränkt])*

Bild 5: *Karussell Typ B (Quelle: GAO – Gesundheits- und Arbeitsschutz Onischka UG [haftungsbeschränkt])*

Bild 6: *Karussell Typ C – Rundlauf (Quelle: GAO – Gesundheits- und Arbeitsschutz Onischka UG [haftungsbeschränkt])*

Bild 7: *Karussell Typ D – Bahngeführtes Karussell (Quelle: GAO – Gesundheits- und Arbeitsschutz Onischka UG [haftungsbeschränkt])*

Bild 8: *Karussell Typ E – Geneigte Drehscheibe (Quelle: GAO – Gesundheits- und Arbeitsschutz Onischka UG [haftungsbeschränkt])*

Bild 9: *Karussell Typ F2 – Schüsselförmiges Karussell für mehrere Benutzer (Quelle: GAO – Gesundheits- und Arbeitsschutz Onischka UG [haftungsbeschränkt])*

Bild 10: *Karussell mit Durchmesser von weniger als 50 cm (Quelle: GAO – Gesundheits- und Arbeitsschutz Onischka UG [haftungsbeschränkt])*

Allgemeine sicherheitstechnische Anforderungen an Karussells

Die sicherheitstechnischen Anforderungen richten sich grundsätzlich nach der Normausgabe zum Zeitpunkt der Installation. Wenn nach neuen Normausgaben neue Anforderungen zu erfüllen sind, so gelten diese nicht rückwirkend (Bestandsschutz).

Tabelle 1: *Allgemeine Anforderungen.*

Kriterium	**Typ**							
	A	**B**	**C**	**D**	**E**	**F1**	**F2**	**Durchm. < 50 cm**
Nicht in der Nähe von Zugangswegen installieren	X	X	X		X		X	
Kennzeichnung[1]	X	X	X	X	X	X	X	X
Nachgewiesene Standsicherheit und Tragfähigkeit	X	X	X	X	X	X	X	X
Abrundung zugänglicher Teile in mm	R5[2]	R3	R3	R3	R3	R3	R3	R3
Max. Höhe der Benutzerstellen in m	1	1	Griff 3 Sitz 1,5	1	1	1	1	1

[1] Deutlich, dauerhaft, gut sichtbar mit Namen und Adressen des Herstellers, Gerätekennzeichnung und Herstellungsjahr, Nummer und Datum der zutreffenden Norm.

[2] Alle um die Zentralachse beweglichen Teile gratfrei und mindestens mit R5 gerundet.

Tabelle 1: *Allgemeine Anforderungen.*

Kriterium	**Typ**							
	A	**B**	**C**	**D**	**E**	**F1**	**F2**	**Durchm. < 50 cm**
Max. freie Fallhöhe in m	1	1	>1[3] Sitze 1,5[4]	Sitzhöhe	1	1	1	1
Krit. Fallhöhe der Aufprallfläche um das Karussell	entsprechend der freien Fallhöhe, mindestens 60 cm							
Mind.-Ausdehnung der Aufprallfläche in m	2	2	2[4,5]	1,5	3	1,5	1,5	entsprechend Typ
Erzwungene Bewegung/ Freiraum	X	X	X	nein	X	nein	X	entsprechend Typ
Mindest-Freiraum seitlich in m	2	2	2[5]		3		1	entsprechend Typ

[3] Gemessen von der Griffhöhe zur Aufprallfläche bei 30° Auslenkung abzüglich 1,5 m, ≥ 1 m.

[4] Gemessen bei 30° Auslenkung.

[5] Zzgl. 1 m hindernisfreie Fläche bei Rundläufen (abgehängte Benutzerstellen).

Tabelle 1: *Allgemeine Anforderungen.*

Kriterium	**Typ**							
	A	**B**	**C**	**D**	**E**	**F1**	**F2**	**Durchm. < 50 cm**
Die Aufprallfläche darf sich nicht mit der anderer Geräte überschneiden.	X	X	X		X			entsprechend Typ
Keine Fangstellen für Kopf/Hals, Kleidung/Haar, Fuß/Bein[6]	X	X	X	X	X	X	X	X
Zentrale Stangen sind ohne Spalten und mit Durchmesser ≥ 75 mm	X	X	X			X	X	X
Max. Neigung der Achse 5°	Diese bisher für alle Typen best. Anforderung wurde 2019 aufgehoben und gilt nur noch für Typ B. Für andere Typen ist die Neigung nicht begrenzt.							

[6] Nach DIN EN 1176-1, jedoch unabhängig von der Höhe der Öffnung.

Tabelle 1: *Allgemeine Anforderungen.*

Kriterium	**Typ**							
	A	**B**	**C**	**D**	**E**	**F1**	**F2**	**Durchm. < 50 cm**
Max. Drehgeschwindigkeit	Die bisherige Forderung, dass bei mechanischer Kraftverstärkung die Drehgeschwindigkeit 5 m/s nicht überschreiten darf, ist ab 2019 entfallen.[7]							
Handgriffe sind umfassbar	X	X	X	X	X	X	X	X
Vorderkanten der Benutzerstellen sind ohne Augengefährdung	X	X	X	X	X	X	X	X

Besondere typspezifische Anforderungen

(1) An Karussells vom Typ A (Drehkreuze)

- Karusselldurchmesser maximal 2,0 m
- Bodenfreiheit mindestens 40 cm
- Mindestens drei Benutzerstellen gleichmäßig verteilt
- ab Normausgabe 2008: maximale Beschleunigung Sitze 50 g, mittlere Flächenpressung maximal 90 N/cm²

(2) An Karussells vom Typ B (mitdrehender Boden)

- kreisförmiger, geschlossener fester Boden

[7] Ohne Kraftverstärkung ist diese Geschwindigkeit nicht erreichbar, da sie über der Laufgeschwindigkeit von Kindern liegt.

- Konstruktionsteile müssen sich in gleicher Richtung mitdrehen.
- Anbauten dürfen nicht seitlich über den Bodenrand ragen.
- mittiges Handrad vollständig geschlossen, ohne Fangstellen und hervorstehende Teile
- Ein mitdrehender bodenbündig eingebauter Boden darf keine horizontalen Spalten zum Rand über 8 mm haben. Der vertikale Versatz zwischen Boden und Umgebung darf maximal 20 mm betragen.

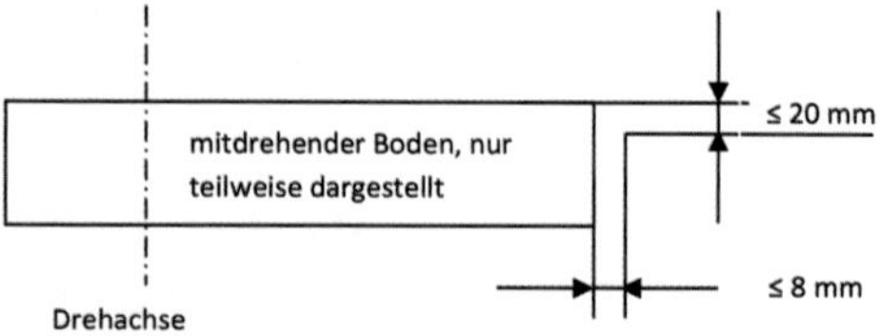

Bild 11: *Mitdrehender bündig eingebauter Boden eines Karussells (Quelle: GAO – Gesundheits- und Arbeitsschutz Onischka UG [haftungsbeschränkt])*

- Ein nicht bündig eingebauter Boden muss folgende Anforderungen erfüllen:
- Ab Normausgabe 2019 darf der Boden maximal ± 2,5 cm von der Kreisform abweichen. Der Radius der „Unrundheiten“ muss mindestens 5 cm betragen.

Bodenfreiheit von 60 mm bis 110 mm

Die Bodenfreiheit setzt sich mindestens 300 mm zur Drehachse hin fort und beträgt danach bis zur Achse mindestens 60 mm. Außerdem muss der Boden im Bereich von 50 cm von außen glatt sein, ab Normausgabe 2019 nur noch 30 cm.

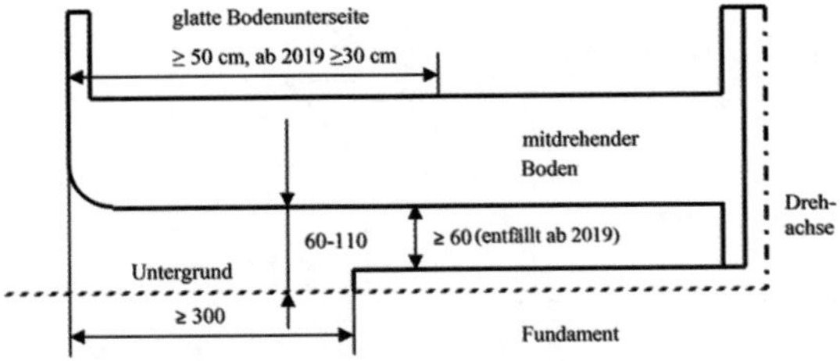

***Bild 12:** Bodenfreiheit 60 mm bis 110 mm. (Quelle: GAO – Gesundheits- und Arbeitsschutz Onischka UG [haftungsbeschränkt])*

Bodenfreiheit zwischen 110 mm und 400 mm

Ab Normausgabe 2019 ist bei Messung am äußeren Rand des mitdrehenden Bodens eine Bodenfreiheit zwischen 110 mm und 400 mm nicht mehr zulässig.

Die folgenden Möglichkeiten beziehen sich auf frühere Normausgaben.

1. Möglichkeit: Es ist eine umlaufende Schürze vorhanden, die 45° bis 60° nach innen geneigt ist und unter der ein Freiraum von 60 mm bis 110 mm bis zum Untergrund verbleibt.

A B E F G H K L N P R S W Z

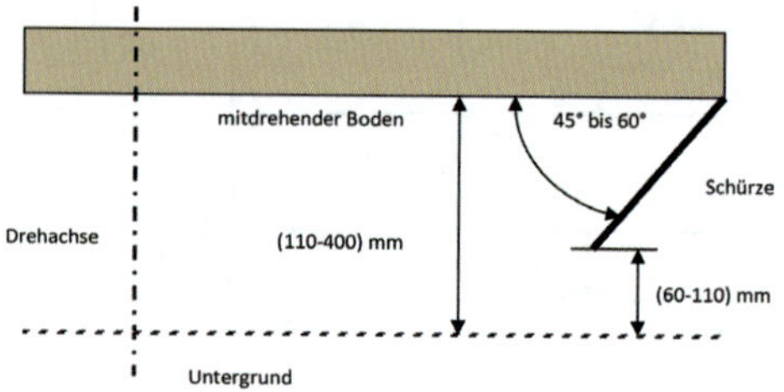

Bild 13: *Bodenfreiheit 110 mm bis 400 mm mit Schürze (Quelle: GAO – Gesundheits- und Arbeitsschutz Onischka UG [haftungsbeschränkt])*

2. Möglichkeit: Der Boden ist unten durchgehend glatt, und die Bodenfreiheit bleibt bis zur Drehachse gleich oder wird kleiner.

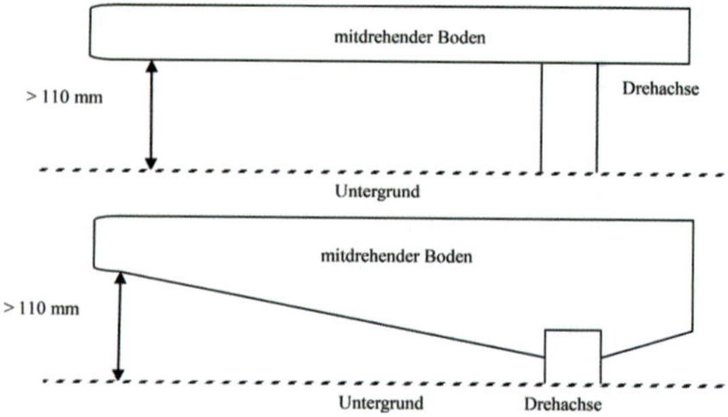

Bild 14: *Bodenfreiheit 110 mm bis 400 mit glatter Unterseite (Quelle: GAO – Gesundheits- und Arbeitsschutz Onischka UG [haftungsbeschränkt])*

Bodenfreiheit mehr als 400 mm

Bis einschließlich Normausgabe 2008 galt:

Es ist eine umlaufende Schürze vorhanden, die maximal 45° nach innen geneigt ist und unter der ein Freiraum von 60 mm bis 110 mm bis zum Untergrund verbleibt. Die Schürze muss starr und dauerhaft sein.

Bei Ausführung ohne Schürze muss die Unterseite des mitdrehenden Bodens glatt sein analog der vorstehend erläuterten zweiten Möglichkeit.

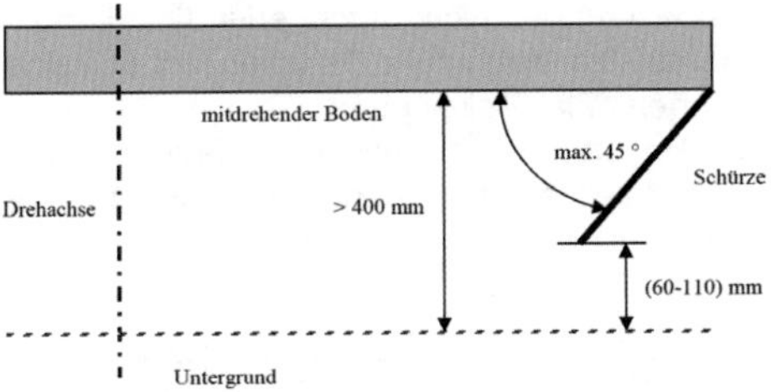

Bild 15: *Bodenfreiheit über 400 mm mit Schürze (Quelle: GAO – Gesundheits- und Arbeitsschutz Onischka UG [haftungsbeschränkt])*

Ab Normausgabe 2019 gilt:

Die Bodenfreiheit muss entweder 60 mm bis 110 mm oder mehr als 400 mm betragen. Bei losem Schüttmaterial darf die Bodenfreiheit bis auf 300 mm verringert werden. Diese Differenz entspricht der Höhe des kalkulierten Wegspieleffekts.

Die Anforderungen an die Bodenfreiheit werden nicht angewendet, wenn sich diese zum Lager hin gleichmäßig verringert.

Wenn die Bodenfreiheit mehr als 300 mm beträgt, muss die Unterseite des Bodens glatt sein.

(3) An Karussells vom Typ C (Drehpilze, Rundläufe, Overhead-Karussells)

- Abgehängte Benutzerstellen, ab 2019 nur noch starre, müssen gleich hoch sein. Beweglich abgehängte Benutzerstellen müssen bis 2019 flexibel sein, ab 2019 unter 1,8 m flexibel.
- Wenn feste Handhalterungen nicht durchgehend sind, müssen sie mindestens 1,8 m hoch sein. Darunter darf es keine festen nicht durchgehenden Teile geben.
- Bei abgehängten Benutzerstellen sind der Freiraum und der Fallraum bei um 30° ausgelenkten Benutzerstellen zu ermitteln. An den Frei- und Fallraum muss sich ein weiterer mindestens 1,0 m breiter hindernisfreier Bereich anschließen.

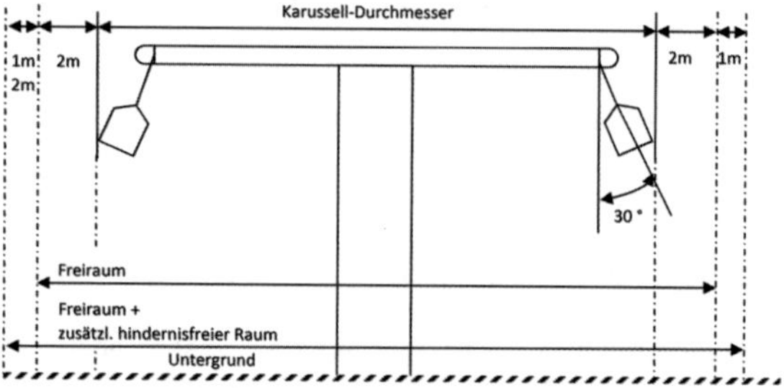

***Bild 16:** Anforderungen an Karussells vom Typ C (Quelle: GAO – Gesundheits- und Arbeitsschutz Onischka UG [haftungsbeschränkt])*

- Ab 2019 gilt zusätzlich: Aufhängungen mit einer Länge über 40 cm, die sich ganz oder teilweise unter 2 m Höhe befinden, müssen bis 2 m Höhe mindestens 25 mm dick über 2 m zu greifen sein. Das gilt auch für die Gliedbreite von Ketten. Bei Ketten muss die Gliedbreite mindestens 25 mm betragen.
- Ab 2019 muss das obere Tragwerk so beschaffen, sein, dass es sich auch bei Lagerschäden nicht vom Haupttragwerk lösen kann.
- Abgehängte Benutzerstellen, die sich unter 2,0 m Höhe befinden, dürfen keine Spitzenwerte der Beschleunigung über 50 g aufweisen, und die mittlere Flächenpressung darf 90 N/cm^2 nicht übersteigen. Ab Normausgabe 2019 gilt diese Festlegung für Benutzerstellen unter 1,8 m Höhe.

(4) An Karussells vom Typ D (bahngeführte Karussells)

- Kurbelantriebe müssen mit Händen oder Füßen angetrieben werden und eine Freilauffunktion haben.
- Kraftübertragungseinrichtungen müssen allseitig abgedeckt sein, damit ein Hineingreifen nicht möglich ist. Öffnungen in den Abdeckungen dürfen in einer Richtung nicht breiter als 5 mm sein.
- Der Abstand zwischen Kurbeln und feststehenden Teilen muss mindestens 12 mm betragen. Ab 2019 werden auch Abstände unter 5 mm zugelassen. Scherstellen sind unzulässig.
- Abdeckungen dürfen nur mit Werkzeug zu entfernen sein.
- Antriebsräder sind so abzudecken, dass man nicht hinoingreifen kann
- Tragwerksteile mit Benutzerstellen und Antriebselementen sind an der Drehachse zu lagern.

- Mit 500 N Kraftaufwand dürfen sich Tragwerksteile (außer bei zwangsgeführten Antriebsrädern) maximal 10 cm anheben lassen. Ab Normausgabe 2019 ist die Ausnahme entfallen.
- Die Oberkante der Bahnen muss mit den Aufstellflächen abschließen. Die bisherige Ausnahme für zwangsgeführte Antriebsräder wurde ab Normausgabe 2019 gestrichen.
- Spalten zwischen der Abdeckung der Antriebsräder und den Bahnen dürfen max. 8 mm betragen.

(5) An Karussells vom Typ E (Drehscheiben)

- Drehscheiben müssen kreisrund und zentrisch gelagert sein.
- Die Oberseite muss gratfrei, eben und frei von Hindernissen/ Stolperstellen sein. Griffe sind nicht zulässig. Die Unterseite muss durchgehend glatt, ohne radiale Abweichungen zur Bodenfreiheit sein.
- Die Bodenfreiheit muss an der tiefsten Stelle bei losem Füllmaterial mindestens 30 cm, bei festem Bodenmaterial mindestens 40 cm betragen.

(6) An Karussells vom Typ F (Schüsselförmige Karussells)

Die Geräte müssen so konstruiert sein, dass

- Stehen nicht unterstützt wird und
- der Benutzer zurückgehalten wird z. B. durch konkaves Profil, niedrig angebrachte Handgriffe oder keinen zum Sitzen geeigneten Rand.

(7) An Karussells mit einem Durchmesser von weniger als 50 cm

- Bei Anordnung in einer Gruppe müssen die Geräte Mittelstangen haben.
- Mittelstangen müssen umfassbar oder greifbar sein.
- Die Mittelstange muss über der Standfläche mindestens 775 mm lang sein.
- Bis 1,8 m Höhe müssen Mittelstangen den Test mit der Ringlehre bestehen.

Inspektion

☐ allgemeiner Zustand, Funktionstüchtigkeit, Sauberkeit, Korrosion, Lagerspiel
☐ Abmessungen und Zustand von Freiraum und Aufprallfläche
☐ Vermeidung von Fangstellen
☐ Sicherheit des Antriebs

Kennzeichnung

Norm: Nr. 7.1 Identifizierung der Geräte, Nr. 7.2 Markierung der Oberkante der Spielebene DIN EN 1176 –1

Ob und welche Kennzeichnung Spielplatzgeräte tragen, scheint für deren Sicherheit auf den ersten Blick ohne jegliche Bedeutung.

Hinweis

Es sind zwei Kennzeichnungen vorgeschrieben:

- Die dauerhafte Herstellerkennzeichnung und
- die dauerhafte Markierung der Oberkante Spielebene.

Die dauerhafte Herstellerkennzeichnung (Typenschild) bestätigt dem Nutzer, dass das Gerät der DIN EN 1176 entspricht. Dem Prüfer liefert sie bei der jährlichen Hauptinspektion wichtige Hinweise darauf, welche Ausgabe der Norm anzuwenden ist.

Die Angabe der Norm auf dem Typenschild stellt zudem klar, dass das Gerät nach den Vorgaben dieser Norm gefertigt wurde (siehe Kapitel ► „Gesetze, Erlasse, …“ sowie ► „Die Normenreihe DIN EN 1176 …“) und entfaltet damit die für Betreiber und Hersteller haftungsrechtlich bedeutsame Vermutungswirkung. Im Umkehrschluss gilt: Bei Geräten ohne Typenschild und ohne Normangabe kann diese Vermutungswirkung nicht angenommen werden. Da Spielplatzgeräte rechtlich nicht zwingend der Normenreihe DIN EN 1176 entsprechen müssen, kann bei fehlender Normkennzeichnung nicht automatisch von einer Übereinstimmung mit der DIN EN 1176 ausgegangen werden. In solchen Fällen ist der Hersteller verpflichtet, die gleichwertige Sicherheit anderweitig nachzuweisen, da die haftungsrechtliche Vermutungswirkung entfällt.

Die Markierung der Oberkante der Spielebene an den Gerätepfosten ist für alle Inspektionen von wesentlicher Bedeutung. Sie zeigt an, bis zu welcher Höhe stoßdämpfende Bodenarten vorhanden sein müssen. Insbesondere bei losem Schüttmaterial ermöglicht sie die Beurteilung, ob die erforderliche Schütthöhe eingehalten wird. Fehlen diese Markierungen, kann dies zu folgenschweren Fehleinschätzungen durch das Inspektionspersonal führen. Wird die notwendige Schütthöhe deutlich unterschritten, ist die stoßdämpfende Wirkung des Bodenmaterials nicht mehr im erforderlichen Umfang gewährleistet – Stürze können dann schwerwiegende Verletzungen nach sich ziehen.

Kennzeichnungsmängel sind auf Spielplätzen häufig anzutreffen. Dies deutet auf ein Defizit im Sicherheitsmanagement, beginnend bei der Inspektion nach der Installation hin.

Leider weisen auch Neugeräte teilweise wenig dauerhafte Typenschilder auf. Zudem sind die vorgeschriebenen Pflichtangaben nicht immer vollständig, und die Oberkante der Spielebene ist nicht in jedem Fall eindeutig markiert. [1]

A B E F G H K L N P R S W Z

[1] Fischer, Kennzeichnung von Spielplatzgeräten, in: Der Hausmeister, Mai 2020, S. 24–29, Forum Verlag Herkert GmbH

Anforderungen

(1) Spielplatzgeräte müssen deutlich lesbar und dauerhaft mit einem **Typenschild** gekennzeichnet sein. Die Kennzeichnung muss von der Spielebene gut erkennbar sein.

Bild 1: *Das Typenschild ist leicht auffindbar. (Quelle: GAO – Gesundheits- und Arbeitsschutz Onischka UG [haftungsbeschränkt])*

Folgende Angaben müssen ersichtlich sein:

- Name und Anschrift des Inverkehrbringers (Hersteller, autorisierter Vertreter)
  Autorisierter Vertreter kann z. B. der Importeur sein. In jedem Fall ist es derjenige, der die juristische Verantwortung für das Inverkehrbringen trägt. Er ist dafür verantwortlich, dass das Gerät die Anforderungen des Produktsicherheitsgesetzes erfüllt. An ihn kann sich der Betreiber in allen Fragen der Produktsicherheit, Inspektion und Wartung sowie der Ersatzteilbestellung wenden.

Unter „Name“ genügt es nicht, ein Logo anzugeben. Auch die „Adresse“ ist eindeutig als postfähig definiert. Es genügt nicht, die E-Mail-Adresse anzugeben.

- Bezeichnung des Geräts
  Hier ist der Typ, die Ausführung, eine Katalognummer o. Ä. anzugeben, durch die eine eindeutige Identifizierung des Geräts möglich ist.
- Herstellungsjahr
  Dieses kann entweder direkt in Zahlenform angegeben werden oder durch Markierungen bzw. Einkerbungen.
- Geräte, die der Normenreihe DIN EN 1176 entsprechen, müssen mit der Nummer und dem Datum dieser europäischen Norm gekennzeichnet sein. Systematisch betrachtet ist die Anforderung eindeutig: In den Normausgaben 1998, 2003, 2008 und 2017 wurde jeweils die Angabe der aktuellen Normausgabe gefordert.
  Erstaunlich ist, dass in der DIN EN 1176-1:2024-05 in Abschnitt 7.1 weiterhin die Angabe der Normausgabe „EN 1176-1:2017“ gefordert wird. (siehe Kapitel ► „Die Normenreihe DIN EN 1176 – Spielplatzgeräte und Spielplatzböden“).
  In den anderen Teilen der Normenreihe DIN EN 1176 wird auf die Kennzeichnung im Teil 1 verwiesen. Allerdings ist nicht schlüssig, warum bei einer Schaukel auf dem Typenschild der Teil 1 der Norm angegeben werden soll, obwohl wichtige sicherheitstechnische Festlegungen für Schaukeln im Teil 2 enthalten sind. Eine diesbezügliche Änderung der Norm wurde angeregt.

A B E F G H K L N P R S W Z

In den Fällen, wo mehrere Teile der Norm für ein Spielplatzgerät zutreffen, wird empfohlen, pragmatisch alle diese Teile in die Kennzeichnung aufzunehmen, obwohl das derzeit nicht normgerecht ist. Allerdings ist kaum vorstellbar, dass es dadurch zu Beanstandungen durch die zuständige Behörde kommt.

(2) An den Gerätepfosten ist die Höhe der Spielebene dauerhaft zu markieren. Konkrete Ausführungsdetails werden in der Norm nicht festgelegt. Diese Markierung ist insbesondere für die visuelle Routine-Inspektion (VRI) von Bedeutung, da sich hierdurch die Einhaltung der sicherheitsrelevanten Schichtdicke bei losen Schüttmaterialien zuverlässig beurteilen lässt. Bei Rutschen wird empfohlen, die Kennzeichnung im Bereich des Rutschenauslaufs anzubringen. Gegebenenfalls kann ergänzend eine unauffällige, unschädliche farbliche Markierung seitlich angebracht werden, um die erforderliche Höhe eindeutig kenntlich zu machen.

Die folgenden Bilder zeigen Varianten.

***Bild 2:** Markierung der Spielebene für die Bauphase (Quelle: GAO – Gesundheits- und Arbeitsschutz Onischka UG [haftungsbeschränkt])*

***Bild 3:** Deutlich erkennbare Markierung (Quelle: GAO – Gesundheits- und Arbeitsschutz Onischka UG [haftungsbeschränkt])*

***Bild 4:** Die Markierung ist gut erkennbar und dauerhaft. (Quelle: GAO – Gesundheits- und Arbeitsschutz Onischka UG [haftungsbeschränkt])*

***Bild 5:** Das Schild scheint nicht sehr dauerhaft zu sein. Die Markierung ist es. (Quelle: GAO – Gesundheits- und Arbeitsschutz Onischka UG [haftungsbeschränkt])*

Bild 6: *Die Markierung erfüllt alle Anforderungen. (Quelle: GAO – Gesundheits- und Arbeitsschutz Onischka UG [haftungsbeschränkt])*

Bild 7: *Es ist unklar, ob es sich um eine Markierung handelt und bei welchem Element. (Quelle: GAO – Gesundheits- und Arbeitsschutz Onischka UG [haftungsbeschränkt])*

(3) **Zusätzliche Kennzeichnungen** sind nach DIN EN 1176 nicht untersagt.

Das GS-Zeichen

In der Praxis findet sich oft das GS-Zeichen für geprüfte Sicherheit. Dieses Zeichen darf nur durch eine zugelassene, unabhängige Prüf- und Zertifizierungsstelle erteilt werden, wenn in einer Baumusterprüfung nachgewiesen wurde, dass dieses Erzeugnis den sicherheitstechnischen Anforderungen des ProdSG entspricht und Kontrollmaßnahmen in der Produktion durchgeführt werden.[2]

***Bild 8:** GS-Zeichen (Quelle: Anlage zum ProdSG)*

Das Zeichen muss links oben eine eindeutige Identifizierung der Prüf- und Zertifizierungsstelle tragen, z. B. deren Logo.

[2] DGUV: GS-Zeichen. Online verfügbar unter:https://www.dguv.de/dguv-test/prod-pruef-zert/pruefzeichen/gs-zeichen/index.jsp (Zugriff am: 02.03.2026)

Es gibt keinerlei rechtliche Verpflichtung, dass ein Hersteller seine Erzeugnisse zur Erteilung eines GS-Zeichens prüfen lassen muss, denn diese Prüfung ist freiwillig und kostenpflichtig.

Nr. 2.2 der *AV Verkehrssicherheit öffentliche Kinderspielplätze* bestimmt, dass auf öffentlichen Spielplätzen nur solche Spielgeräte aufgestellt werden dürfen, die mit dem GS-Zeichen gemäß § 20 ProdSG oder mit einem gleichwertigen Sicherheitszertifikat versehen sind.

Zu berücksichtigen ist, dass die GS-Zertifizierung insbesondere für kleine Unternehmen sowie für individuell gefertigte (unikate) Spielplatzgeräte mit erheblichem wirtschaftlichem Aufwand verbunden sein kann. In solchen Fällen kann die Durchführung einer GS-Baumusterprüfung zu einer unverhältnismäßigen Verteuerung des Produkts führen.

Legt der Hersteller stattdessen einen nachvollziehbaren Nachweis über die Einhaltung der sicherheitstechnischen Anforderungen nach Abschnitt 5 der DIN EN 1176-1 vor oder erfolgt im Rahmen der Inspektion nach der Installation (Erstinspektion) durch einen qualifizierten Spielplatzprüfer (QSP) eine Prüfung mit Prüfbericht, in dem die Einhaltung

- der Anforderungen der DIN EN 1176 sowie
- der einschlägigen Beschlüsse des EK 2 AK 2.5

bestätigt wird, kann ein solcher Prüfbericht als sicherheitstechnisch gleichwertiger Nachweis angesehen werden.

Sofern die vollständige Einhaltung der normativen Anforderungen dokumentiert ist, kann dieser Prüfbericht funktional als gleichwertiges Sicherheitszertifikat i. S. d. Verwaltungsvorschrift gewertet werden.

Das CE-Zeichen

Das CE-Zeichen darf nur dann auf einem Produkt angebracht werden, wenn das Produkt unter eine Europäische Richtlinie fällt – dann ist die Kennzeichnung auch Pflicht! Es wird i. d. R. vom Hersteller selbst angebracht und bescheinigt, dass die Mindestanforderungen an Sicherheit und Gesundheit erfüllt sind und das Gerät somit innerhalb der EU in Verkehr gebracht werden darf.

Bild 9: *CE-Zeichen*

Da **Spielplatzgeräte** unter keine Europäische Richtlinie fallen, **dürfen** sie **kein CE-Zeichen tragen**. Wird dennoch auf einem Spielplatz ein scheinbares Spielplatzgerät mit CE-Zeichen vorgefunden, so handelt es sich vermutlich um Aktivitätsspielzeug nach DIN EN 71-8.[3] Diese Produkte sind nur für den häuslichen

[3] DIN EN 71-8:2018-03, *Sicherheit von Spielzeug – Teil 8: Aktivitätsspielzeug für den häuslichen Gebrauch.*

Gebrauch bestimmt und dürfen auf öffentlichen Spielplätzen nicht installiert werden.

Weitere Kennzeichnungen

Gelegentlich werden vom Hersteller weitere Kennzeichnungen bzw. Schilder auf freiwilliger Grundlage angebracht. Das Foto zeigt nur ein Beispiel.

***Bild 10:** Fakultative Kennzeichnung durch Hersteller (Quelle: GAO – Gesundheits- und Arbeitsschutz Onischka UG [haftungsbeschränkt])*

Hinweis

1. Die Kennzeichnungspflicht gilt auch für Eigenbaugeräte.
2. Geräte, die teilweise oder vollständig nicht der Norm entsprechen, dürfen nicht mit der Norm gekennzeichnet werden.
3. Weitere Kennzeichnungen, z. B. mit dem GS-Zeichen, sind zulässig. Dieses darf niemals allein stehen, sondern nur in Verbindung mit der akkreditierten Prüfstelle.
4. Die Markierung der Oberfläche der Spielebene dient dazu, dass bei den Inspektionen sofort erkennbar ist, ob das Gerät richtig eingebaut wurde bzw. ob der stoßdämpfende Untergrund in der erforderlichen Höhe vorhanden ist.
5. Naturnahe Spielangebote entsprechen nicht der Norm und dürfen nicht gekennzeichnet werden.

Inspektion

- ☐ Auffindbarkeit, Vorhandensein, Erkennbarkeit und Richtigkeit der Kennzeichnung sind visuell zu beurteilen.
- ☐ Es obliegt dem Sachverstand des Prüfers, auf die Markierung der Spielebene ggf. zu verzichten, z. B. bei Geräten, die keine besonderen Bodenarten innerhalb der Aufprallfläche erfordern.

Ketten

Norm: DIN EN 1176 – Spielplatzgeräte und Spielplatzböden – Teil 1: Allgemeine sicherheitstechnische Anforderungen und Prüfverfahren

Ketten bestehen aus gleichartigen Gliedern, die beweglich miteinander verbunden sind und sowohl Kräfte als auch Bewegungen übertragen können. Sie werden bei Spielplatzgeräten u. a. als nicht starre Abhängungen eingesetzt.

Anforderungen

(1) An Spielplatzgeräten dürfen nur kurzgliedrige Rundstahlketten nach DIN EN 818-2 und -3[1] verwendet werden. Jedes Kettenglied muss verschweißt sein.

(2) Im Gegensatz zu sonstigen Fingerfangstellen werden in Kettengliedern maximal Öffnungen mit Durchmesser < 8,6 mm zugelassen. Langgliedrige Ketten mit einer lichten Weite bis 8,6 mm sind aber nicht zulässig.

(3) An Verbindungsstellen von Ketten darf das Öffnungsmaß auch über 12 mm liegen. Der Bereich von 8,6 mm bis 12 mm ist nicht erlaubt.

[1] Normenreihe DIN EN 818 Kurzgliedrige Rundstahlketten für Hebezwecke.

Hinweis

1. Für die Prüfung der **Kettenglieder** enthielt die Norm bisher keinen Prüfkörper. Die Bestimmung des Maßes wäre mit einem Messschieber denkbar aufwendig, da u. U. jedes Kettenglied einzeln und an mehreren Stellen gemessen werden müsste. Ausgabe 2017 definiert erstmals einen Kettenprüfstab mit Durchmesser 8,6 mm.
2. Die Prüfung der Verbindungsstellen kann für das untere Maß mit dem Prüfstab für Kettenglieder wie oben beschrieben erfolgen. Für das obere Grenzmaß von 12 mm beschreibt DIN EN 1176-1:2017 erstmals einen Prüfstab mit Durchmesser ($12_{-0,1}$) mm.
3. Wenn der kleine Prüfstab durch eine Verbindungsstelle passt, muss auch der große hindurchgehen; andernfalls liegt eine unzulässige Fingerfangstelle vor.
4. DIN EN 1176-1:2017 erlaubt erstmals für Kettenglieder, in die der kleine Prüfstab passt, eine Risikobeurteilung.

***Bild 1:** Übliche Kettenverbindung am Schaukelsitz (Quelle: GAO – Gesundheits- und Arbeitsschutz Onischka UG [haftungsbeschränkt])*

Bild 2: *Unzulässige Verlängerung der Kette mit Schäkel, der sich ohne Werkzeug öffnen lässt und die o. a. Anforderungen nicht erfüllt. (Quelle: GAO – Gesundheits- und Arbeitsschutz Onischka UG [haftungsbeschränkt])*

Inspektionen

- ☐ Es ist zunächst die grundsätzliche Bauform der Kette zu beurteilen.
- ☐ Bei jeder Inspektion sind die Kettenglieder auf Fingerfangstellen zu prüfen. Die Ergebnisse aus der Anwendung des Prüfstabes 8,6 mm sind einer Risikobeurteilung zu unterziehen.
- ☐ Unabhängig davon ist der Verschleiß zu bestimmen. Da in der Norm nichts festgelegt ist, sind die Herstellerangaben zu berücksichtigen. Gibt es keine Vorgaben, wird empfohlen, maximal einen Verschleiß des Materialquerschnitts um 30 % zuzulassen.
- ☐ Alle Verbindungsstellen sind auf Fingerfangstellen und Verschleiß zu prüfen.
- ☐ Falls Ketten mit Schläuchen überzogen sind, ist deren Zustand ebenfalls zu prüfen. Das gilt auch für „Stöpsel", die zu große Kettenöffnungen verschließen.

A B E F G H K L N P R S W Z

Leicht und nicht leicht zugängliche Spielplatzgeräte

Norm: Nr. 4.2.9.5 DIN EN 1176-1

Grundsätzlich müssen Dimensionierung, Gestaltung und Schwierigkeitsgrad von Spielplatzgeräten dem Entwicklungsstand der Kinder – insbesondere ihrer Selbstsicherungsfähigkeit – entsprechen und damit i. d. R. an die jeweilige Altersgruppe angepasst sein. Ziel ist ein für Kinder erkennbares und vorhersehbares Spielrisiko.

Nach DIN EN 1176 Bbl. 1:2020 ist bei Kindern unter drei Jahren (Krippenalter) eine besonders sorgfältige Bewertung erforderlich, da ihr Selbstsicherungsverhalten stark variiert. Ein- bis Dreijährige benötigen daher individuell angepasste Spielangebote mit einem angemessenen Risikoniveau. Spielgeräte sollten grundsätzlich eigenständig erreichbar und bespielbar sein sowie so gestaltet werden, dass Kinder schnell und ohne wesentliche Hindernisse Zugang erhalten.

Als leicht zugänglich gelten Geräte, die ohne besondere motorische Anforderungen bestiegen werden können. Kinder sollen sich darauf oder darin frei und unkompliziert bewegen können, ohne bewusst planen zu müssen, wie Hände und Füße einzusetzen sind. Erfordert ein Zugang dagegen gezielte Bewegungsplanung, gilt er nicht als leicht zugänglich, da die Bewegung verlangsamt wird und zusätzliche Reaktionszeit entsteht.

Die Norm enthält keine abschließende Auflistung leicht zugänglicher Zugangsarten, sondern gibt Orientierung zur Bewertung. Beispiele sind:

- **Ebenerdige Zugänge,** z. B. über Brücken, sind die ohne motorische Herausforderung bespielbar.
- **Rampen**, die am Boden beginnen, sind einfach zugänglich. Bis zu einer Rampenhöhe von 60 cm über dem Boden wird der Zugang als leicht zugänglich angesehen.
- **Treppen** ermöglichen einen leichten Zugang. Kinder kennen Treppen aus dem häuslichen Umfeld.
- **Leitern** sind im Vergleich schwerer zugänglich. Leicht zugänglich werden Leitern, deren unterste Sprosse weniger als 40 cm über dem Boden liegt. Der Wert von 40 cm stellt einen Kompromiss zwischen eingeschränktem Zugang und einem sicheren Rückweg über denselben Zugang dar.

Die Anforderungen an Absturzsicherungen bei leicht zugänglichen Spielplatzgeräten werden im Kapitel ► „Absturzsicherung“ behandelt. Eine zentrale Regelung ist die Forderung nach Brüstungen ab einer freien Fallhöhe von 60 cm.

Die DGUV[1] weist darauf hin, dass leicht zugängliche Spielgeräte nur geringe Anforderungen stellen und können für Kinder rasch an Reiz verlieren können. Daher sollte sorgfältig abgewogen werden, ob eine größere Anzahl solcher Geräte sinnvoll ist.

---

[1] www.sichere-kita.de, Abschnitt: Anforderungen an Kinder unter 3 Jahre und empfiehlt im Krippenbereich pädagogische Alternativen, die nicht dem Spielplatz zuzuordnen sind.

***Bild 1:** Einfache Geräte mit leichter Zugänglichkeit und geringen Fallhöhen eignen sich auch für Krippenkinder. (Quelle: GAO – Gesundheits- und Arbeitsschutz Onischka UG [haftungsbeschränkt])*

Nicht leicht zugängliche Spielplatzgeräte mit Zugangsfilter

Ob und wie Kinder unter drei Jahren die Geräte nutzen, entscheiden die begleitenden Aufsichtspersonen unter Berücksichtigung ihrer individuellen Fähigkeiten und bieten bei Bedarf Unterstützung an. Konstruktive Merkmale können den Zugang bewusst erschweren und damit Aufsichtspersonen mehr Zeit zum Eingreifen geben. Verzögert wird der Zugang, wenn diese Kinder (U3) überlegen müssen, wo und wie sie Hände und Füße bei der Bewältigung des Zugangs benutzen müssen. Dazu zählen u. a. etwa Herausforderungen durch Maße (Sprossen-, Rampenhöhe, Reichweite), Klettersituationen sowie durch bewegliche und kleine Flächen, Diese konstruktiven Lösungen werden als nicht leicht zugänglich angesehen und auch als **Zugangsfilter** bezeichnet.

Beispiele hierfür sind

- Rampen, die erst über 60 cm Höhe beginnen,
- Leitern, deren unterste Sprosse mehr als 40 cm über dem Boden liegt, Leitern, deren unterste Sprosse mehr als 40 cm hoch ist
- Strickleitern
- bewegliche Elemente, abgeschrägte und verkleinerte Flächen, usw. auf denen der Nutzer nur Handunterstützung stehen kann (Kettensteg, Seil bzw. Tau mit beidseitig seilgeführten Handläufen, eingekerbter Steigstamm mit einem seilgeführten Handlauf,
- Seil bzw. Tau mit beidseitig seilgeführtem,
- steile Spielelemente, schiefe Ebene über 38° mit Seilführung,
- Hangelstrecken
- Kletterstangen und Klettertaue

Es gibt keine abschließende Liste, welche Zugänge wie eingestuft sind.

Auf nicht leicht zugänglichen Spielplatzgeräten dürfen Kinder unter drei Jahren spielen, die Zugangsfilter verzögern den Aufstieg auf die Spielplatzgeräte, sodass die Aufsichtspersonen mehr Zeit zum Eingreifen haben, als bei leicht zugänglichen Spielplatzgeräten.

Bezüglich der Absturzsicherung bei leicht zugänglicher und nicht leichtzugänglicher Spielplatzgeräte s. Kapitel ► „Absturzsicherung".

Inspektion

- Bereits im Rahmen der Planung von altersgemischten Spielplätzen ist darauf zu achten, dass Geräte, die für ältere Kinder bestimmt sind, nicht leicht zugänglich sind. Bei der Inspektion nach der Installation ist das zu überprüfen.
- Bei den Folge-Hauptinspektionen wird überprüft, ob dieses Niveau noch vorhanden ist und nicht durch unsachgemäße Reparaturen oder Verschleiß ungewollt leichte Zugänge ermöglicht werden.

<u>Hinweis</u>

Da die Kriterien für einen leichten Zugang sowohl in der Norm als auch in dieser Registerkarte nur beispielhaft erläutert werden, erfordert die Beurteilung einen erfahrenen Prüfer.

Naturnahe Spielräume

Norm:	DIN 18034-1 – Spielplätze und Freiräume zum Spielen – Anforderungen für Planung, Bau und Betrieb
weitere Regelungen:	DGUV Information 202-019: Naturnahe Spielräume[1] (DGUV I 202-019) DGUV Information 202-022: Außenspielflächen und Spielplatzgeräte.(DGUV I 202-023) DGUV, Sichere Schule, Navigationspunkt „Naturnahe Außenbereiche“, Sichere Schule, Rubrik „Naturnahe Außenbereiche“, abrufbar unter www.sichere-schule.de (Abruf am: 28.02.2026). BADK: Haftungsrechtliche Organisation, Sonderheft 2025, Kap. VII, Abschnitt 4.1 „Naturnahe Spielräume“ (BADK)

Naturnahe Spielräume lassen sich nicht durch technische Spielgeräte ersetzen und sind daher Bestandteil vieler Spielanlagen. Sie unterfallen grundsätzlich nicht der Normenreihe DIN EN 1176, sofern keine Spielgeräte im Sinne dieser Norm vorliegen. Die darin enthaltenen sicherheitstechnischen Schutzziele sind jedoch sinngemäß und mit Augenmaß auch auf naturnahe Bereiche zu übertragen. Maßstab ist nicht Gefahrenfreiheit, sondern die Vermeidung nicht erkennbarer oder atypischer Gefahren.

Dieser Abschnitt basiert auf der DGUV I 202-019 unter Berücksichtigung der DGUV I 202-022.

[1] Mit Erscheinen der DGUV Information 202-022 zurückgezogen.

Anforderungen

(1) Hangneigungen bis zu einem Steigungsverhältnis von 1 : 2 (≙ max. 30° Neigung zur Horizontalen) gelten als nicht absturzgefährdet. Bei steileren Neigungen ist eine Einzelfallbewertung erforderlich, insbesondere bei verdichteten, rutschigen oder befestigten Oberflächen.

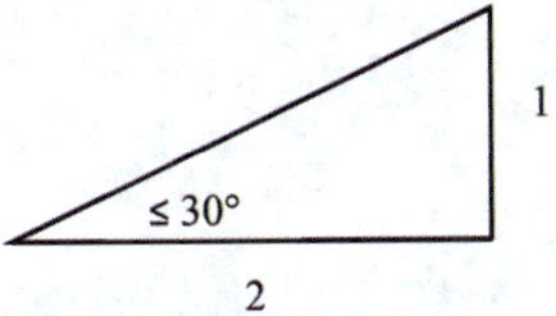

***Bild 1:** Die zulässige Hangneigung wird überschritten. (Quelle: GAO – Gesundheits- und Arbeitsschutz Onischka UG [haftungsbeschränkt])*

In Hügel eingebaute Kriechröhren dürfen keine Fangstellen für den Körper beinhalten. Seit der DIN EN 1176-1:2017 wurde die Länge von Tunneln auf 10 m begrenzt. Sind Röhrenenden besteigbar, müssen Ausdehnung und Qualität der Aufprallfläche den normativen Anforderungen entsprechen.

Es dürfen nur für diese Einbausituation geeignete Röhren (z. B. Kanalisationsrohre) verwendet werden. Brunnenringe sind für den waagerechten Einbau ungeeignet. Zugängliche scharfe Ecken und Kanten sind zu brechen.

Bild 2: *Naturnaher Einbau (Quelle: GAO – Gesundheits- und Arbeitsschutz Onischka UG [haftungsbeschränkt])*

Bild 3: *Fangstelle für den Körper im Eingangsbereich (Quelle: GAO – Gesundheits- und Arbeitsschutz Onischka UG [haftungsbeschränkt])*

(2) Wasserspielflächen müssen mit Trink- oder Badewasser gespeist werden. Nicht bodennahe Wasseraustrittsstellen sind grundsätzlich in Trinkwasserqualität auszuführen. Grundsätzlich sollte Trinkwasser nur bei Nutzung fließen (z. B. durch Pumpenbetätigung). Ein dauerhafter Wasserzulauf ist zu vermeiden. Pumpen dürfen keine Klemmstellen aufweisen und nicht scharfkantig sein.

Die Entscheidung über die erforderliche Wasserqualität trifft das zuständige **Gesundheitsamt**.

Wasserbehälter sind zu vermeiden oder gegen Hineinfallen kindersicher zu schützen.

Die Wassertiefe sollte in Kindergärten 20 cm, in Schulen, Horten und auf öffentlichen Spielplätzen 40 cm nicht überschreiten.

Auf U3-Spielplätzen sollten sich keine Gewässer befinden.

Zu weiteren Anforderungen siehe auch Kapitel ► „Wasser"

Uferbereiche müssen flach auslaufen, rutschhemmend und leicht zu reinigen sein. Ein regelmäßiger Wasseraustausch ist sicherzustellen.

Bei natürlichen Gewässern ist ein möglicher Hochwasserstand planerisch zu berücksichtigen; geeignete Absperrmaßnahmen sind vorzusehen. (siehe hierzu auch Kapitel ► „Sicherheitsmanagement – Einfriedung")

Bild 4: *Trinkwasserqualität zwingend erforderlich (Quelle: GAO – Gesundheits- und Arbeitsschutz Onischka UG [haftungsbeschränkt])*

Bild 5: *Bei natürlichen Gewässern Hochwasserstand beachten (Quelle: GAO – Gesundheits- und Arbeitsschutz Onischka UG [haftungsbeschränkt])*

Bei natürlichen Gewässern kann der zulässige Wasserstand bei Hochwasser überschritten werden. Für diesen Fall sollte bereits bei der Planung Vorsorge getroffen werden, wie eine Absperrung erfolgen kann (siehe hierzu auch Kapitel ► „Sicherheitsmanagement“).

(3) Grundsätzlich sind Feuerstellen auch in naturnahen Bereichen nicht zulässig; von Kindern unerlaubt eingerichtete Feuerstellen sind umgehend und rückstandslos zu beseitigen.

Die Einrichtung und der Betrieb geplanter Feuerstellen sind nur nach Abstimmung mit der zuständigen Brandschutzbehörde zulässig. Maßgeblich sind die jeweiligen landesrechtlichen Brandschutzvorschriften sowie kommunale Gefahrenabwehr- oder Grünanlagensatzungen.

(4) Große Baumstämme können als Sitz- oder Balancierelemente dienen. Sie müssen lagesicher sein und dürfen sich durch Kinder nicht verschieben oder wegrollen lassen.

Bild 6: *Baumstämme müssen vor allem lagesicher sein. (Quelle: GAO – Gesundheits- und Arbeitsschutz Onischka UG [haftungsbeschränkt])*

(5) Findlinge sind beliebte Kletterobjekte. Freie Fallhöhen und erforderliche Aufprallflächen sind zu beachten. Stand- und Kippsicherheit sind zu gewährleisten.

Bild 7: *Naturnaher Bereich mit Findlingen (Quelle: GAO – Gesundheits- und Arbeitsschutz Onischka UG [haftungsbeschränkt])*

(6) Stufenanlagen aus Holz oder Stein sind bis zu einem Steigungsverhältnis von 1 : 1 (entspricht max. 45° Neigung zur Horizontalen) möglich. Der Mindestauftritt sollte 60 cm nicht unterschreiten. Steine und Hölzer dürfen keine scharfen Kanten aufweisen. Fußfangstellen müssen vermieden werden.

Die Anforderungen der DIN 18065 Gebäudetreppen gelten für naturnahe Stufenanlagen nicht.

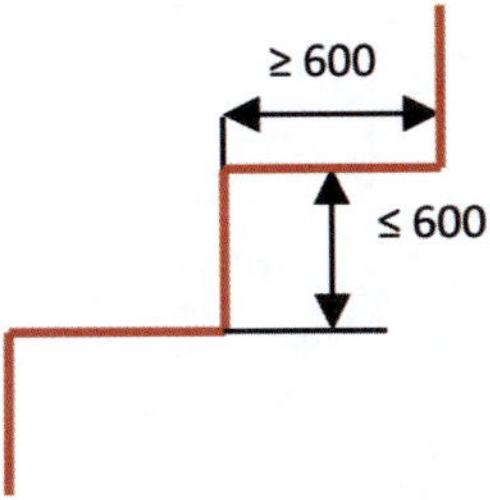

Bild 8: *Maximales Steigungsverhältnis einer Stufenanlage (Quelle: GAO – Gesundheits- und Arbeitsschutz Onischka UG [haftungsbeschränkt])*

***Bild 9:** Naturnahe Stufenanlagen müssen die Anforderungen an Treppen nach DIN 18065 nicht erfüllen. (Quelle: GAO – Gesundheits- und Arbeitsschutz Onischka UG [haftungsbeschränkt])*

(7) Brücken über befestigte Wege sind kritisch zu bewerten, da befestigte Wege in der Regel keine stoßdämpfenden Aufprallflächen darstellen.

Die in der früheren DGUV I 202-019 enthaltene Toleranzregelung für massive, nicht als Spielplatzgeräte gefertigte Brücken ist in der DGUV I 202-022 nicht mehr enthalten.

Auf öffentlichen Spielplätzen wird von solchen Konstruktionen grundsätzlich abgeraten.

Ist unter einer Brücke keine der freien Fallhöhe entsprechende stoßdämpfende Aufprallfläche vorhanden, wird aus haftungsrechtlicher Sicht empfohlen, eine Absturzmöglichkeit konstruktiv zu verhindern, z. B. durch eine mindestens 1,80 m hohe, nicht bekletterbare Brüstung.

Bild 10: *Spielplatzgeräte-Brücken über befestigte Wege sind generell nicht zulässig. (Quelle: GAO – Gesundheits- und Arbeitsschutz Onischka UG [haftungsbeschränkt])*

(8) Weidenstecklinge müssen so lang und so positioniert sein, dass keine Gefahr für die Augen entsteht. Dies ist insbesondere beim Rückschnitt zu beachten. Schnittflächen sind sauber auszuführen; spitz zulaufende oder schräg abgeschnittene Enden sind zu vermeiden.

Eingeflochtene Triebe ohne Bodenkontakt können sich beim Trocknen verziehen und abstehen. Dadurch können Augen- oder Kratzverletzungen entstehen. Es sind daher regelmäßige Sichtkontrollen durchzuführen und bei Bedarf Rückschnitt- oder Nachflechtmaßnahmen vorzunehmen.

Praktische Hinweise:

- Stecklinge sollten so gesetzt werden, dass sie oberhalb der Augenhöhe nicht frei und ungesichert auskragen.
- Abstehende Enden sind zeitnah zu kürzen oder wieder einzuflechten.
- Bei Tunneln oder Durchgängen ist auf ausreichende lichte Weite und Kopffreiheit zu achten.
- Nach starken Witterungsereignissen (Sturm, Trockenperioden) ist eine zusätzliche Kontrolle sinnvoll.
- Bei Pflegearbeiten sind geeignete Werkzeuge zu verwenden; Schnittstellen sollten möglichst bündig und ohne Splitterbildung ausgeführt werden.

Die regelmäßige Pflege und Kontrolle ist Bestandteil der Betreiberpflicht im Rahmen der Verkehrssicherung.

Fachliche Gesamtbewertung

Naturnahe Spielräume sind sicherheitstechnisch nicht nach dem Maßstab technischer Gleichförmigkeit zu bewerten. Maßgeblich ist die fachlich begründete Differenzierung zwischen entwicklungsförderndem Risiko und sicherheitsrelevanter Gefahr.

A B E F G H K L N P R S W Z

Bild 11: *Weidentunnel bieten Rückzugsmöglichkeiten (Quelle: GAO – Gesundheits- und Arbeitsschutz Onischka UG [haftungsbeschränkt])*

Bild 12: *Durch Bündelung von Ruten lassen sich Schnittmaßnahmen reduzieren. (Quelle: GAO – Gesundheits- und Arbeitsschutz Onischka UG [haftungsbeschränkt])*

(9) Lose Materialien, wie z. B. Hackschnitzel und Äste aus Gehölzschnitt bis 3 m Länge, werden von Kindern gerne zum Bau oder Auspolstern von Hütten verwendet.

Kleinere oder größere runde Steine bis maximal 20 cm Durchmesser können ebenfalls für Abgrenzungen bereitgestellt werden. Scharfkantige Steine, Splitt oder Schotter sind ungeeignet und nicht bereitzustellen.

Sand- oder Kieshaufen können einen naturnahen Sandbereich bilden.

Bauholz, Bretter, Balken, größere Rundhölzer o. Ä. sollten ausschließlich in betreuten Spielbereichen bereitgestellt werden.

Praktische Hinweise:

- Lose Materialien sind regelmäßig auf Fremdkörper (z. B. Glas, Metallteile, Müll) zu kontrollieren.
- Die Materialgröße sollte so gewählt werden, dass keine Verschluckungs- oder Verletzungsgefahr entsteht.
- Äste sind auf Splitterbildung und scharfkantige Bruchstellen zu prüfen.
- Größere Holzstücke sind so zu lagern, dass kein Wegrollen oder unkontrolliertes Umkippen möglich ist.
- In Aufprallbereichen ist sicherzustellen, dass lose Materialien nicht die erforderliche Stoßdämpfung beeinträchtigen.
- Nach stärkeren Witterungsereignissen (Sturm, Starkregen) ist eine zusätzliche Kontrolle empfehlenswert.

Die Bereitstellung loser Materialien erfordert eine regelmäßige Inspektion und bei Bedarf ordnende Eingriffe, um nicht erkennbare Gefahren auszuschließen.

(10) Bekletterbare Bäume werden regelmäßig genutzt.

In betreuten Bereichen kann eine maximale Kletterhöhe (z. B. 3,0 m) organisatorisch festgelegt und markiert werden.

Die Aufprallfläche muss frei von spitzen oder scharfkantigen Gefahren und stoßdämpfend sein.

Auf öffentlichen Spielplätzen sind hohe Kletterbäume kritisch zu bewerten.

(10 In BADK wurden folgende Empfehlungen zu Prüfkriterien und Maßnahmen formuliert.

Sofern die Kontrollen eine Gefährdung der Nutzer ergeben, sind Maßnahmen zur Beseitigung der Gefährdung unverzüglich einzuleiten. Der konkrete Handlungsbedarf ergibt sich aus den Sicht- und Funktionskontrollen. Sonstige Maßnahmen zur Mängelbeseitigung sind entsprechend ihrer Dringlichkeit sowie unter Berücksichtigung weiterer, z. B. gärtnerischer Erfordernisse, durchzuführen.

Visuelle Routine-Inspektion, routinemäßig Wartung

	Prüfkriterium	Maßnahmen
1	Von Kindern unerlaubt eingerichtete Feuerstellen	Umgehend und rückstandslos entfernen
2	Nägel und Schrauben sowie andere Metallteile, z. B. im Bereich der Kinderbauten oder der Spielelemente	Umgehend entfernen
3	Wilder Abfall, Kot oder mitgebrachte Gegenstände mit unkalkulierbarem gesundheitlichem Risiko (z. B. Scherben, scharfkantige oder gesundheitsgefährdende Stoffe).	Umgehend entfernen

	Prüfkriterium	Maßnahmen
4	Harte oder spitze Gegenstände in Fallräumen (Aufprallflächen) freigestellter Kletterbäume, Baumstämme oder Felsen	Umgehend entfernen
5	Stark morsche, abgebrochene oder entrindete Äste in bespielten Bereichen	Möglichst zeitnah fachgerecht entfernen; ggf. unter Belassen eines geeigneten Halte- oder Auftrittspunktes
6	Stachelige (dornige) Pflanzenteile in intensiv bespielten Bewegungsbereichen	in angemessener Zeil entfernen
7	Beeinträchtigungen an Absperrungen, Hinweistafeln, Einfriedigungen oder anderen sicherheitsrelevanten Bauteilen	in angemessener Zeil beseitigen oder sichern
8	Beschädigungen an Einfriedigungen zu Nachbargrundstücken	Nachbarn ggf. informieren; Instandsetzung zeitnah veranlassen

Operative Inspektion

	Prüfkriterium	Maßnahmen
1	Festigkeit und Standsicherheit selbst gebauter Hütten (durch Besteigen, Rütteln, einfache Belastungsversuche)	Sanierung oder vollständige/teilweise Beseitigung

	Prüfkriterium	Maßnahmen
2	Stabilität von Baumhütten; besonderes Augenmerk auf herabfallende Bauteile	umgehende Befestigung oder Rückbau
3	Bruchsicherheit potenziell unkontrolliert brechender Gehölz- oder Steinteile an häufig bespielten Elementen	umgehende Sanierungsarbeiten
4	Fäulnis oder Korrosion an gebauten Elementen (z. B. Eingänge, Informationstafeln)	umgehende Sanierung
5	Vollständigkeit und Funktionsfähigkeit der Einfriedigung	Umgehende Ergänzung oder Reparatur

Jährliche Hauptinspektion

Die jährliche Hauptinspektion umfasst eine intensive und detaillierte Sicht- und Funktionskontrolle sämtlicher Elemente und Teilbereiche naturnaher Spielräume zur Feststellung des allgemeinen Sicherheitsniveaus. Sie sollte unmittelbar vor Beginn der Hauptspielperiode durchgeführt werden.

Pflege und Wartung

Der sachkundige Prüfer hat sich zudem ein Bild über anstehende Pflegeerfordernisse zu verschaffen. Dazu gehören insbesondere:

- Maßnahmen zur Förderung von Naturerleben und kreativem Spiel (z. B. ausreichende Menge geeigneter Baumaterialien),

- Beurteilung der Vegetationsentwicklung,
- rechtzeitige Planung erforderlicher Schnitt- und Pflegemaßnahmen.

Werden Pflegearbeiten nicht flächendeckend durchgeführt, sind diese im Pflege- bzw. Wartungsplan örtlich eindeutig zu dokumentieren.

Empfehlung zu Kontrollzeiträumen und Dokumentation

Von März bis September (witterungsabhängig auch Oktober/November) sind visuelle Routine-Inspektionen in der Regel wöchentlich durchzuführen. In den Wintermonaten mindestens dreimal pro Monat. Je nach Nutzungsintensität, Konfliktlage oder besonderen Risiken (z. B. instabile Baumhütten) sind häufigere Kontrollen erforderlich.

Die Ergebnisse sind schriftlich zu dokumentieren.

Festgestellte Mängel sollten – sofern sie nicht sofort beseitigt werden – vor Ort gekennzeichnet oder gesichert werden. Bei vorläufigem Nutzungsentzug ist dies eindeutig zu dokumentieren.

Hygienisch relevante Verunreinigungen sind besonders zeitnah zu entfernen.

Eine regelmäßige rückblickende Bewertung der Kontrollergebnisse sowie ein Erfahrungsaustausch der Verantwortlichen – auch unter Einbeziehung pädagogischer Aspekte – wird empfohlen.

Plattform, Fläche mit Handunterstützung

Norm: Nr. 3.21 DIN EN 1176-1

Eine **Plattform** (Podest) ist eine erhöhte Standfläche, auf der ein oder mehrere Nutzer ohne zusätzliche Handunterstützung sicher stehen können. Die Einstufung als Plattform muss unter Berücksichtigung der Funktion des jeweiligen Spielplatzgeräts erfolgen. Bezüglich Absturzsicherung siehe Kapitel ► „Absturzsicherung".

- Zwischen der Plattformoberfläche und der Unterkante der Brüstung sowie zwischen einzelnen Füllelementen dürfen keine Öffnungen vorhanden sein, durch die der Prüfkörper C hindurchgehen kann.
- Beträgt die Differenz der freien Fallhöhe zwischen angrenzenden Plattformen mehr als 100 cm, muss die Oberfläche der tieferliegenden Plattform ein angemessenes Maß an Stoßdämpfung aufweisen.
- Weitere Regelungen betreffen Anforderung an Geräteteile in Zusammenhang mit Plattformen insbesondere in den Kapiteln ► Absturzsicherung", ► „Aufprallflächen", ► „Räume und Bereich" (z. B. bei Kletterstangen) ► „Sprunggeräte".

Eine **Fläche mit Handunterstützung** ist eine Fläche, die nur unter Nutzung einer Handunterstützung ein Stehen ermöglicht. Dies kann konstruktiv beispielsweise dadurch erreicht werden, dass:

- die Standfläche so verkleinert wird, dass ein Festhalten erforderlich ist,
- die Fläche geneigt ausgeführt wird, sodass ein Festhalten erforderlich ist,
- die Fläche beweglich ausgeführt wird, sodass ein Festhalten erforderlich ist.

In diesen Fällen übernimmt die Handunterstützung die Funktion der Absturzsicherung.

Die Norm enthält keine konkreten geometrischen oder konstruktiven Vorgaben für die Ausführung einer Handunterstützung. Nach Auskunft des zuständigen Normenausschusses ist die Eignung der Handunterstützung im Rahmen einer Gefährdungsbeurteilung zu bewerten.

Aus fachlicher Sicht erfüllen Bauteile, die die Anforderungen an das Umfassen erfüllen, grundsätzlich die Funktion einer Handunterstützung. Abhängig von der konkreten Situation kann auch als minimale Anforderung an das Greifen ausreichend sein (siehe Kapitel ► „Greifen und Umfassen“).

Handunterstützungen sollten – in Anlehnung an Geländer, Handläufe bzw. Querstangen an Anbaurutschen – entsprechend ausgelegt sein,

- dass sie einer horizontalen Linienlast von 750 N/m standhalten,
- dass sie in einer Höhe von mindestens 60 cm bis 85 cm bzw. 90 cm, angeordnet sind.

Gegenwärtig gibt es keine Einschränkungen bezüglich der Zugänglichkeit. D. h. Flächen mit Handunterstützung können auch bei leichter Zugänglichkeit eine max. frei Fallhöhe von 300 cm aufweisen.

Beispiele für Flächen mit Handunterstützung können sein:

- Wackelbrücken
- Kettensteg
- schmale Flächen

***Bild 1:** Kletteranlage mit schmalen Flächen und Handunterstützung (Quelle: GAO – Gesundheits- und Arbeitsschutz Onischka UG [haftungsbeschränkt])*

Bild 2: *Wackelbrücke (auf der kein sicheres Stehen möglich ist). Die waagerechten Pfosten in einer Höhe von ca. 140 cm sind konstruktive Elemente und keine Handunterstützung. Derartige Spielplatzgeräte erfüllen nicht die normativen Anforderungen. (GAO – Gesundheits- und Arbeitsschutz Onischka UG [haftungsbeschränkt])*

Inspektionen

- ☐ Zunächst ist festzustellen, ob es sich um eine **Plattform** oder um eine **Fläche mit Handunterstützung** handelt.
- ☐ Bei Plattformen sind die normativ geregelten Anforderungen im Zusammenhang mit angrenzenden oder zugeordneten Geräteteilen zu überprüfen (z. B. Absturzsicherung, Öffnungsmaße, Stoßdämpfung, Übergänge).
- ☐ Bei Flächen mit Handunterstützung sind die sicherheitstechnischen Anforderungen anhand der Herstellerunterlagen, insbesondere der Gefährdungsbeurteilung, zu bewerten. Dabei ist zu prüfen, ob die vorgesehene Handunterstützung die Funktion der Absturzsicherung wirksam erfüllt.

Prüfbericht

Norm: Anlage A.3 DIN 79161-1:2025-12

Ab dem 01.07.2026 sind die Anforderungen an den Prüfbericht gemäß Anhang A.3 DIN 79161-1:2025-12 normativ anzuwenden.

Für Deutschland ist zur Bestätigung des angemessenen Maßes an Stoßdämpfung der Nationale Anhang NA DIN EN 1176-1:2024-05 normativ einschlägig.

Es wird empfohlen, die Bezeichnung „Prüfbericht“ zu verwenden. Der Hersteller sollte entsprechend Nr. 5 DIN EN 1176-1 die Bezeichnung „Nachweis der Einhaltung“ verwenden. GS-Prüfstellen nach § 21 ProdSG verwenden die Bezeichnung „GS-Baumusterprüfbericht“ einschließlich einer gültigen GS-Zertifizierungsurkunde.

Der Prüfbericht stellt die Dokumentation eines Sachkundigen nach DIN EN 1176-7:2020-06 dar.

Anforderungen an den Prüfbericht

Ein Prüfbericht hat mindestens die nachfolgenden Angaben zu enthalten:

a) Bezugnahme auf die Norm DIN 79161-1:2025-12
b) eine eindeutige Kennzeichnung des Prüfberichts auf jeder einzelnen Seite
Das kann z. B. über die fortlaufende Berichtsnummer sowie Angaben in einer Kopf- oder Fußzeile erfolgen. In der Praxis

haben sich zusätzliche Seitenangaben wie „Seite x von y" bewährt.

c) Angabe der durchgeführten Inspektionsart
Es ist anzugeben, ob es sich um die Inspektion nach der Installation, die jährliche Hauptinspektion, eine Inspektion nach Wartungsreparatur bzw. um eine außerordentliche Hauptinspektion nach einem Unfall handelt.

d) eindeutige Bezeichnung bzw. Identifikation des geprüften Spielplatzes
Dier Bezeichnung sollte mit den Angaben auf dem Spielplatzschild bzw. Spielplatzakte übereinstimmen und somit Name des Spielplatzes und die Anschrift des Spielplatzes bzw. die GPS-Koordinaten enthalten.
Bei Inspektionen nach Wartungsreparaturen bzw. außerordentlichen Hauptinspektionen nach einem Unfall ist das Prüfobjekt eindeutig b zu benennen.

e) Prüfdatum bzw. Datum der Durchführung der Inspektion
In der Praxis hat es sich bewährt, das Datum zusätzlich in die Kennzeichnung des Prüfberichts auf jeder einzelnen Seite aufzunehmen.

f) vollständiger Name des Sachkundigen einschließlich Anschrift der zugehörigen Dienststelle
Grundsätzlich ist der Sachkundenachweise bzw. die Bezeichnung des Zertifikates nach DIN 79161-1 u. -2 einschließlich des aktuellen Rezertifizierungsdatums anzugeben.

g) Benennung des Auftraggebers
In der Praxis hat es sich bewährt, den Auftraggeber mit vollständiger Anschrift sowie ergänzend mit Ansprechpartner und Auftragsdaten anzugeben.

h) Benennung weiterer an der Prüfung beteiligter Personen (optional)

i) vollständige Auflistung sämtlicher vorhandener Spielplatzgeräte
Die Angaben zu den einzelnen Spielplatzgeräten sollten die in Nr. 7.1 DIN EN 1176-1 geforderten Informationen enthalten, insbesondere Gerätebezeichnung, Herstellungsjahr, Name und Anschrift des Herstellers oder autorisierten Vertreters sowie die Nummer und das Datum der Norm, nach der das Spielplatzgerät hergestellt wurde. Es hat sich bewährt, ein Foto des Herstellerschildes beizufügen.
j) Angaben zu Ausstattungsbestandteilen, Pflanzenverwendung, Zugangssituation, Einfriedung sowie Beschilderung
Es sollte stets eine Erklärung zur Pflanzenverwendung erfolgen. Gegebenenfalls ist ein Bezug zum Pflanzplan herzustellen.
k) Darstellung der zugrunde gelegten Prüfgrundlagen
Bei der JHI ist anzugeben, ob folgende Unterlagen vorlagen:
- Herstellerdokumentation für Spielplatzgeräte und stoßdämpfende Böden
- Prüfbericht der Inspektion nach der Installation
- letzter Prüfbericht der JHI
- Dokumentation (Prüfberichte, Checklisten) der visuellen Routine-Inspektionen (VRI) und operativen Inspektionen (OI) seit der letzten JHI
- Dokumentation zur Mängelbeseitigung seit der letzten JHI
- Nachweise über routinemäßige Wartungen und ggf. durchgeführte Wartungsreparaturen
- Ergebnis der letzten Wirksamkeitsprüfung der angewendeten Sicherheitsmaßnahmen

Für die **Inspektion nach der Installation** sind neben den Herstellerunterlagen die Planungsunterlagen einschließlich Pflanzplänen sowie die Ausführungsdokumentation (z. B. Fachunternehmererklärung mit Aufmaß und Nachweis von

Qualitätsanforderungen) sowie der Prüfbericht des Herstellers nach Nr. 5 DIN EN 1176-1 („Nachweis der Einhaltung") zugrunde zu legen.
Fehlende Prüfgrundlagen sind im Prüfbericht ausdrücklich zu vermerken.

l) Erfassung und sicherheitstechnische Bewertung festgestellter Mängel, gegliedert in:
   1. Beschreibung des Mangels unter Angabe der entsprechenden Fundstellen in Normen oder sonstigen Regelwerken, auf die sich die Feststellung stützt. Die Darstellung sollte nach Möglichkeit durch Fotodokumentation ergänzt werden.
   2. Festlegung von Fristen zur Mängelbeseitigung entsprechend der Gefährdungsschwere. Erfolgt die Einordnung über ein Klassifizierungssystem (z. B. „sofort", „innerhalb von drei Monaten", „innerhalb eines Jahres"), ist dessen Erläuterung Bestandteil der Dokumentation;
   3. gegebenenfalls Empfehlungen.[1] zur Beseitigung des Mangels (optional). Dem Auftraggeber ist zu empfehlen die Mängelbeseitigung zur dokumentieren.
   4. Dokumentation unmittelbar vor Ort veranlasster Maßnahmen bei akuter Gefährdung von Leib und Leben;

m) Aufbewahrungs- und Kommunikationshinweise
Die Prüfberichte sind mindesten fünf Jahre aufzubewahren.
Es wird dringend empfohlen:
   - den Prüfbericht der Inspektion nach der Installation sowie ggf. Prüfberichte zu umfassenden Wartungsreparaturen dauerhaft aufzubewahren;

[1] Der Sachkundige wird nicht hoheitlich tätig und kann keine Anordnungen treffen.

- andere Prüfberichte so lange aufzubewahren, bis alle Gefahren, die nicht dem sportlich-spielerischen Risiko zugeordnet werden können, beseitigt sind;
- sofern der Prüfbericht Hinweise zum Sicherheitsmanagement, zu VRI, OI oder Wartungsarbeiten enthält, den Prüfbericht oder relevante Auszüge den zuständigen Bearbeitern zur Verfügung zu stellen;
- im Prüfbericht darauf hinzuweisen, dass dieser Bestandteil der Spielplatzakte wird.

Der Prüfbericht sollte vom Sachkundigen ebenfalls mindestens fünf Jahre aufbewahrt werden

n) Datum sowie eigenhändige Unterschrift des Spielplatzprüfers
Der Prüfbericht sollte abschließend das Datum (gegebenenfalls mit Ortsangabe), die leserliche Namenswiedergabe des Prüfers einschließlich Zertifikatsnummer sowie dessen eigenhändige Unterschrift enthalten.

Dokumentation der Bestätigung des angemessenen Maßes an Stoßdämpfung bei der Inspektion nach der Installation

Das Ergebnis der Inspektion der stoßdämpfenden Böden nach deren Installation ist zu dokumentieren und muss mindestens die folgenden Angaben[2]: umfassen:

- Angabe der Nummer und des Ausgabedatums der zugrunde liegenden Europäischen Norm, also EN 1176-1:2017 (siehe Kapitel ► „Die Normenreihe DIN EN 1176 – Spielplatzgeräte und Spielplatzböden“).

[2] Nationaler Anhang NA DIN EN 1176-1:2024-05 i. V. m. Nr. 5.2 DIN EN 1176-1:2017-12 sowie Nr. 3.15 DIN EN Bbl. 1:2020-12

- Nennung des Standorts sowie des Datums der Prüfung, Beschreibung des verwendeten Bodenmaterials und Bestätigung, dass die erforderliche stoßdämpfende Wirkung gewährleistet ist.
- Beschreibung des Zustands des Fallschutzbodens bzw. der Aufprallfläche einschließlich aller festgestellten Schäden, soweit diese sicherheitsrelevant sind.
- Empfehlung zur regelmäßigen visuellen Kontrolle der Oberfläche, um erkennbare Beschädigungen frühzeitig festzustellen. Die Prüffrequenz kann je nach Beanspruchung, außergewöhnlichen Witterungsbedingungen oder erhöhter Vandalismusgefahr angepasst bzw. erhöht werden.

Vor dem Hintergrund der Funktion von Aufprallflächen bzw. stoßdämpfenden Böden als Sicherheitseinrichtungen im Ereignisfall (z. B. bei einem Absturz; siehe Kapitel ► „Aufprallflächen“) wird empfohlen, die Inspektion der Aufprallflächen bzw. stoßdämpfenden Böden entsprechend dem Nationalen Anhang NA gemäß den vorstehenden Nummern 2 bis 4 zu dokumentieren. Aufprallflächen mit identischem Maß an Stoßdämpfung können dabei – wie bei der Inspektion nach der Installation – zusammengefasst werden.

Gerätespezifische Anforderungen an den Prüfbericht

Falls bei der Inspektion nach der Installation kein Nachweis von Einhaltung für die Spielplatzgeräte seitens des Herstellers vorliegen, wird dringend empfohlen, dass der Prüfbericht nach der Installation folgende zusätzlich Angaben enthalten:

Schaukeln nach Nr. 6 DIN EN 1176-2:2020-04

Die Anforderungen aus Abschnitt 4 der DIN EN 1176-2:2020-04 (2017 + AC) sind durch Messungen, Sichtprüfungen oder praktische Prüfungen nachzuweisen, beispielsweise hinsichtlich:

- Bodenfreiheit
- Sitzfreiraum bei Einpunktschaukeln (Typ 3)
- Mindestfreiraum und Richtungsstabilität bei Schaukelsitzen mit mehreren Aufhängungspunkten
- Aufhängungen
- Stoßdämpfung der Schaukelsitze
- dynamischer Belastung des Schaukelgerätes
- konstruktiver Festigkeit
- Tragkonstruktion (Gerüst)
- Fallhöhe und zugehöriger Aufprallfläche

Die Nummer und das Ausgabedatum der Norm DIN EN 1176-2:2017 sind im Prüfbericht anzugeben

Rutschen nach Nr. 5 DIN EN 1176-3:2017-12

- Nachweis der Übereinstimmung mit DIN EN 1176-3:2017-12
- Bestätigung der Konformität mit den einschlägigen Anforderungen aus EN 1176-1 und EN 1176-3

Die Nummer und das Datum der Norm EN 1176-3:2017 sind im Prüfbericht zu benennen.

Seilbahnen nach Nr. 5 DIN EN 1176-4:2019-05

- Nachweis der Übereinstimmung mit DIN EN 1176-4
- Bestätigung der Konformität mit den einschlägigen Anforderungen aus EN 1176-1 und EN 1176-4

Die Nummer und das Datum der Norm EN 1176-4:2017 sind im Prüfbericht zu benennen.

Karussell nach Nr. 6 DIN EN 1176-5:2019-12

- Nachweis der Übereinstimmung mit DIN EN 1176-5
- Bestätigung der Konformität mit den relevanten Anforderungen aus EN 1176-1 und EN 1176-5

Nummer und Datum der Norm EN 1176-5:2019 sind im Prüfbericht anzugeben.

Wippgeräte nach Nr. 6 DIN EN 1176-6:2019-05

- Nachweis der Übereinstimmung des Gerätes mit EN 1176-6
- Bestätigung der Konformität mit den einschlägigen Anforderungen von EN 1176-1 und EN 1176-6

Nummer und Datum der Norm EN 1176-6:2017 muss im Prüfbericht aufgeführt sein

Raumnetze nach Nr. 5 DIN EN 1176-11:2014-11

- Nachweis der Übereinstimmung mit EN 1176-11
- Bestätigung der Konformität mit den einschlägigen Anforderungen von EN 1176-1 und EN 1176-11

Nummer und Datum der Norm EN 1176-11:2014 muss im Prüfbericht aufgeführt sein.

Im Download-Bereich ist ein mögliches Muster für ein Prüfprotokoll einer Inspektion nach der Installation und ein Prüfprotokoll für eine jährlich Hauptinspektion enthalten. Dabei handelt es sich um Vorschläge. Der Sachkundige muss den Gestaltungsempfehlungen nicht folgen.

Räume und Flächen

Norm: DIN EN 1176 – Spielplatzgeräte und Spielplatzböden – Teil 1: Allgemeine sicherheitstechnische Anforderungen und Prüfverfahren

Vor der Beschaffung eines Spielplatzgeräts muss sich der Betreiber vergewissern, ob das Gerät am vorgesehenen Platz auch aufgestellt werden kann. Dazu muss er die Abmessungen des Geräts und der erforderlichen Aufprallfläche kennen. Wichtig sind aber auch die Geräte- und die freie Fallhöhe.

Bei der Entwicklung und dem Bau von Spielplatzgeräten ist zu berücksichtigen, welchen Freiraum der Benutzer an Geräten mit erzwungener Bewegung benötigt.

Definitionen

(1) Jedes Spielplatzgerät nimmt einen gewissen Raum ein. Dieser Raum wird in der Norm als „vom Gerät eingenommener Raum", umgangssprachlich auch als „**Geräteraum**", bezeichnet.

(2) Ein weiterer Raum ist der vom Benutzer bei erzwungener Bewegung eingenommene Raum. Da nicht an allen Geräten eine erzwungene Bewegung stattfindet, gibt es ihn auch nicht an allen Geräten, z. B. nicht an Spielhäusern und Raumnetzen. Er ergibt sich aus der Aneinanderreihung verschiedener zylindrischer Räume. Weil dieser Raum i. d. R. frei sein muss, wird er als „**Freiraum**" bezeichnet.

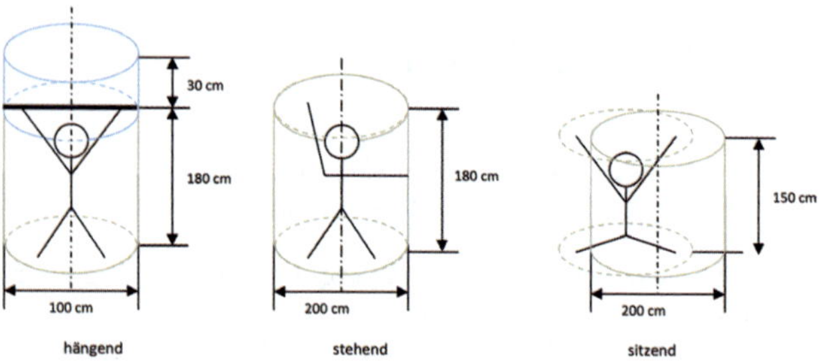

***Bild 1:** Freiraum verschiedener Körperpositionen (Quelle: GAO – Gesundheits- und Arbeitsschutz Onischka UG [haftungsbeschränkt])*

Die Größe des Zylinders hängt von der Körperposition ab. In hängender Position beträgt die Länge des Zylinders nach unten 1,8 m. Wegen der Möglichkeit, sich hochzuziehen, wird dazu der Zylinder um 30 cm nach oben verlängert.

Für eine Rutsche ergibt sich der Freiraum aus den verschiedenen Zylindern, die der Benutzer in sitzender Position vom Einsitzteil bis zum Auslaufteil einnimmt. Der Zylinder steht dabei immer rechtwinklig auf der Oberfläche.

Bild 2: *Freiraum auf einer Rutsche (Quelle: GAO – Gesundheits- und Arbeitsschutz Onischka UG [haftungsbeschränkt])*

Bei Schaukeln beschreiben die Zylinder den Teil einer vertikalen Kreisbahn.

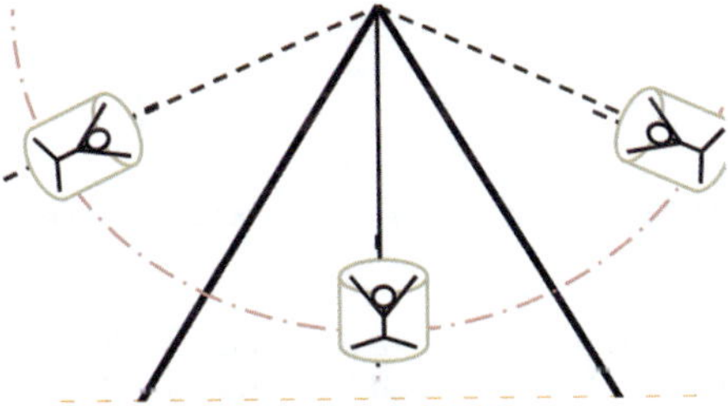

Bild 3: *Freiraum einer Schaukel (Quelle: GAO – Gesundheits- und Arbeitsschutz Onischka UG [haftungsbeschränkt])*

Die hier erläuterten Freiräume resultieren aus den Körpermaßen der Benutzer. In den einzelnen Teilen der DIN EN 1176 werden die Freiräume teilweise wieder eingeschränkt. So sind z. B. im Freiraum von Wendelrutschen bestimmte Einbauten zulässig.

Auch für Rutschstangen gelten Einschränkungen, wenn diese als Zu- oder Abgang von Podesten dienen. So darf der Abstand einer Kletterstange von einem Podest bis auf 35 cm reduziert werden, obwohl rund um die Stange normalerweise ein Freiraum von 50 cm berücksichtigt werden müsste.

Dieses Maß stellt einen Kompromiss dar. Es sichert einerseits, dass der Benutzer (noch) genügend Platz hat, andererseits ist die Kletterstange vom Podest aus so auch für kleinere Benutzer gut erreichbar.

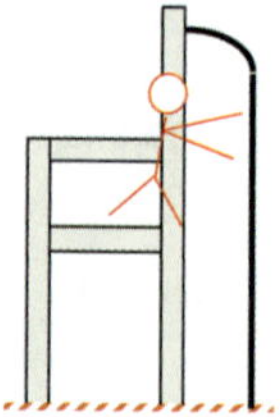

***Bild 4:** Der Freiraum eine Rutschstange ist podestseitig eingeschränkt. (Quelle: GAO – Gesundheits- und Arbeitsschutz Onischka UG [haftungsbeschränkt])*

(3) Als erzwungene Bewegung wird eine durch die Konstruktion des Gerätes ausgelöste Bewegung des Benutzers bezeichnet, die dieser nicht zu jeder Zeit vollständig kontrollieren (beenden)

kann. Eine Schaukelbewegung kann z. B. nicht in jeder Phase beendet werden.

Erzwungene Bewegungen erfolgen an

- Schaukeln,
- Rutschen,
- Seilbahnen
- Karussells der Typen A, B, C, E und F2,
- Wippgeräte der Typen 1, 5 und 6.

Es ist nicht abschließend definiert, welche Bewegungen als erzwungen gelten.

(4) Der Fallraum ist nicht an eine erzwungene Bewegung gebunden. Es gibt ihn, sofern erhöhte Geräteteile vorhanden und von den Benutzern erreichbar sind. Er beträgt bis zu einer freien Fallhöhe von 1,5 m horizontal 1,5 m um die äußersten Geräteteile. Bei größeren Fallhöhen vergrößert sich auch der Fallraum horizontal (siehe hierzu auch Kapitel ▶ „Aufprallfläche“). Bei der Aufstellung des Geräts an einer Wand kann sich der Fallraum verringern, bei erzwungener Bewegung vergrößern. Details werden in den Gerätenormen geregelt.

Soweit nicht anders festgelegt, dürfen sich Fallräume von Geräten mit erzwungener Bewegung nicht überschneiden. Eine Ausnahme gilt z. B. für Schaukeln vom Typ 4 (Kontaktschaukeln). Die Projektion des Fallraums auf die Spielebene ergibt die Mindestaufprallfläche.

Im Fallraum dürfen sich keine Hindernisse befinden, es sei denn, sie sind nach den Gerätenormen zulässig. Ziel dieser Anforderung ist es, Verletzungen durch Aufprall zu verhindern. Bei der Beurteilung ist die konkrete Situation zu berücksichtigen. So erlaubt z. B. DIN EN 1176-11 bei Raumnetzen den Aufprall auf Gerüstelemente aus größeren Höhen, wenn diese ausreichend schräg angeordnet sind und dadurch einen abweisenden Effekt verursachen.

(5) Innerhalb des Fallraums muss damit gerechnet werden, dass sich dort Benutzer nicht nur aufhalten, sondern auch ungewollt hineinstürzen oder absichtlich hineinspringen. Bei stark frequentierten Spielplatzgeräten, wie sie z. B. auf den Pausenhöfen von Grundschulen zu finden sind, sollten deshalb zusätzlich zum Fallraum weitere Flächen um Geräte freigehalten werden. Damit kann verhindert werden, dass sich eine Vielzahl anderer Personen im Fallraum aufhalten.

Besonders wichtig ist dies bei der Aufstellung von Schaukeln. Diese sollten sich möglichst im Randbereich befinden, um unbeabsichtigte Kollisionen zu vermeiden. DIN EN 1176-2 enthält dazu im Anhang A Informationen für Schaukeln. Hier ist der Sachverstand des Planers und des Prüfers gefragt

Anforderungen

- Der Freiraum muss grundsätzlich frei von Hindernissen sein. Er darf nur dort eingeschränkt werden, wo das normativ zulässig ist. Freiräume innerhalb des gleichen Gerätes dürfen sich nur überschneiden, wenn das zulässig ist. Freiräume benachbarter Geräte dürfen sich nie überschneiden. (Die Aufprallfläche von Geräten mit erzwungener Bewegung ist unabhängig von der freien Fallhöhe immer stoßdämpfend auszuführen – auch bei Fallhöhen unter 60 cm.)

- Fallräume müssen abhängig von der freien Fallhöhe bzw. gerätespezifisch in der erforderlichen Ausdehnung vorhanden sein.
- Fallräume von Geräten mit erzwungener Bewegung sollten sich nicht überschneiden.[1]
- Der Fallraum muss ohne Hindernisse sein oder nur erlaubte Einbauten beinhalten. Schräg verlaufende Geräteteile im Fallraum können zulässig sein, wenn diese einen ausreichend abweisenden Effekt haben.
- Durch den Fallraum sollen keine beabsichtigten oder unbeabsichtigten Wege der Benutzer zu anderen Spielangeboten oder Orten führen. Bei starker Bespielung, z. B. auf Pausenhöfen, ist zwischen den Aufprallflächen verschiedener Geräte ausreichend Platz für Verkehrsbereiche vorzusehen.

Inspektion

- ☐ Es ist zu prüfen, ob die Geräte nach Herstellervorgaben aufgestellt wurden und sowohl die Freiräume als auch die Fallräume tatsächlich in der erforderlichen Ausdehnung eingehalten werden.
- ☐ Bei operativen Inspektionen und jährlichen Hauptinspektionen ist zu prüfen, ob Frei- und Fallräume noch frei oder ob z. B. Bäume hineingewachsen sind oder ob an den Geräten technische Veränderungen vorgenommen wurden, die Einfluss auf die Räume haben.
- ☐ Überschneidungen von Freiräumen im gleichen Gerät dürfen nur dort zugelassen werden, wo sie auch erlaubt sind, z. B.

[1] Die Norm formuliert hier nicht eindeutig: Ein Überschneiden des Fallraums bei Vorhandensein einer erzwungenen Bewegung sollte […] nicht vorkommen.

die Freiräume benachbarter Bahnen von mehrbahnigen Rutschen.

- □ Überschneidungen von Fallräumen verschiedener Geräte sollten bei erzwungener Bewegung nicht vorkommen.
- □ Bei stark frequentierten Spielplätzen ist die Gesamtsituation zu beurteilen. Dazu gehören die Lage einzelner Geräte, die Anordnung und Breite der Verkehrsflächen sowie ggf. zusätzliche Flächen um einzelne Geräte.

Raumnetze

Norm: DIN EN 1176 – Spielplatzgeräte und Spielplatzböden – Teil 11: Zusätzliche besondere sicherheitstechnische Anforderungen und Prüfverfahren für Raumnetze

Raumnetze sind dreidimensionale Gebilde aus Seilen oder auch Ketten, die eine gewisse Nachgiebigkeit aufweisen. Es gibt sie in den Grundformen als Zentralmastgeräte, Fachwerkgeräte und dreidimensional angeordnete Flächennetze sowie in vielfältigen Kombinationen untereinander und mit anderen Geräten.

***Bild 1:** Zentralmastgerät, auch als Kletterpyramide bezeichnet (Quelle: GAO – Gesundheits- und Arbeitsschutz Onischka UG [haftungsbeschränkt])*

Bild 2: *Fachwerkgerät (Quelle: GAO – Gesundheits- und Arbeitsschutz Onischka UG [haftungsbeschränkt])*

Raumnetze sind manchmal sehr viel höher als die üblicherweise zugelassene freie Fallhöhe von 3,0 m. Dahinter steckt die Philosophie, dass ein Benutzer nicht einfach durch die Seile bis zum Boden fällt. Davon wird ausgegangen, wenn – in Anlehnung an die Körpermaße von Kindern – ein senkrecht ausgerichteter Zylinder mit Durchmesser 65 cm und 1,8 m Höhe nicht durchfällt. Bei richtig konstruierten Raumnetzen trifft dieser Zylinder auf Seile und schräge Streben. Ein Durchfallen zur Spielebene sollte nur von der untersten Seillage möglich sein. Die Höhe dieser Seillage entspricht bei derart konstruierten und gefertigten Geräten damit der freien Fallhöhe.

Für Kinder sind Raumnetze sehr attraktiv, denn sie erreichen hier große Höhen. Es sind Zentralmastgeräte bis 13 m Höhe bekannt. Eltern haben oftmals Bedenken wegen dieser Höhe. Bei den Betreibern erfreuen sich Raumnetze wegen ihrer langen Haltbarkeit und Vandalismus-Sicherheit großer Beliebtheit.

Anforderungen

(1) Maschenweite bei Zentralmast- und Fachwerkgeräten

Die Seile und Streben müssen so angeordnet sein, dass ein Körper von 65 cm Durchmesser und 1,8 m Länge nicht bis zur Aufprallfläche frei durchfallen kann, sondern immer auf Seile oder schräg angeordnete glatte Stützstreben trifft.

(2) Maschenweite bei dreidimensional angeordneten Flächennetzen

Wenn der vertikale Abstand zwischen den Netzen bis zu 1,0 m beträgt, darf die Maschenweite bis zu 65 cm betragen.

Beträgt der vertikale Abstand zwischen den Netzen mehr als 1,0 m, darf die Maschenweite maximal 42 cm betragen.

Der vertikale Abstand zwischen zwei Flächennetzen darf maximal 1,8 m betragen.

(3) Glatte Stützstangen haben einen abweisenden Effekt, der vom Winkel abhängt, in dem der Benutzer auftrifft (Kräfteparallelogramm) und die Aufprallenergie mindert. Auf glatte, schräge Stützstangen darf aus den folgenden Höhen aufgetroffen werden, ohne dass zusätzliche Fallschutzmaßnahmen getroffen werden müssen:

Tabelle 1: *Stützstangen nach Winkel und Fallhöhe*

Winkel der Stützstange zur Waagerechten in grd	Maximale Fallhöhe in Metern nach innen (entspricht Fallhöhe 60 cm bei senkrechtem Fall)
30	0,7
45	0,85
60	1,2
70	1,75
80	3,0

Seile gelten nicht als harte Gegenstände im Fallraum, da sie bei der Benutzung nachgeben. Die Fallhöhe zur Spielebene ist i. d. R. die Höhe der untersten Stützstangen bzw. der untersten Seillage. Bei der Betrachtung wird unterstellt, dass der Benutzer nicht nach außen, sondern senkrecht in die Netzstruktur fällt.

Bei übereinanderliegenden Flächennetzen kann in Abhängigkeit von der Konstruktion ein Fallen nach außen möglich sein.

(4) Spitzwinklig nach unten zusammenlaufende Teile in Raumnetzen sind von den allgemeinen Anforderungen an Fangstellen für teilweise umschlossene und V-förmige Öffnungen ausgenommen., wenn mindestens ein Schenkel des Winkels nachgiebig ist, z. B. ein Seil. Stattdessen sind folgende Anforderungen zu erfüllen, wenn mindestens eines dieser Teile nachgiebig ist.

Für Bereiche mindestens 60 cm über dem Boden gilt:

- Nach Normausgabe 2008 musste der Winkel mindestens 20° betragen.
- Nach Normausgabe 2014 muss der Winkel mindestens 55° betragen. Gemessen wird mit dem „Spatenprüfkörper“. Dieser ist mit dem Teil A mit einer Kraft von (222 ± 5) N in die zu prüfende Öffnung zu ziehen.

Inspektion

☐ Überprüfung der fachgerechten Montage, Seile nach Herstellerangaben gespannt, nachgespannt, gekontert und nicht verdreht
☐ alle Kugeln verschlossen
☐ Seile nicht beschädigt, geknickt oder verdreht
☐ Überprüfen auf Korrosion, dazu ggf. Ankerrahmen oder Zentralmast freilegen
☐ Überprüfen der Abmessungen und des Zustands der Aufprallfläche

Hinweis

An häufig frequentierten Stellen sind verschlissene Polyesterummantelung der Seile nur ein Schönheitsfehler und kein technischer Mangel, solange die Drahtseile unbeschädigt sind.

Rutschen

Norm: DIN EN 1176 – Spielplatzgeräte und Spielplatzböden – Teil 3: Zusätzliche besondere sicherheitstechnische Anforderungen und Prüfverfahren für Rutschen

Rutschen sind Spielplatzgeräte, auf denen der Benutzer auf geneigten Flächen mit Seitenbegrenzung durch sein Eigengewicht mittels erzwungener Bewegung in einer konstruktiv vorgegebenen Bahn nach unten rutscht. Sie bestehen aus einem Einsitzteil, einem Rutschteil und einem Auslaufteil.

Nicht zu den Rutschen i. S. v. DIN EN 1176-3 gehören Wasserrutschen und andere geneigte Flächen wie z. B. Skateeinrichtungen. Auch Rollbahnen, auf denen in Kisten gerutscht wird, oder geneigte Flächen, auf denen mit Matten gerutscht wird, zählen genauso wenig zu den Rutschen i. S. d. Norm wie parallele geneigte Stangen. Aufblasbare Rutschen fallen unter DIN EN 14960[1].

---

1 Normenreihe DIN EN 14960 Aufblasbare Spielgeräte

***Bild 1:** Wasserrutschen sind keine Spielplatzgeräte. (Quelle: GAO – Gesundheits- und Arbeitsschutz Onischka UG [haftungsbeschränkt])*

Bild 2: *Keine Rutsche (Quelle: GAO – Gesundheits- und Arbeitsschutz Onischka UG [haftungsbeschränkt])*

Rutschenbauformen

Sehr verbreitet sind **freistehende Rutschen**, auch als Bockrutschen bezeichnet. Sie sind eigenständige Geräte.

Hingegen sind **Anbaurutschen**, wie der Name schon sagt, an ein anderes Spielplatzgerät angebaut. Dieses kann noch weitere Spielfunktionen haben.

***Bild 3:** Freistehende Rutsche, Bockrutsche (Quelle: GAO – Gesundheits- und Arbeitsschutz Onischka UG [haftungsbeschränkt])*

Bild 4: *Anbaurutsche (Quelle: GAO – Gesundheits- und Arbeitsschutz Onischka UG [haftungsbeschränkt])*

Hangrutschen liegen auf einem Hang auf oder folgen dessen Neigung zumindest in großen Teilen.

Bei **Tunnelrutschen** ist das Rutschteil als umschlossener Raum ausgebildet. Kombinierte Tunnelrutschen sind im oberen Teil tunnelförmig ausgebildet und gehen dann in einen Teil mit Seitenschutz über.

Bild 5: *Hangrutsche, die im oberen Teil nicht vollständig aufliegt. (Quelle: GAO – Gesundheits- und Arbeitsschutz Onischka UG [haftungsbeschränkt])*

***Bild 6:** Tunnelrutsche (Quelle: GAO – Gesundheits- und Arbeitsschutz Onischka UG [haftungsbeschränkt])*

Nach der Form des Rutschteils wird in **Kurvenrutschen**, **Wendelrutschen** und **Wellenrutschen** unterschieden.

Die Möglichkeit, dass mehrere Benutzer gleichzeitig eine Rutsche nutzen, ist bestimmungsgemäß nur bei **mehrbahnigen Rutschen** vorgesehen.

Bild 7: *Kombinierte Tunnelrutsche (Quelle: GAO – Gesundheits- und Arbeitsschutz Onischka UG [haftungsbeschränkt])*

Bild 8: *Kurvenrutsche (Quelle: GAO – Gesundheits- und Arbeitsschutz Onischka UG [haftungsbeschränkt].)*

Bild 9: *Wellenrutsche (Quelle: GAO – Gesundheits- und Arbeitsschutz Onischka UG [haftungsbeschränkt])*

***Bild 10:** Wendelrutsche (Quelle: GAO – Gesundheits- und Arbeitsschutz Onischka UG [haftungsbeschränkt])*

Bild 11: *Aktivitätsspielzeug nach DIN EN 71-8 gehört nicht auf öffentliche Spielplätze. (Quelle: GAO – Gesundheits- und Arbeitsschutz Onischka UG [haftungsbeschränkt])*

Anforderungen

(1) Zugang/Rutschenaufgang

Zugang (früher als Rutschenaufgang bezeichnet) ist die Bezeichnung für die Leiter, Treppe oder andere technische Einrichtungen, die der Benutzer zum Erreichen des Einsitzteils benötigt. Das Einsitzteil kann u. U. auch ohne Aufgang direkt von der Spielebene erreicht werden, z. B. bei Hangrutschen.

Bei freistehenden Rutschen (Bockrutschen) darf eine Stufenfolge (Treppenlauf) ohne Absatz oder Richtungswechsel maximal bis zu einer Höhe von 2,5 m führen.

Bei leicht zugänglichen Einsitzteilen darf die freie Fallhöhe maximal 2,0 m betragen. Mit DIN EN 1176-3:2017 wurde dieses Maß auf 1,0 m begrenzt. Größere Höhen sind zulässig, wenn Absturzsicherungen vorhanden sind.

Bei allen Anbaurutschen mit einer Fallhöhe über 1,0 m muss an der Zugangsöffnung zur Rutsche eine Querstange angebracht sein. Diese muss zwischen dem Geländer bzw. der Brüstung und dem Beginn des Rutschteils in 60 cm (70 cm nach den Normausgaben 1998 und 2003) bis 90 cm Höhe über dem Einsitzteil angeordnet sein. Das Bild zeigt die mögliche Lage der Querstange im rot markierten Bereich über dem Einsitzteil.

***Bild 12:** Mögliche Lage der Querstange über dem Einsitzteil (Quelle: GAO – Gesundheits- und Arbeitsschutz Onischka UG [haftungsbeschränkt])*

Wenn bei Anbaurutschen das Einsitzteil über die Kante der Plattform hinausgeht, muss der Bereich des Einsitzteils zwischen Plattform und Querstange wie eine Plattform gegen Absturz gesichert sein.

(2) Einsitzteil

Das Einsitzteil muss mindestens 35 cm lang sein. Bei einer Länge von mehr als 40 cm sind Absturzsicherungen erforderlich. Zum Rutschteil hin darf das Einsitzteil maximal 5° geneigt sein; eine Neigung in Gegenrichtung ist nicht zulässig.

Bei Anbaurutschen darf die Plattform als Einsitzteil fungieren.

Das Einsitzteil muss mindestens 70 cm hohe Seitenbrüstungen haben, wenn es

- länger als 40 cm ist,
- leicht zugänglich ist und die freie Fallhöhe mehr als 1,0 m beträgt oder
- nicht leicht zugänglich ist und die freie Fallhöhe des Einsitzteils mehr als 2,0 m beträgt.

Bei Anbaurutschen muss die Öffnung in der Brüstung des Podests so breit wie das Einsitzteil oder dessen Brüstung sein. Falls das Einsitzteil höhenmäßig über der Plattformoberkante liegt, z. B. bei auf dem Podest aufgelegten Rutschen, muss die Seitenbrüstung an einem Punkt mindestens 50 cm hoch sein.

Bei freistehenden Rutschen müssen die Seitenteile mindestens an einer Stelle so hoch sein, wie für Podeste gefordert.

Das Einsitzteil muss in Startrichtung der Rutsche ausgerichtet und so breit sein wie die Rutsche. Falls das ganze Podest als Einsitzteil dient, darf dieses auch breiter sein.

Die Seitenbrüstung des Einsitzteils muss sich ohne Unterbrechung an den Seitenschutz des Rutschteils anschließen. Zwar darf die Gesamt-Seitenbrüstung aus mehreren Einzelteilen bestehen, muss aber so gestaltet sein, dass sich an den Verbindungsstellen keinerlei Fangstellen oder andere Gefährdungen ergeben. Wenn sich der Neigungswinkel der Oberkante der Seitenbrüstung ändert, müssen diese Änderungen mindestens mit einem Radius von 5 cm erfolgen.

(3) Rutschteil

Der Neigungswinkel des Rutschteils zur Waagerechten darf maximal 60° betragen und im Durchschnitt 40° nicht übersteigen.

Wenn sich der Neigungswinkel um mehr als 15° ändert, ist das nur mit folgenden Radien zulässig:

- auf den ersten 2,0 m Höhenunterschied mindestens mit Radius 45 cm
- im sonstigen Verlauf mindestens mit Radius 1,0 m

Ab Normausgabe 2017 gelten folgende Längenbegrenzungen für gerade Rutschteile:

- Das erste gerade Teil darf maximal 7,0 m lang sein.
- Alle weiteren geraden Teile nach Biegungen dürfen nicht länger als 5,0 m sein.

Die Breite *w* des Rutschteils von offenen und geraden Flachbettrutschen mit mindestens 1,5 m Länge muss entweder weniger als 70 cm oder mehr als 95 cm betragen.

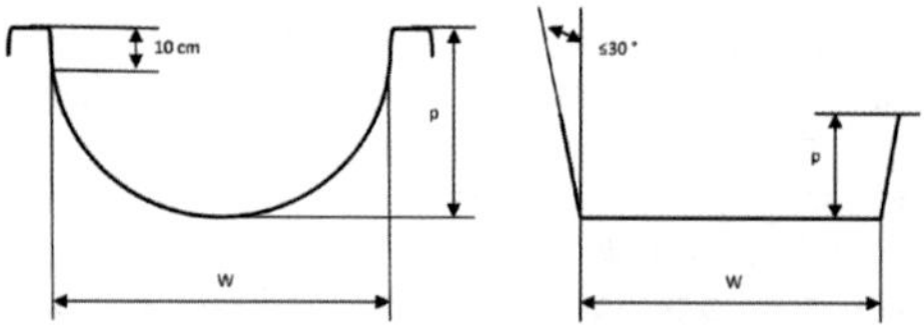

Bild 13: *Breite des Rutschteils (Quelle: GAO – Gesundheits- und Arbeitsschutz Onischka UG [haftungsbeschränkt])*

Bei mehrbahnigen Rutschen darf jede Bahn höchstens 70 cm breit sein. Auch Wendel- und Kurvenrutschen dürfen höchstens 70 cm breit sein.

Das Rutschteil muss einen festen Seitenschutz haben (bisher als Seitenbrüstung bezeichnet). Die Höhe dieses Seitenschutzes *p* ergibt sich aus der freien Fallhöhe:

- Bis zu 1,2 m freier Fallhöhe muss der Seitenschutz mindestens 10 cm hoch sein.
- Bei Fallhöhen über 1,2 m bis 2,5 m muss der Seitenschutz mindestens 15 cm hoch sein.
- Bei Fallhöhen über 2,5 m muss der Seitenschutz mindestens 50 cm hoch sein.
- Die freie Fallhöhe darf maximal 3 m betragen.
- Bei leicht zugänglichen Rutschen muss der Seitenschutz bereits ab einer freien Fallhöhe von über 2,0 m mindestens 50 cm hoch sein.

- Bei mehrbahnigen Rutschen müssen die Zwischenbrüstungen mindestens 10 cm hoch sein.

Der Seitenschutz muss rechtwinklig, bogenförmig oder stumpfwinklig zur Rutschenoberfläche verlaufen. Alle Kanten müssen mindestens mit Radius von 3 mm gerundet sein oder einen anderweitigen Schutz haben. Zwischenbrüstungen müssen mindestens im gesamten Rutschteil vorhanden sein.

Bei Rutschen mit abgewinkeltem Seitenschutz, wie im obigen Bild rechts dargestellt, darf dieser höchstens im Winkel von 30° nach außen stehen.

Ein bogenförmiges Rutschenprofil wird mit einem besonderen Prüfkörper getestet. Dieser wird so angelegt, dass der lange Schenkel senkrecht steht und der kurze Schenkel mit der Oberkante des Seitenschutzes abschließt. Wenn der kurze Schenkel in dieser Position waagerecht ist, gilt die Prüfung als bestanden. Das folgende Bild zeigt Beispiele.

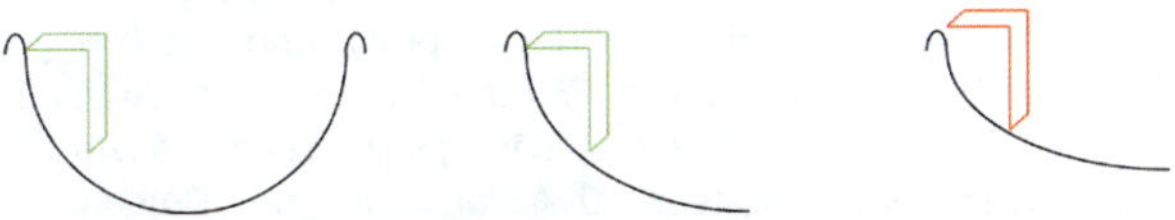

Prüfung bestanden	Prüfung bestanden	Prüfung nicht bestanden

***Bild 14:** Prüfung einer bogenförmigen Rutsche (Quelle: GAO – Gesundheits- und Arbeitsschutz Onischka UG [haftungsbeschränkt])*

(4) Auslaufteil

An das Rutschteil schließt sich das Auslaufteil an, das dazu dient, die Geschwindigkeit zu reduzieren, damit der Benutzer die Rutsche sicher verlassen kann. Er soll aber nicht auf dem Auslaufteil zum Stillstand kommen.

Dazu gibt es prinzipiell zwei Möglichkeiten:

- Das Auslaufteil vom Typ 1 ist bis 10° geneigt. Die Geschwindigkeit wird also nicht so stark reduziert, und es ist eine längere Aufprallfläche (1,5 bis 2,0 m) erforderlich.
- Beim Typ 2 mit einer geringeren Neigung bis 5° wird die Geschwindigkeit stärker reduziert und erfordert deshalb nur eine kürzere Aufprallfläche von 1,0 m.

An die Auslaufteile werden folgende weitere Anforderungen gestellt:

- Bis zu einer Rutschteillänge von 1,5 m muss das Auslaufteil vom Typ unabhängig mindestens 30 cm lang sein und darf am Ende maximal 20 cm über der Aufprallfläche liegen
- Bei einer Rutschteillänge von 1,5 bis 7,5 m muss das Auslaufteil beim Typ 1 mindestens 50 cm lang sein. Beim Typ 2 muss das Auslaufteil mindestens 30 % der Länge des Rutschteils haben. Bei beiden Typen darf die Höhe des Auslaufteils H am Ende über der Aufprallfläche maximal 35 cm betragen.
- Bei Rutschteillängen über 7,5 m muss das Auslaufteil beim Typ 1 mindestens 1,5 m lang sein. Für den Typ 2 und die Höhe des Auslaufteils gelten die Anforderungen der geringeren Rutschteillänge fort.
- Das Ende von Typ-1-Rutschen muss, wie in den beiden folgenden Bildern dargestellt, entweder mindestens mit Radius

50 mm gebogen und bis zur Aufprallfläche geführt werden oder ebenfalls mindestens mit Radius 50 mm um mindestens 100° zurückgebogen sein. Im letzteren Fall braucht das Ende nicht bis zur Aufprallfläche geführt zu werden.

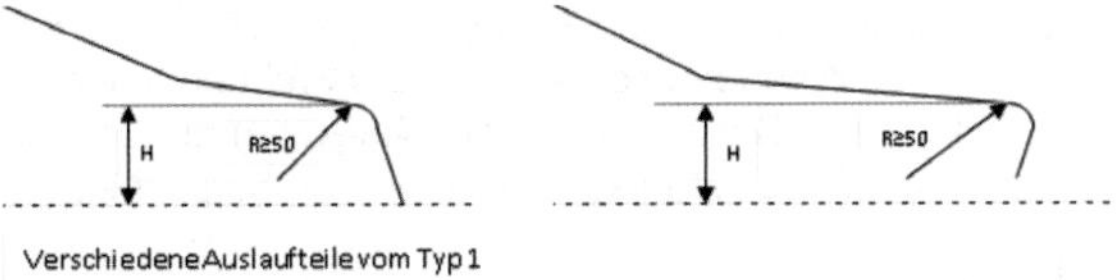

***Bild 15:** Verschiedene Auslaufteile vom Typ 1 (Quelle: GAO – Gesundheits- und Arbeitsschutz Onischka UG [haftungsbeschränkt])*

(5) Rutschenoberfläche/Rutschfläche

Das primäre Schutzziel ist, Fangstellen für Kleidung zu vermeiden. Darüber hinaus muss die Konstruktion gewährleisten, dass auch im Verlaufe der Nutzung keine Veränderungen eintreten, die zu Verletzungen der Benutzer führen können.

Rutschflächen sollen möglichst aus einem Stück hergestellt werden. Bestehen sie aus mehreren Teilen, müssen jegliche Spalten vermieden werden, in die scharfkantige Teile, z. B. Rasierklingen, gesteckt werden können.

(6) Freiraum

Im Inneren des Rutschteils wird der Freiraum bis zur Oberkante der Seitenbrüstungen durch deren Geometrie bestimmt. Darüber kann der Benutzer seine Arme ausbreiten, und es ergibt sich seitlich ein Freiraum mit Durchmesser von 2,0 m. Die Höhe des Freiraums in sitzender Position beträgt 1,5 m von der Rutschenoberfläche.

Der Freiraum ist vom Einsitzteil bis zum Auslaufteil frei zu halten. Im Freiraum sind nur sehr eingeschränkt Einbauten zulässig, z. B. die Querstange oder Hauben, weil sie zusätzliche Sicherheit schaffen. Sie dürfen aber keinesfalls Fangstellen enthalten.

Bei Wendelrutschen darf sich der Zentralpfosten im Freiraum befinden; bei offenen Wendelrutschen muss der Freiraum mindestens 1,0 m hoch sein. Bei mehrbahnigen Rutschen dürfen sich die Freiräume nebeneinanderliegender Bahnen überschneiden.

(7) Aufprallfläche

Die Ausdehnung der Aufprallfläche für den Aufstieg bzw. das Grundgerät, an dem die Rutsche angebaut wurde, und das Rutschteil ergibt sich nach den allgemeinen Grundsätzen, also in Abhängigkeit von der freien Fallhöhe (2/3 der freien Fallhöhe zzgl. 50 cm), mindestens aber 1,5 m. Hinzu kommt bei Rutschen immer die Aufprallfläche um das Auslaufteil. Bis einschließlich DIN EN 1176-3:2008 betrug die Länge der Aufprallfläche in Rutschrichtung nach dem Ende des Auslaufteils beim Typ 1 mindestens 2,0 m und beim Typ 2 mindestens 1,0 m.

Seit Normausgabe 2017 wird beim Typ 1 nach der Rutschteillänge differenziert: Bis 1,5 m Rutschteillänge sind 1,5 m Aufprallfläche ausreichend; bei größeren Längen bleibt es bei 2,0 m. Beim Typ 2 muss die Aufprallfläche weiterhin mindestens 1,0 m lang sein. Zusätzlich ist bei beiden Typen eine mindestens 1,0 m breite Fläche beidseits des Auslaufteils als Aufprallfläche festgelegt. Diese darf mit einem Radius von 1,0 m gerundet sein.

Die Anforderungen an die Aufprallfläche des Auslaufteils sind nur gering. Es müssen lediglich die Anforderungen an eine kritische Fallhöhe von 1,0 m erfüllt werden. In der Praxis spielt das jedoch kaum eine Rolle, da die gesamte Aufprallfläche mit dem gleichen Bodenmaterial hergestellt wird.

Das folgende Bild zeigt, wie sich die Aufprallfläche errechnet.

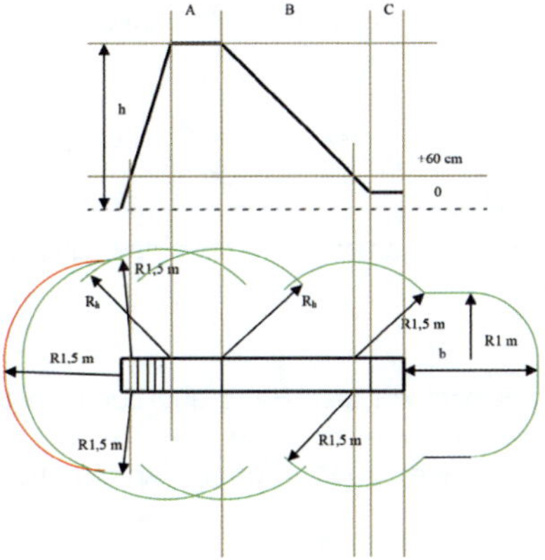

Es bedeuten:

A	Einsitzteil
B	Rutschteil
C	Auslaufteil
h	freie Fallhöhe
R_h	abhängig von h
b	je nach Typ des Auslaufteils und Länge des Rutschteils
grün	Mindestfläche der Aufprallfläche mit Anforderungen an die Stoßdämpfung
rot	erweiterte Aufprallfläche ohne Anforderungen an die Stoßdämpfung

Bild 16: *Darstellung der Aufprallfläche einer freistehenden Rutsche (Quelle: GAO – Gesundheits- und Arbeitsschutz Onischka UG [haftungsbeschränkt])*

Die Hersteller von Rutschen vereinfachen diese Darstellung. Bei der Installation von Rutschen ist nach Herstellerangaben zu verfahren.

(8) Tunnelrutschen und kombinierte Tunnelrutschen

Der Tunnel muss sich spätestens unmittelbar an das Einsitzteil in Rutschrichtung anschließen. Das Einsitzteil kann aber auch bereits im Tunnel angeordnet werden. Das Auslaufteil muss sich außerhalb des Tunnels befinden.

In Übereinstimmung mit den Anforderungen an Fangstellen für den ganzen Körper muss der Tunnel im Lichten mindestens 75 cm breit und auch hoch sein. Der Tunnel darf in seinem Verlauf nicht unterbrochen sein.

Bei kombinierten Tunnelrutschen muss sich der Tunnel immer im oberen Teil befinden. Es ist nicht zulässig, von einem offenen Rutschteil in einen Tunnel hineinzurutschen. Der Tunnel darf frühestens in den offenen Teil übergehen, wenn die freie Fallhöhe 3,0 m nicht überschreitet.

(9) Hangrutschen

Hangrutschen liegen im Prinzip auf dem Hang auf. Zumindest folgt ihre Neigung aber weitestgehend dem Hang. Aus der Norm ergeben sich keinerlei zusätzliche oder reduzierte Anforderungen an Hangrutschen.

Rutschen gehören zu den Spielplatzgeräten, bei denen eine erzwungene Bewegung stattfindet. Deshalb gilt hier ab Ausgabe 2008 die Festlegung aus DIN EN 1176-1, dass die gesamte Aufprallfläche, also auch Bereiche mit einer Fallhöhe unter 60 cm, stoßdämpfend auszuführen ist. Für Hangrutschen heißt das, dass die Aufprallfläche entlang des Rutschteils in der Mindestbreite von 1,5 m stoßdämpfend auszuführen ist, obwohl bei Aufliegen auf dem Hang praktisch keine Fallhöhe vorliegt.

Bild 17: *Negativbeispiel: gefährliche Aufprallfläche beidseits des Rutschteils (Quelle: GAO – Gesundheits- und Arbeitsschutz Onischka UG [haftungsbeschränkt])*

Bild 18: *Große Rutsche mit problematischer seitlicher Aufprallfläche (Quelle: GAO – Gesundheits- und Arbeitsschutz Onischka UG [haftungsbeschränkt])*

Bild 19: *Problematische Konstruktion (Quelle: GAO – Gesundheits- und Arbeitsschutz Onischka UG [haftungsbeschränkt])*

Die kritische Fallhöhe des Bodens der Aufprallfläche muss mindestens der tatsächlichen freien Fallhöhe entsprechen. Bei diesen geringen Fallhöhen bis 60 cm heißt das, dass nach Tabelle I.1 der DIN EN 1176-1:2017 auch Beton/Stein und bitumengebundene Oberflächen zulässig sind. Die weiteren Anforderungen an Aufprallflächen (keine scharfkantigen oder gefährlich hervorstehenden Teile, Einbau ohne Fangstellen) sind ebenfalls einzuhalten.

Für die Planer und Betreiber eines Spielplatzes ergeben sich aus dieser Anforderung einige Probleme. Durch häufiges Begehen wird der Hang neben der Rutsche stark erodiert, sodass dieser Bereich gern als Treppe ausgeführt wird, was aber den Festlegungen der Norm widerspricht.

Auf eine Anfrage der Unfallkasse Hessen (UKH) hat das Europäisches Komitee für Normung (CEN) und in der DIN SPEC 31081:2013 dargelegt, dass Hangrutschen unter bestimmten Bedingungen erlaubt sind[2] (s. Kapitel ▶ „Unterhalb der Norm angesiedelte technische Regelwerke – vornormative Dokumente im Bereich der Spielplatznormung“)

Unter der Voraussetzung, dass die Hangrutsche unmittelbar auf dem Hang aufliegt und tatsächliche keine freie Fallhöhe vorliegt sowie die Seitenbereiche die Anforderungen an die Beschaffenheit an Aufprallflächen nach Nr. 4.2.8.5.1 DINNEN 1176-1 (keine scharfkantigen und gefährlich hervorstehenden Teile, keine Fangstellen) sind Rampen und Steinflächen seitlich der Rutsche zulässige Oberflächen und somit Hangunterstützung in der seitlichen Aufprallfläche des Rutschteils. Der Feststellung, dass die Aufprallfläche beidseits der Rutsche 1,00 m beträgt, kann nicht gefolgt werden. Hier gilt nach wie vor nach Nr. 4.2.8.5 DIN ENB 1176-1 1,50 m. Seile an Rampen sind an beiden Enden fest zu montieren. Die zulässige seitliche Auslenkung bzw. Schwingweite darf dabei die in Nr. 4.2.12.1 DIN EN 1176-1 festgelegten Grenzwerte (nachzuweisen mittels Prüfkörper) nicht überschreiten.

Die Terrassierung weist – abweichend von der CEN-Anforderung – gegenüber der Rutsche eine Fallhöhe auf. Sie kann je-

[2] Berufsgenossenschaft UKH: Hangrutschen in Kitas, abrufbar unter: https://www.ukh.de/kindertagesstaette/gebaeude-und-aussengelaende/hangrutschen-in-kitas ((zuletzt abgerufen am 01.03.2026).

doch als zulässig angesehen werden, sofern folgende Bedingungen eingehalten werden:

- Die Baumstämme sind auf Höhe der Rutschenfläche angeordnet; die maximale freie Fallhöhe zur Terrassenfläche beträgt höchstens 600 mm.
- Die Hölzer verfügen über eine ausreichende Rundung. Bei Stammdurchmessern von etwa 20–40 cm ist diese in der Regel konstruktiv gegeben.
- Bei Holzstufen ist die Vorderkante so zu runden, dass der Radius mindestens dem Radius des oberen Abschlusses der Seitenbrüstung der Rutsche entspricht (mindestens 2 cm).
- Sichtbare Kanten an Stirnflächen von Stämmen oder Stufen sind mit einem Radius von mindestens 2 cm gerundet oder entsprechend abgeschirmt.
- Stirnflächen zur Rutsche hin sind bei einem seitlichen Abstand von maximal ca. 10 cm durch das Rutschenprofil geschützt. Die gegenüberliegende Stirnseite kann durch bündigen Erdeinbau oder eine Stamm- bzw. Stufenlänge von mindestens 1,50 m gesichert werden.

Werden diese Vorgaben eingehalten, ist die CEN-Anforderung aus fachlicher Sicht erfüllt. Zwar liegt eine Fallhöhe vor, diese ist jedoch gemäß Ziffer 4.2.8.4 DIN EN 1176-1 zulässig.

Die Anforderungen an die Aufprallfläche im Bereich des Auslaufteils sind einzuhalten. Dies betrifft insbesondere:

- einen Abstand von mindestens 100 cm ab der Außenkante sowie
- ein angemessenes Maß an Stoßdämpfung, entsprechend mindestens einer freien Fallhöhe von 100 cm.

Hinweis

Diese Anforderungen können nur erfüllt werden, wenn die Rampe bzw. Terrassierung erst nach dem Übergang vom Auslaufteil zum Rutschteil beginnt.

Eine bildliche Darstellung ist unter www.sichere-kita.de (Suchbegriff: „Hangrutsche“) zu finden. Die dortige Ausführung ist nicht zu beanstanden, sofern davon ausgegangen wird, dass das Seil an der Rampe einen Abstand von mindestens 1,50 m zur Außenkante des Rutschteils aufweist.

(10) Rutschbretter/Miniaturrutschen

Rutschbretter sind nicht genormt. Nach Beschluss des EK 2 AK2.5 vom 19.06.2018[3] sind an Rutschbretter folgende Anforderungen zu stellen:

Rutschbretter benötigen gemäß DIN EN 1176-3 kein Auslaufteil, sofern folgende Voraussetzungen erfüllt sind:

1. Die maximale freie Fallhöhe beträgt höchstens 600 mm.
2. Der maximale Neigungswinkel überschreitet 30° nicht.
3. Im gesamten Rutschbereich (Einstiegs- und Rutschzone) sind keine Fangstellen für Kleidung vorhanden (Knebelprüfung), unabhängig von der freien Fallhöhe.

[3] Zentralstelle der Länder für Sicherheitstechnik (ZLS): *EK2_AK2-5_Beschlüsse_2024-10.pdf*, abrufbar unter: https://www.zls-muenchen.bayern.de/beschluesse/ek_zek_beschluesse/doc/ek2/ek2_ak2-5_beschluesse_2024-10.pdf (zuletzt abgerufen am 01.03.2026).

Hinweis

Aufgrund der „erzwungenen Bewegung“ sind Rutschbretter grundsätzlich auf einem stoßdämpfenden Untergrund zu installieren.

Bild 20: *Negativbeispiel: keine Miniaturrutsche, Höhe über 60 cm (Quelle: GAO – Gesundheits- und Arbeitsschutz Onischka UG [haftungsbeschränkt])*

(11) Ausrichtung des Rutschteils

Die Norm enthält Festlegungen zur Rutschfläche. Darin wird u. a. darauf verwiesen, dass „zu Verletzungen führende Veränderungen aufgrund von Witterungseinflüssen“ zu berücksichtigen sind. Darunter kann auch das übermäßige Aufheizen von nach Süden ausgerichteten Rutschen verstanden werden. Die Rutschfläche kann sich bei Südausrichtung auf mehr als 60 °C

A B E F G H K L N P R S W Z

aufheizen, wodurch Hautverbrennungen verursacht werden können. Zwar ist diese Auslegung umstritten, aber der Sachkundige sollte in diesem Sinne beraten.

Auch die Gerichte urteilen nicht einheitlich:

So schloss das Landgericht Ravensburg im Urteil vom 30.09.1998, Az. 1 S 193/98 (vgl. NJW-RR 1999, 534 f.), eine Haftung des Spielplatzbetreibers aus, wenn sich eine Metallrutschfläche einer Rutschbahn durch Sonneneinwirkung aufheizt und sich ein Kleinkind dadurch Verbrennungen zuzieht. Das Gericht urteilte, dass der Umstand, dass sich Metallteile bei direkter Sonneneinstrahlung erheblich erhitzen können, hinlänglich bekannt und dem allgemeinen Lebensrisiko zuzurechnen sei.

Das Amtsgericht Ludwigshafen hingegen sah im Urteil vom 11.12.1996, Az. 2 c C 118/96, einen Schmerzensgeldanspruch als gerechtfertigt an, als ein Kind sich auf einer durch Sonneneinstrahlung heiß gewordenen Rutsche leichte Oberflächenhautverbrennungen zugezogen hatte. Die Stadt Ludwigshafen wurde zur Schmerzensgeldzahlung verurteilt.

(12) Wassergekühlte Rutschen

Ein Hersteller bietet Rutschen mit integrierter Wasserkühlung an. Es handelt sich um ein geschlossenes System, bei dem kein Wasser über die Rutschenoberfläche geführt wird. Das Kühlsystem ist frostsicher ausgeführt und kann auch im Winter betrieben werden.

Diese Lösung ist insbesondere dort von Bedeutung, wo die Ausrichtung einer Hangrutsche aufgrund der topografischen Gegebenheiten nicht verändert werden kann.

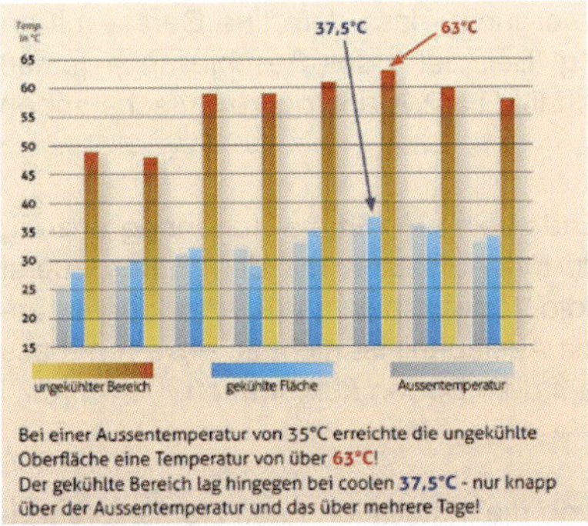

Bild 21: *http://www.spiel-bau.de/aktionen/wassergekuehlte-rutsche.html (mit Genehmigung zur Verwendung)*

(13) Bogenförmige Rutsch- und Kletterteile

Der AK 2.5 „Spielplatzgeräte und Anlagen für den öffentlichen Bereich“ hat zur Abgrenzung dieser Anbauteile gegenüber den konstruktiven Anforderungen an Rutschen folgenden Beschluss gefasst:

- Die Enden müssen – analog zu Rutschen – einen Radius von mindestens 50 mm aufweisen (Schutz vor Zurückfallen).
- Eine Montage an leicht zugänglichen Spielplatzgeräten gemäß Abschnitt 4.2.9.5 EN 1176-1:2017 ist unzulässig.
- Im Zugangsbereich ist eine geeignete Festhaltemöglichkeit für einen sicheren Start vorzusehen; ein Einsitzteil mit stabiler Sitzposition ist nicht zulässig.
- Die Formgebung darf keine stabile, rutschentypische Sitzhaltung ermöglichen (z. B. runde oder elliptische Ausführung).

- Ab 30.10.2024 wurde ergänzt, dass derartige Geräte mit erzwungener Bewegung (Beispiel 2 des Beschlusses) gemäß DIN EN 1176-1, Abschnitt D.3.2.2, analog zu Rutschstangen zu prüfen sind.

Zudem ist am unteren Ende keine maximale Höhenbegrenzung zum Boden erforderlich. Ein Aufsetzen mit den Füßen zuerst muss möglich sein, um die Vorwärtsbewegung abzufangen; anders als bei Rutschen mit Auslaufteil ist nicht zu erwarten, dass Kinder mit dem Gesäß auf dem Boden aufkommen.

Inspektion

☐ Es ist zu überprüfen, ob die Installation nach Herstellerangaben erfolgte und die Aufprallfläche in der vorgegebenen Ausdehnung mit geeignetem Bodenmaterial in der erforderlichen Mindestschichtdicke hergestellt wurde.

☐ Die Ausrichtung der Rutsche nach der Himmelsrichtung bzw. eine eventuelle Beschattung sind zu prüfen.

☐ Bei den jährlichen Hauptinspektionen kann der Prüfer auf den Ergebnissen der Inspektion nach der Installation aufbauen, sofern er diese selbst vorgenommen hat. Falls das nicht der Fall war, wird zu einer umfassenden Prüfung geraten.

☐ Bei wiederkehrenden Inspektionen ist v. a. zu kontrollieren, ob durch Verschleiß, Alterung oder Reparaturen die Standsicherheit gefährdet ist oder andere Gefährdungen entstanden sind. GFK-Rutschen sind auf Verschleiß des Rutschenkörpers zu kontrollieren. Die Aufprallfläche ist anhand ihres Soll-Zustands zu prüfen. Bei Bodenmaterial aus Einzelpartikeln muss die vorgeschriebene Schichtdicke gewährleistet sein.

Sandkästen, Spielsand

Norm: DIN 18034-1 – Spielplätze und Freiräume zum Spielen – Anforderungen für Planung, Bau und Betrieb

Sandkästen sind keine genormten Spielplatzgeräte. Sie können auch sehr naturnah als einfache Sandfläche gestaltet werden.

Spielsand soll vielerlei Anforderungen erfüllen. Leider sind die Vorschriften und Normen dazu unübersichtlich, nicht einheitlich und teilweise kaum realisierbar.

***Bild 1:** Industriell hergestellter Sandkasten (Quelle: GAO – Gesundheits- und Arbeitsschutz Onischak UG [haftungsbeschränkt])*

***Bild 2:** Naturnaher Sandspielbereich (Quelle: GAO – Gesundheits- und Arbeitsschutz Onischak UG [haftungsbeschränkt])*

***Tabelle 1:** Korngrößenfraktionen verschiedener Böden nach DIN EN ISO 14688-1*

Sandart	Korngrößenbereich [in mm]
Grobsand	> 0,63 bis 2,0
Mittelsand	> 0,2 bis 0,63
Feinsand	> 0,063 bis 2,0
Schluff	> 0,002 bis 0,063
Ton	≤ 0,002

Als Sand werden grobkörnige Böden im Korngrößenbereich von 0,063 bis 2 mm bezeichnet. Grobkörnigere Bestandteile bis 63 mm werden als Kies bezeichnet; feinkörnigere Böden sind Schluff und Ton[1].

Anforderungen an Spielsand

(1) Korngröße

Spielsand sollte bisher nach DIN 18034:2012-09 im Korngrößenbereich von 0 bis 2 mm liegen und mindestens 1/3 bindige Bestandteile enthalten. Nach DIN EN ISO 14688-1 wäre es damit ein Gemisch aus Sand, Schluff und Ton. Die Letzteren sind die bindigen Bestandteile.

Diese Anforderung ist funktional begründet. Sie soll sicherstellen, dass der geformte Sand zusammenhält und nicht sofort wieder auseinanderfällt.

Weitere Anforderungen an Spielsand gab es in der Normung nicht.

DIN 18034-1:2020-10 fordert nun aktuell für Spielsand eine Korngröße von über Null bis 3 mm mit bindigen Bestandteilen. Abgesehen davon, dass Sand nach DIN EN ISO 14688-1 eine maximale Korngröße von 2 mm hat, ist auch ein solcher „Sand" nicht von der Industrie lieferbar. Es handelt sich um ein lehmhaltiges Kies-Sand-Gemisch.

[1] Vgl. Tabelle 1 DIN EN ISO 14688-1:2018-05 Geotechnische Erkundung und Untersuchung – Benennung, Beschreibung und Klassifizierung von Boden – Teil 1: Benennung und Beschreibung.

Da die geforderten „bindigen Bestandteile“ nicht sicherheitsrelevant sind, ist es zumindest aus dieser Sicht unproblematisch von den Vorgaben der Norm abzuweichen. Von einigen Kindertageseinrichtungen ist bekannt, dass sie gewaschenen Sand verwenden und diesen zur Verbesserung der bindigen Funktion bei Bedarf anfeuchten.

Für Kindertageseinrichtungen gibt es zum Spielsand weitere verbindliche Anforderungen der Gesundheitsbehörden, die diese zwingend einzuhalten haben, z. B. die Rahmenhygienepläne gemäß § 36 Infektionsschutzgesetz für Kindereinrichtungen. Die dort enthaltenen Anforderungen an Spielsand stehen der Anforderung von DIN 18034-1 schon wegen der Korngröße entgegen.

Fallschutzsand muss im Korngrößenbereich von 0,2 bis 2 mm liegen und ist damit ein Gemisch aus Mittel- und Grobsand.

Problematisch ist, dass Spielsand in der geforderten Zusammensetzung von der Baustoffindustrie nicht geliefert wird. Schluff und Ton, also die bindigen Bestandteile, auch als Lehm bezeichnet, werden im Produktionsprozess ausgewaschen.

(2) Bindige Bestandteile

Leider definiert die Norm diesen Begriff nicht. Im Allgemeinen wird darunter Lehm verstanden. Lehm hinterlässt an der Kinderbekleidung deutliche Verschmutzungen, die sich im Gegensatz zu Sand nicht einfach abklopfen lassen. Aus diesem Grund bieten manche Hersteller lehmfreien Sand als Spielsand an. Dieser Sand erfüllt die Anforderungen nach DIN 18034-1 nicht, stellt aber kein sicherheitstechnisches Problem dar.

Hinweis

Spielsand darf niemals als Fallschutzsand verwendet werden, weil er nur eingeschränkte stoßdämpfende Eigenschaften aufweist. Bei der Verwendung von Fallschutzsand als Spielsand gibt es keine sicherheitstechnischen Bedenken. Die Spieleigenschaften sind aber eingeschränkt: Durch das Fehlen der bindigen Bestandteile haften die Partikel nicht so gut zusammen, und die von den Kindern gestalteten „Sandprodukte" zerfallen leichter. Das kann durch Befeuchten des Sandes verbessert werden.

(3) Korngrößenverteilung und Kornform

Welche Korngrößen sich mit welchen Anteilen im Spielsand befinden, wird bei den Produzenten nach DIN EN 933-1[2] ermittelt. Dabei wird eine getrocknete Sandprobe durch eine Reihe übereinander angeordneter Siebe gegeben. Die auf den einzelnen Sieben verbleibenden Restmengen werden kumulativ ermittelt und üblicherweise in einem Diagramm grafisch dargestellt. Es wird also angegeben, welcher Masseanteil durch das jeweilige Sieb geht. Das Diagramm zeigt ein Beispiel für die Korngrößenverteilung von gewaschenem Sand. Ton und Schluff wurden ausgewaschen, und es sind nur noch Fein-, Mittel- und Grobsand vorhanden.

[2] DIN EN 933-1:2012-03: Prüfverfahren für geometrische Eigenschaften von Gesteinskörnungen – Teil 1: Bestimmung der Korngrößenverteilung – Siebverfahren.

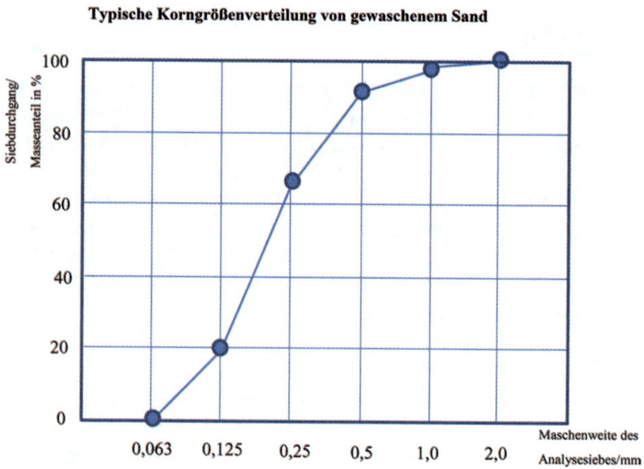

***Bild 3:** Korngrößenverteilung (Siebkurve)*

Auch wenn das in der Normung nicht ausdrücklich gefordert wird, müssen die Sandkörner abgerundet sein. Scharfkantige Körner würden auf der zarten Kinderhaut wie Schmirgel wirken.

(4) Schadstoffbelastung

Es ist selbstverständlich, dass Dinge, die von Kindern zum intensiven Spielen genutzt werden – dazu gehört auch Spielsand –, nicht mehr als zulässig mit Schadstoffen belastet sein dürfen.

DIN 18034-1 enthält dazu keine Festlegungen.

Ohne Anspruch auf Vollständigkeit finden sich Anforderungen in folgenden Quellen:

- Das Bundesgesundheitsamt empfahl bereits 1980 im Bundesgesundheitsblatt, dass
  - „frischer“ Spielsand hygienisch unbedenklich sein solle,
  - Sandkästen nach Beendigung der Spielsaison geleert und den Winter über in diesem Zustand verbleiben sollen und
  - in jedem Frühjahr eine Neubefüllung stattfinden solle.[3]

  Damit wird faktisch ein jährlicher Sandwechsel empfohlen.
- Der Runderlass „Vorbeugender Gesundheitsschutz für Kinder auf Kinderspielflächen“ des Umweltministeriums NRW legt maximale Einbringungswerte für Schwermetalle in Spielsand und die entsprechenden Vorgaben für deren Bestimmung fest. Als Frist für den Wechsel von Spielsand wird ein Jahr festgelegt.
- Die Gesundheitsbehörden der Länder haben z. T. in gemeinsamen Rahmenhygieneplänen für Kindereinrichtungen Empfehlungen für
  - die Anforderungen an Spielsand,
  - den Nachweis der Einhaltung dieser Anforderungen und
  - Fristen zum Sandwechsel empfohlen.

  Eine Übersicht über die Empfehlungen der Länder ohne Anspruch auf Vollständigkeit und Aktualität ist in der folgenden Tabelle zu finden. Innerhalb der Länder können weitere Empfehlungen oder sogar verbindliche Vorgaben in Hygieneplänen der Landkreise und Städte bzw. in den Spielplatzsatzungen der Kommunen enthalten sein.

Wie die Tabelle zeigt, sind die Empfehlungen oder sonstigen Vorgaben breit gefächert. Zum Teil wird DIN EN 71-3[4], z. T. die

[3] Bundesgesundheitsblatt 23 Nr. 18 vom 05.09.1980.

[4] DIN EN 71-3:2019-08 Sicherheit von Spielzeug – Teil 3: Migration bestimmter Elemente.

Bundesbodenschutzverordnung[5] als Maßstab für die Beurteilung der Schadstoffbelastung herangezogen. Beide sind jedoch für die Beurteilung von Spielsand nicht einschlägig.

Tabelle 2: *Behördliche Veröffentlichungen zu Spielsand.*

Herausgeber	Veröffentlichung zu		Titel/ Fundstelle	Gilt für	
	Schadstoffgehalt	Sandwechsel		Kita	alle öffentl. Spielplätze
Bundesgesundheitsamt	hygienisch unbedenklich	jährlich	Bundesgesundheitsblatt 23 Nr. 18 vom 05.09.1980		X
Baden-Württemberg	ohne Schadstoffe, Zertifikat gefordert	bei starker Verschmutzung sofort, sonst 1–3 Jahre	Muster-Hygieneplan für Kindertagesstätten	X	

[5] Bundes-Bodenschutz- und Altlastenverordnung (BBodSchV).

Tabelle 2: *Behördliche Veröffentlichungen zu Spielsand.*

Heraus-geber	**Veröffentlichung zu**		**Titel/ Fundstelle**	**Gilt für**	
	Schadstoff-gehalt	**Sand-wechsel**		**Kita**	**alle öffentl. Spiel-plätze**
Bayern		bedarfs-gerecht, mind. alle 3 Jahre	Bayerisches Landesamt für Gesund-heit und Lebensmit-telsicherheit; routinemäßige Hygienemaß-nahmen in Kindertages-einrichtungen	X	
Berlin		nach Bedarf	AV Verkehrs-sicherheit öffentliche Kinderspiel-plätze		X
Branden-burg	ohne Schad-stoffe, Zertifikat gefordert	bei starker Ver-schmut-zung sofort, ansonsten bis zu 3 Jahren	Rahmen-Hygieneplan gem. § 36 Infektions-schutzgesetz für Kinderein-richtungen	X	

Tabelle 2: *Behördliche Veröffentlichungen zu Spielsand.*

Herausgeber	**Veröffentlichung zu**		**Titel/ Fundstelle**	**Gilt für**	
	Schadstoffgehalt	**Sandwechsel**		**Kita**	**alle öffentl. Spielplätze**
Bremen		bei Bedarf möglichst jährlich im Frühjahr pflegen oder austauschen	Grundsätze für Planung, Bau und Unterhaltung von öffentlichen Spielplätzen in der Stadt Bremen		X
Hamburg	ohne Schadstoffe, Zertifikat gefordert	nach Bedarf ca. alle 2–4 Jahre	Gesundheitsämter der Bezirke Rahmen-Hygieneplan gem. § 36 Infektionsschutzgesetz für Kindereinrichtungen	X	
Hessen	keine Regelungen bekannt				
Mecklenburg-Vorpommern	keine Schadstoffbelastung, frisch gefördeter und gewaschener Grubensand genügt	jährlich, bei regelmäßiger Wartung bis zu 3 Jahren	Ministerium für Soziales und Gesundheit Hygienegrundsätze in Kindertagesstätten	X	

Tabelle 2: *Behördliche Veröffentlichungen zu Spielsand.*

Herausgeber	**Veröffentlichung zu**		**Titel/ Fundstelle**	**Gilt für**	
	Schadstoffgehalt	**Sandwechsel**		**Kita**	**alle öffentl. Spielplätze**
Niedersachsen	ohne Schadstoffe, Zertifikat gefordert	mind. einmal jährlich bis 35 cm Tiefe	Landesgesundheitsamt Niedersachsen Rahmen-Hygieneplan gem. § 36 Infektionsschutzgesetz für Kindereinrichtungen		X
Nordrhein-Westfalen	max. Einbringungswerte und Verfahren festgelegt	mind. einmal jährlich	Runderlass Vorsorgender Gesundheitsschutz für Kinder auf Kinderspielflächen Ministerialblatt NRW Ausgabe 2018 Nr. 30 vom 12.12.2018 S. 659–702		X
Rheinland-Pfalz	keine Regelungen bekannt				
Saarland	keine Regelungen bekannt				

***Tabelle 2:** Behördliche Veröffentlichungen zu Spielsand.*

Heraus-geber	**Veröffentlichung zu**		**Titel/ Fundstelle**	**Gilt für**	
	Schadstoff-gehalt	**Sand-wechsel**		**Kita**	**alle öffentl. Spiel-plätze**
Sachsen	ohne Schad-stoffe, Zertifikat gefordert	bei grober Ver-schmut-zung sofort, ansonsten bis zu 3 Jahren	Rahmen-Hygi-eneplan gem. § 36 Infektions-schutzgesetz für Kinderein-richtungen	X	
Sachsen-Anhalt	ohne Schad-stoffe, Zertifikat gefordert	bei grober Ver-schmut-zung sofort, ansonsten bis zu 3 Jahren	Rahmen-Hygi-eneplan gem. § 36 Infektions-schutzgesetz für Kinderein-richtungen	X	
Schleswig-Holstein	keine Regelungen bekannt				
Thüringen	ohne Schad-stoffe, Zertifikat gefordert	bei grober Ver-schmut-zung sofort, sonst 2–5 Jahre	Rahmenhygi-eneplan gem. § 36 Infektions-schutzgesetz	X	

Hinweis

Die Anforderungen hinsichtlich der Schadstoffbelastung von „frischem" Spielsand werden von den zuständigen Gesundheitsbehörden festgelegt. Im Zweifelsfall empfiehlt sich eine Rückfrage vor der Neubefüllung von Sandkästen.

Bereits gebrauchter Sand sollte nicht verwendet werden.

(5) Zusatzstoffe

Kleingärtner und Katzenfreunde wissen es: Katzenminze und Baldrian ziehen Katzen magisch an; sie mögen diese Düfte. Es gibt aber auch Duftstoffe mit der umgekehrten Wirkung:

Orangenterpene sind z. B in Orangenschalen enthalten, und das mögen Katzen gar nicht.

Menthol mit seinem typischen Geruch nach Pfefferminze kommt in den ätherischen Ölen mancher Pflanzen vor und wird auch aus diesen gewonnen. Diesen Duft mögen Katzen ebenfalls nicht.

Auch **Geraniol**, das in der Natur z. B. in Geranien vorkommt, ist ein Duftstoff, den Katzen nicht mögen.

So wie Kleingärtner versuchen, mit verschiedenen Pflanzen Katzen davon abzuhalten, ihr „Geschäft" in ihrem Garten abzuhalten, kann man auch dem Spielsand Duftstoffe zusetzen, um Katzenkot darin zu verhindern.

Bild 4: *Sand mit Zusatzstoffen (Quelle: GAO – Gesundheits- und Arbeitsschutz Onischak UG [haftungsbeschränkt])*

Der Handel bietet gesackten Spielsand mit entsprechenden Zusätzen an. Für öffentliche Spielplätze ist gesackter Spielsand aus vielen Gründen nicht akzeptabel, praktikabel und auch nicht bezahlbar. Wer hier ein Problem mit Katzenkot hat, muss andere Wege gehen.

Außerdem ist zu beachten, dass die Duftstoffe verfliegen und so nur ein temporärer Schutz möglich ist.

Die drei o. g. Zusatzstoffe sind Gefahrstoffe, und es wird davor gewarnt, diese zu erwerben und selbst dem Spielsand zuzusetzen. Die Anwendung setzt eine hohe Verdünnung und vertiefte Kenntnisse im Gefahrstoffrecht voraus.

Auf öffentlichen Spielplätzen spielen Zusatzstoffe deshalb praktisch keine Rolle.

(6) Zertifizierung von Spielsand

a) Konformitätserklärung

Wenn für ein Produkt in einer europäischen Richtlinie Anforderungen aufgestellt werden, darf dieses Produkt nur in Verkehr gebracht werden, wenn es diese Anforderungen erfüllt – sprich konform ist. Ob das so ist, prüft der Hersteller eigenverantwortlich und erklärt die Konformität zu den europäischen Anforderungen in der Konformitätserklärung. Am Produkt selbst wird die Konformität durch Aufbringen des CE-Zeichens (Konformitätszeichens) sichtbar.

Bild 5: *Mit dem CE-Zeichen gekennzeichneter Spielsand (Quelle: GAO – Gesundheits- und Arbeitsschutz Onischak UG [haftungsbeschränkt])*

Gesackter Spielsand wird mit und ohne CE-Zeichen angeboten – ein untragbarer Zustand!

Ob Spielsand unter die Spielzeug-Richtlinie fällt, darüber sind sich weder die Marktüberwachungsbehörden in Deutschland noch die Mitgliedstaaten der EU einig.

Nach Anfrage beim Sächsischen Staatsministerium für Wirtschaft wurde das Thema auf die nächste Sitzung der AdCo[6] gesetzt. Eine Klärung ist derzeit nicht absehbar.

b) Andere Zertifikate

Einige Landesgesundheitsbehörden fordern für die Neubeschaffung von Spielsand ein Zertifikat. Allerdings ist nicht exakt festgelegt, worauf sich dieses beziehen soll und wer ein solches erteilen darf.

Entsprechend unterschiedlich sind die Inhalte und die Prüflabore:

Prüforganisationen, Baustoffprüflabore, andere Prüflabore und Hersteller des Spielsandes prüfen diesen bezüglich Kornverteilung und Schadstoffgehalt sowie pH-Wert. Dabei legen Sie den Runderlass NRW, DIN EN 71-3 oder die Bundesbodenschutzverordnung als Maßstab zugrunde.

In nur wenigen Fällen wird eine Aussage darüber getroffen, ob das Produkt DIN 18034-1 entspricht. Hier fehlen insbesondere Angaben zum Masseanteil bindiger Bestandteile.

Gesackter Spielsand im Einzelhandel wird mit einem Zertifikat des TÜV Nord beworben. Leider konnte der Autor keinen Händler finden, der das Zertifikat tatsächlich vorweisen konnte. Nach viel Schriftverkehr wurde das Zertifikat schließlich vom Hersteller zur Verfügung gestellt. Darin wurde bescheinigt, dass die Vorgaben nach DIN EN 71-3 eingehalten wurden. Konkrete Analyse-

6 AdCo Administration Cooperation Group, Sachverständigengruppe für die Sicherheit von Spielplatzgeräten.

werte und Vorgaben dieser Norm wurden nicht genannt. Ebenso fehlt eine Aussage, ob die Anforderungen nach DIN 18034-1 erfüllt wurden.

In Auswertung der unterschiedlichen Vorgaben der Länder scheint es sinnvoll, sich an einem Zertifikat entsprechend Runderlass NRW zu orientieren.

Hinweis

Vor dem Kauf von Spielsand sollte sich der Käufer eventuelle Zertifikate genau anschauen und ggf. hinterfragen. Wenn mit einem Zertifikat geworben wird, sollte dieses jedem Interessenten vollumfänglich zugänglich sein. Aussagen, z. B. zum Schadstoffgehalt, sollten mit Mess- und zulässigen Werten untersetzt sein. Außerdem ist die zutreffende Rechtsvorschrift oder Norm anzugeben.

(7) Wartung

Spielsand ändert sich in der Zusammensetzung durch das Bespielen und Umwelteinflüsse. Sichtbare Verschmutzungen, wie Laub, Glasscherben, Steine, sind bei den visuellen Routine-Inspektionen zu entfernen. Eine maschinelle Sandreinigung oder Desinfektionsmaßnahmen sind weder gefordert noch erforderlich.[7]

[7] Vgl. Niedersächsisches Landesgesundheitsamt: Merkblatt Spielplatz- und Spielsandhygiene, 2. Auflage 2005.

Spielsand muss bei grober Verschmutzung, z. B. durch Tierkot, sofort, ansonsten entsprechend den landesrechtlichen Bestimmungen ausgetauscht werden.

So ist z. B. in den Kindertageseinrichtungen der neuen Bundesländer eine Frist von jährlich bis zu drei Jahren vorgesehen.[8] Auf öffentlichen Spielplätzen in Sachsen ist der Sandwechsel mindestens alle zwei bis fünf Jahre vorgeschrieben.[9]

Anforderungen an Sandkästen und Sandspielflächen

(1) Sandspielflächen dürfen nicht gleichzeitig Aufprallfläche von Spielplatzgeräten sein. Kinder müssen in diesen Bereichen ungehindert spielen können.

(2) Sandspielbereiche sollten, wenn möglich, morgens Sonne abbekommen, damit der Sand abtrocknen und sich rasch erwärmen kann. Sie dürfen nicht ganztägig der Sonne ausgesetzt sein. Der Bedarf für Beschattungseinrichtungen, z. B. Sonnensegel, ist zu prüfen.

---

8 Vgl. Länder-Arbeitskreis Brandenburg, Sachsen, Thüringen, Mecklenburg-Vorpommern: Rahmenhygieneplan gem. § 36 Infektionsschutzgesetz für Kindereinrichtungen.

9 Vgl. Landesuntersuchungsanstalt Sachsen: Antwort auf eine Anfrage, 2015.

Bild 6: *Sandkasten mit stationärer Überdachung ohne Selbstreinigungseffekt bei Regen (Quelle: GAO – Gesundheits- und Arbeitsschutz Onischak UG [haftungsbeschränkt])*

Bild 7: *Das Sonnensegel dient gleichzeitig zur Abdeckung der Sandfläche außerhalb der Nutzungsdauer. (Quelle: GAO – Gesundheits- und Arbeitsschutz Onischak UG [haftungsbeschränkt])*

(3) Für Sandkästen wird eine mindestens 40 cm dicke Sandaufschüttung empfohlen. Als Untergrabeschutz haben sich Rasengitterplatten bewährt. Bei Bedarf kann darunter eine Drainage im Schotterbett mit Vliesabdeckung erfolgen.

Die Sitzflächen können z. B. aus 20 cm breiten geschliffenen Holzbohlen mit gerundeten oder gefasten Kanten hergestellt werden. Diese sollten unbehandelt bleiben. Andere Materialien, z. B. Betonelemente mit Auflagen aus Gummigranulaten, sind möglich, wenn diese PAK[10]-frei sind (siehe hierzu auch Kapitel ► „Ausführung, Werkstoffe, Konstruktion“).

Bild 8: *Altreifen sind als Sandkasteneinfassung nicht geeignet. (Quelle: GAO – Gesundheits- und Arbeitsschutz Onischak UG [haftungsbeschränkt])*

[10] PAK (polyzyklische aromatische Kohlenwasserstoffe) können gesundheitsschädigend, krebserzeugend, erbgutverändernd oder die Fortpflanzung gefährdend sein. Sie können auch über die Haut aufgenommen werden.

Bild 9: *Die Einfassung ist verrottet und nicht mehr standsicher. (Quelle: GAO – Gesundheits- und Arbeitsschutz Onischak UG [haftungsbeschränkt])*

(4) Wenn es Probleme mit Tierkot gibt, sollte der Sandspielbereich außerhalb der Nutzungszeiten abgedeckt werden. Die Abdeckung muss wasserdurchlässig sein. Abdeckungen und Sonnensegel können kombiniert werden.

Inspektionen

- ☐ Es wird nur physiologisch unbedenklicher Spielsand im Korngrößenbereich 0 bis 2 mm (Rundkorn) entsprechend den landesrechtlichen Bestimmungen beschafft.
  Es liegt im Ermessen des Betreibers, ob der Spielsand bindige Bestandteile enthält, sofern landesrechtlich nichts festgelegt wurde.
- ☐ Der Spielsand enthält keine Verunreinigungen wie Laub, Abfälle Glasscherben o. Ä.
- ☐ Der Spielsand wird regelmäßig geharkt, aufgegraben und aufgelockert, um die Durchlüftung zu fördern.
- ☐ Bei grober Verschmutzung (z. B. durch Tierexkremente) wird Spielsand sofort ausgetauscht. Für den regelmäßigen Wechsel gelten die im Landesrecht festgelegten Fristen.

- ☐ Sandspielbereiche liegen außerhalb der Aufprallflächen von Spielplatzgeräten, windgeschützt, teils sonnig und teils schattig.
- ☐ Sandspieleinrichtungen sind standsicher und unbeschädigt.
- ☐ Sitzflächen von Sandkästen sind nicht rau und chemisch unbehandelt. Befestigungselemente stehen nicht hervor.
- ☐ Sonnenschutzeinrichtungen sind wirksam, ohne Gefährdungen für Kinder und haben keine losen Stricke oder Kordeln.

Schaukeln

Norm: DIN EN 1176 – Spielplatzgeräte und Spielplatzböden – Teil 2: Zusätzliche besondere sicherheitstechnische Anforderungen und Prüfverfahren für Schaukeln

Schaukeln sind Spielplatzgeräte, bei denen die Benutzer oder andere Personen die an einem Gelenk hängende Benutzerstelle in schwingende Bewegung versetzen. Ab der Normausgabe 2017-12 (berichtigt durch Ausgabe 2020-04) wurde ergänzt, dass sich das Gelenk mindestens 1,3 m über dem Boden befinden muss.

Die Schaukelbewegung ist für die Entwicklung der Koordination der Kinder wichtig. Schaukeln finden sich in verschiedenen Ausführungsformen auf fast jedem Spielplatz. Beim Unfallgeschehen sind sie auf den ersten Plätzen.

Schaukeltypen

Schaukeln mit nur einer Drehachse werden auch als **Typ 1** bezeichnet. Sie sind die klassische Ausführung und mit einem oder zwei Sitzen pro Gerüst weit verbreitet.

***Bild 1:** Schaukel mit einer Drehachse – Typ 1 (Quelle: GAO – Gesundheits- und Arbeitsschutz Onischka UG [haftungsbeschränkt])*

Schaukeln mit mehreren Drehachsen werden auch als **Typ 2** bezeichnet. Ihr Sitz ist mit mindestens vier Abhängungen an einem oder mehreren Querholmen befestigt. Er lässt sich demzufolge sowohl längs als auch quer bewegen.

***Bild 2:** Schaukel mit mehreren Drehachsen – Typ 2 (Quelle: GAO – Gesundheits- und Arbeitsschutz Onischka UG [haftungsbeschränkt])*

Einpunktschaukeln werden auch als **Typ 3** bezeichnet. Die zum Sitzen oder Stehen vorgesehenen Benutzerplätze sind an einem einzigen Befestigungspunkt abgehängt, sodass die Schaukel in alle Richtungen frei beweglich ist.

***Bild 3:** Einpunktschaukel – Typ 3 (Quelle: GAO – Gesundheits- und Arbeitsschutz Onischka UG [haftungsbeschränkt])*

Kontaktschaukeln werden auch als **Typ 4** bezeichnet. Hier hängen mehrere – meist sechs – Schaukeln um eine Zentralachse. Sie schaukeln alle in Richtung dieser Zentralachse.

Bild 4: *Kontaktschaukel – Typ 4 (Quelle: GAO – Gesundheits- und Arbeitsschutz Onischka UG [haftungsbeschränkt])*

Maße und Definitionen

Allgemeines

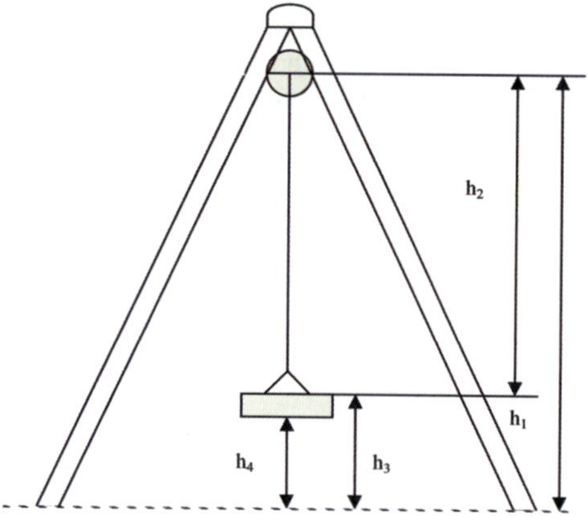

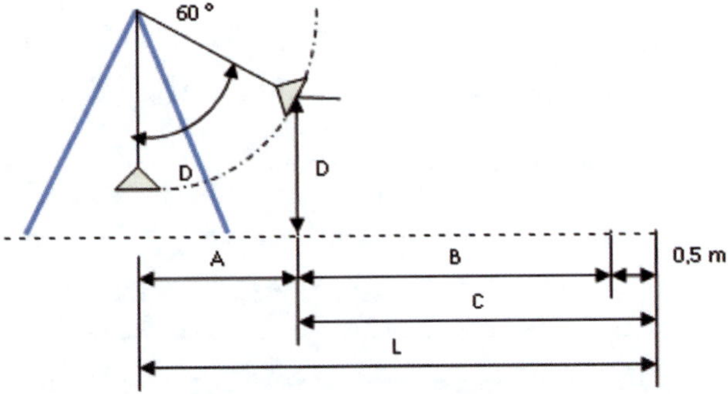

***Bild 5:** Maße für Schaukeln (Quelle: GAO – Gesundheits- und Arbeitsschutz Onischka UG [haftungsbeschränkt})*

***Tabelle 1:** Maße für Schaukeln*

Maß	Bezeichnung	Erläuterung
Maße an der Schaukel		
h_1	Schaukelhöhe	von Mitte Drehpunkt zum Boden
h_2	Länge der Schaukelabhängung	von Mitte Drehpunkt zur Sitzoberfläche
h_3	Sitzhöhe	von Sitzoberkante zum Boden
h_4	Bodenfreiheit	von festgelegter Stelle am Sitz zum Boden[1]
h_5	Sitzfreiraum bei Einpunktschaukeln	zwischen UK Sitz und Hindernissen

Tabelle 1: *Maße für Schaukeln*

Maß	Bezeichnung	Erläuterung
C	Mindestabstand Schaukelsitz/ Gerüst	in Höhe Oberkante Sitz[2]
S	Mindestabstand zwischen Schaukelsitzen	
F	Abstand zwischen Abhängungen	an der Drehachse
G	Abstand zwischen Abhängungen	an den Schaukelsitzen
D	freie Fallhöhe bei 60° Auslenkung	von Sitzmitte oben zum Boden
D*[3]	freie Fallhöhe von Nestschaukeln nach Bbl. 1:2009	von oberstem Punkt des Rings zum Boden[4] bei 60° Auslenkung
Abmessungen der Aufprallfläche		
A	Teillänge der Aufprallfläche	bei 60° Auslenkung
B	festgesetzter Abstand bei synthetischem Belag	1,75 m
C	festgesetzter Abstand bei losem Schüttmaterial	2,25 m
L	Länge der Aufprallfläche	nach jeder Seite, L=A+B oder L=A+C
W	Breite des Fallraums	

[1]Bei Nestschaukeln nach DIN EN 1176-2:2008 ist ein eventueller Durchhang des Nestbodens zu berücksichtigen. Bei Nestschaukeln ab Normausgabe 2017 ist von der Unterkante des festen Sitzteils zu messen. Alle Messungen müssen in ungünstigster Stellung der Schaukel erfolgen.

[2]Bei Nestschaukeln nach DIN EN 1176-2:2008 ist in 1,0 m Höhe über der Oberkante des Schaukelrings zu messen. Der Abstand muss mindestens 60 cm betragen.

[3]In der Norm werden die Fallhöhen nicht unterschieden. D wurde hier eingeführt, um die unterschiedliche Fallhöhe gegenüber anderen Schaukeltypen deutlich zu machen.*

[4]In der Norm werden die Fallhöhen für Nestschaukeln nicht gesondert definiert. Da aber in der Praxis festgestellt wurde, dass die Benutzer sich auch am oberen Rand aufhalten, wurde es notwendig, die sicherheitstechnischen Anforderungen an diese Gefährdung anzupassen. Dies ist nicht in der Norm selbst, sondern nur im Beiblatt 1:2009 berücksichtigt, gilt also nur für die Normausgabe 2008.

Anforderungen

(1) Die **Bodenfreiheit** h_4 unter Schaukelsitzen für einzelne Benutzer muss in Ruhestellung mindestens 35 cm betragen. Nach DIN 7926 sind es 40 cm.

Bei waagerechten Reifensitzen muss die Bodenfreiheit bis einschließlich Normausgabe 2008 mindestens 40 cm betragen. Bei senkrechten Reifensitzen von Kontaktschaukeln darf die Bodenfreiheit bis auf 10 cm reduziert werden.

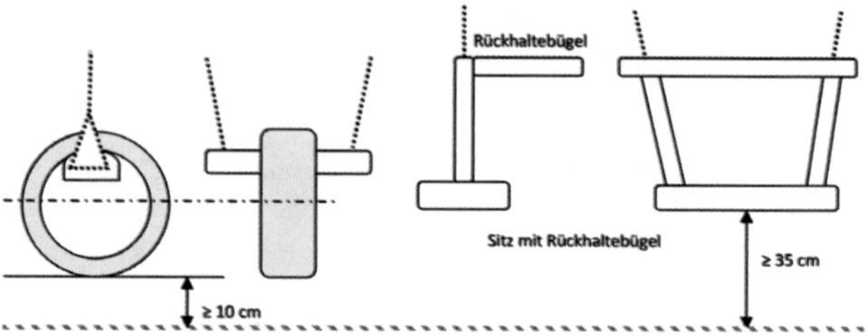

***Bild 6:** Bodenfreiheit unter Kontaktschaukeln (Quelle: GAO – Gesundheits- und Arbeitsschutz Onischka UG [haftungsbeschränkt])*

Nach Beiblatt 1:2009 ist die Bodenfreiheit von Nestschaukeln unter dem tiefsten Punkt der Sitzfläche zu bestimmen, wobei ein möglicher Durchhang zu berücksichtigen ist. Der Mindestwert wurde mit 40 cm festgelegt. *Diese Regelung wurde ab DIN EN 1176-2:2017 geändert.*

Bei Gruppenschaukelsitzen muss ab Normausgabe 2017 die Bodenfreiheit mindestens 40 cm betragen. Wenn der untere Teil von Gruppenschaukelsitzen nachgiebig ist, wird als Bodenfreiheit der Abstand von der Unterseite des festen Teils des Sitzes zum Boden in ungünstigster Stellung definiert.

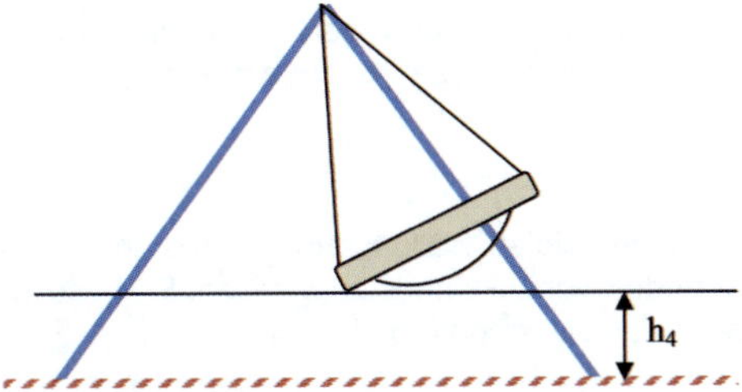

Bild 7: *Bodenfreiheit von Gruppenschaukelsitzen ab DIN EN 1176-2:2017 (Quelle: GAO – Gesundheits- und Arbeitsschutz Onischka UG [haftungsbeschränkt])*

(2) Der **Sitzfreiraum** h_5 bei Einpunktschaukeln muss mindestens 40 cm betragen. Ausgenommen ist der Abstand zum Tragbalken, an dem die Abhängung befestigt ist. Falls der Sitz das Schaukelgerüst berühren kann, wird empfohlen, dort eine Polsterung anzubringen.

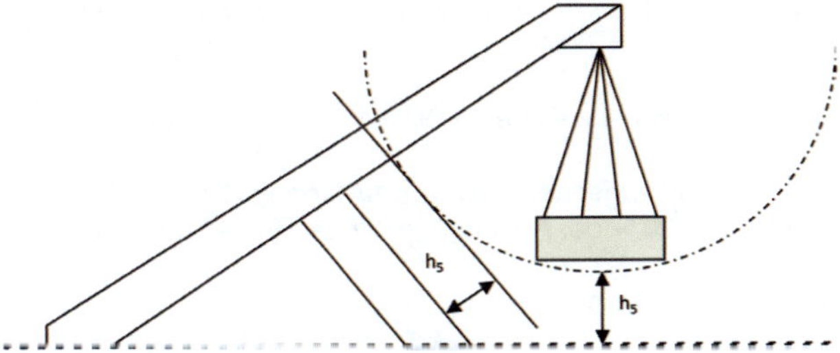

Bild 8: *Sitzfreiraum einer Einpunktschaukel (Quelle: GAO – Gesundheits- und Arbeitsschutz Onischka UG [haftungsbeschränkt])*

(3) Der **Abstand zwischen Sitzen und Gerüst C** muss mindestens 20 % der Abhängungslänge zzgl. 20 cm betragen.

$C \geq 0{,}2\ h_2 + 20\ \text{cm}$

Bei Nestschaukeln nach Beiblatt 1:2009 ist dieser Abstand 1,0 m über der Oberkante des Schaukelrings zu messen. Er muss an dieser Stelle mindestens 60 cm betragen.

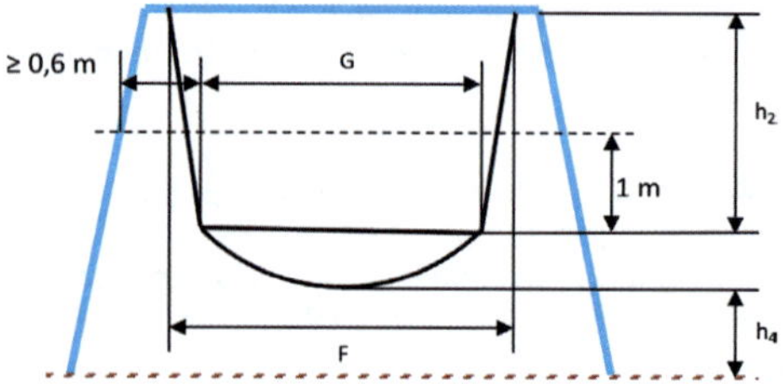

***Bild 9:** Abstand zwischen Sitzen und Gerüst C bei Nestschaukeln (Quelle: GAO – Gesundheits- und Arbeitsschutz Onischka UG [haftungsbeschränkt])*

Für Gruppenschaukelsitze ab DIN EN 1176-2:2017 gilt:

Der **Abstand zwischen Sitzen und Gerüst *C*** (Bild 189) muss mindestens 20 % der Abhängungslänge zzgl. 40 cm betragen.

$C \geq 0{,}2\ h_2 + 40\ \text{cm}$

(4) Der **Abstand zwischen Schaukelsitze *S*** (Bild 189) muss mindestens 20 % der Abhängungslänge zzgl. 30 cm betragen.

$S \geq 0{,}2\ h_2 + 30\ cm$

(5) Bei Kontaktschaukeln muss der **Abstand zwischen Schaukelsitzen und Zentralachse** bei rechtwinkliger Auslenkung mindestens 40 cm betragen, d. h., zwischen den Sitzflächen gegenüberliegender Schaukelsitze muss der Abstand mindestens 80 cm betragen.

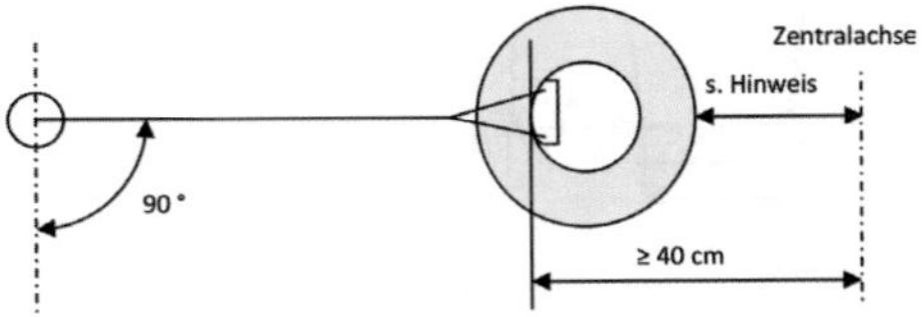

Bild 10: *Abstand zwischen Schaukelsitzen und Zentralachse bei Kontaktschaukeln (Quelle: GAO – Gesundheits- und Arbeitsschutz Onischka UG [haftungsbeschränkt])*

(6) Um **Richtungsstabilität** des Sitzes (Verhindern von schräger Auslenkung) zu erreichen, muss der Abstand F zwischen den Abhängungen an der Drehachse mindestens um 5 % der Abhängungslänge größer sein als der Abstand G an den Sitzen.

$F \geq 0{,}05\ h_2 + G$

Bei Kontaktschaukeln und Gruppenschaukelsitzen muss der Abstand F um mindestens 30 % der Abhängungslänge größer sein als der Abstand G an den Sitzen.

$F \geq 0{,}3\ h_2 + G$

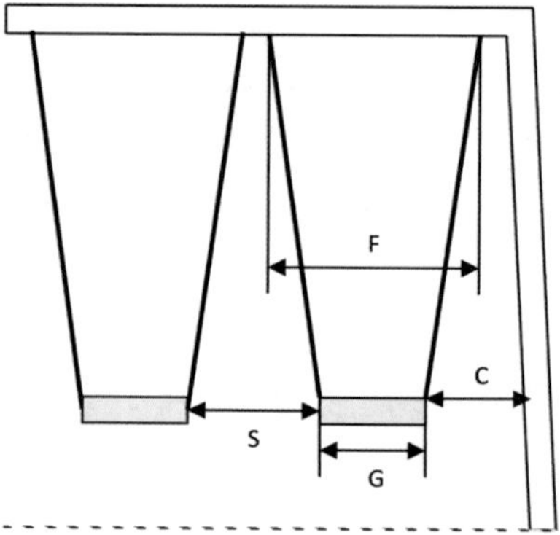

Bild 11: *Richtungsstabilität des Sitzes (Quelle: GAO – Gesundheits- und Arbeitsschutz Onischka UG [haftungsbeschränkt])*

(7) **Abhängungen** dürfen nicht völlig starr sein. Zulässig sind Seile und Ketten.

Die am Sitz durch die Verzweigung der Abhängungen entstehenden Dreiecke brauchen nicht auf Fangstellen für Kopf und Hals geprüft zu werden.

Es sind nur kurzgliedrige Rundstahlketten nach DIN EN 818[1] zulässig, die eine maximale Öffnungsbreite von 8,6 mm haben. Geprüft wird mit dem Rundstab 8,6 mm. Wird diese Prüfung nicht bestanden, ist durch eine Risikobeurteilung zu prüfen, ob ein Wechsel notwendig ist.

1 Normenreihe DIN EN 818-2:2008-12 Kurzgliedrige Rundstahlketten für Hebezwecke – Sicherheit.

An Verbindungsstellen muss abweichend von den allgemeinen Anforderungen an Fingerfangstellen die maximale Öffnung kleiner als 8,6 mm oder größer als 12 mm sein. Das heißt, wenn sich ein Prüfstab von 8,6 mm einführen lässt, dann muss auch ein Prüfstab von 12 mm in die Öffnung passen.

(8) Schaukelsitze müssen eine gewisse **Stoßdämpfung** haben.

Diese darf folgende Werte nicht überschreiten:

Tabelle 2: *Stoßdämpfung je nach Art des Schaukelsitzes*

Art des Sitzes		**Spitzenwert für die Beschleunigung**	**Mittlere Flächenpressung**
Flache Schaukelsitze		≤ 50 g[2]	≤ 90 N/cm²
Senkrechte Reifensitze		≤ 50 g	≤ 90 N/cm²
Wiegenschaukelsitze		Sitzteil wie flache Schaukelsitze, siehe auch folgende Skizze	
Gruppenschaukelsitze	Durchmesser/Breite ≤ 90 cm:	≤ 50 g	≤ 90 N/cm²
	Durchmesser/Breite > 90 cm:	≤ 120 g	≤ 90 N/cm²

2 1g ≈ 9,81 m/s².

Wenn die äußerste obere Kante des Oberteils eines Wiegenschaukelsitzes *X* über eine gedachte senkrechte Linie hinausragt, wenn der Sitz um 30° gekippt ist, müssen die Werte für die Stoßdämpfung auch von diesem Teil erfüllt werden:

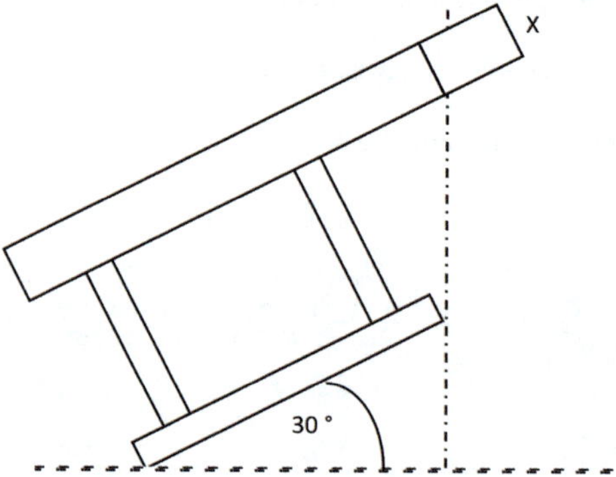

***Bild 12:** Stoßdämpfung eines Wiegenschaukelsitzes (Quelle: GAO – Gesundheits- und Arbeitsschutz Onischka UG [haftungsbeschränkt])*

Hinweis

Die Prüfung der Schaukelsitze kann nur im Labor erfolgen. Der Sachkundige kann nur die Dokumentation prüfen.

Gruppenschaukelsitze an Schaukeln vom Typ 1 müssen ab DIN EN 1176-2:2017 zusätzliche Vorrichtungen haben, die verhindern, dass der Schaukelsitz zu Boden fällt, wenn die Hauptbefestigung versagt. Nach Beiblatt 1:2009 wurde das für alle Nestschaukeln empfohlen.

***Bild 13:** Zusätzliche Haltevorrichtung an einer Schaukel vom Typ 1 (Quelle: GAO – Gesundheits- und Arbeitsschutz Onischka UG [haftungsbeschränkt])*

(9) Jedes Abhängungssystem muss in Verantwortung des Herstellers einer Prüfung unterzogen werden. Dazu gehört auch eine **dynamische Belastungsprüfung**. Dazu wird eine definierte Prüflast aufgebracht, und damit werden 100.000 Schaukelvorgänge ausgeführt. Das Gerät muss diese Prüfung schadlos überstehen.

Der Sachkundige kontrolliert bei der Inspektion nach der Installation und der jährlichen Hauptinspektion, ob entsprechend geprüfte Abhängungssysteme eingesetzt wurden.

(10) In einem Schaukelgerüst dürfen nur **maximal zwei Schaukeln** angebracht sein. Bei Schaukeln mit mehr als zwei Sitzen müssen diese in einzelne Schaukelfelder unterteilt sein.

Ein Feld mit einem Gruppenschaukelsitz darf keine weiteren Sitze enthalten.

Reifensitze bis zu einem Durchmesser von 65 cm gelten nach Beschluss des EK 2 AK 2-5 vom 05.03.2020 nicht als Gruppenschaukelsitze. Sie dürfen demzufolge mit einem anderen Schaukelsitz im gleichen Schaukelfeld kombiniert werden.

(11) Seit 2008 ist die Empfehlung, **Wiegensitze und flache Schaukelsitze** nicht in einem Schaukelfeld zu kombinieren, entfallen.

(12) Bei Anbauschaukeln (d. h. das Schaukelgerüst oder zumindest der obere Holm ist an anderen Geräten angebaut) sind zusätzliche Maßnahmen erforderlich, die gewährleisten, dass die Benutzer des anderen Geräts nicht unbeabsichtigt in den Schaukelbereich gelangen können.

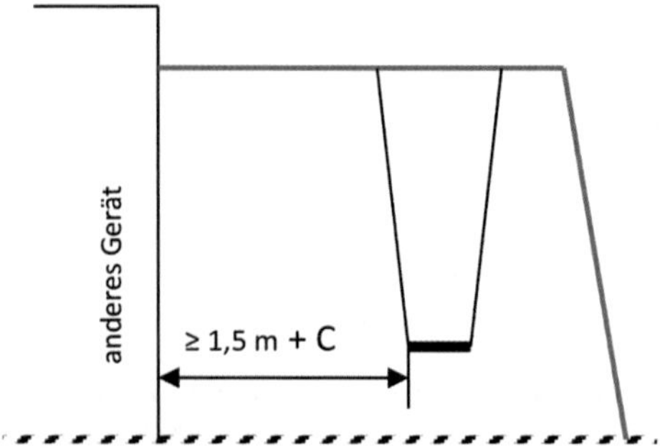

***Bild 14:** Freiraum bei Anbauschaukeln (Quelle: GAO – Gesundheits- und Arbeitsschutz Onischka UG [haftungsbeschränkt])*

Dazu eignen sich Geländer, Brüstungen oder ein zusätzlicher Freiraum von mindestens 1,5 m.

(13) Die **freie Fallhöhe *D*** wird bei 60° Auslenkung von der Mitte der Sitzoberkante zur Spielebene gemessen oder nach den nachstehenden Formeln berechnet. Sie ergibt sich aus der Summe von halber Abhängungslänge und Sitzhöhe.

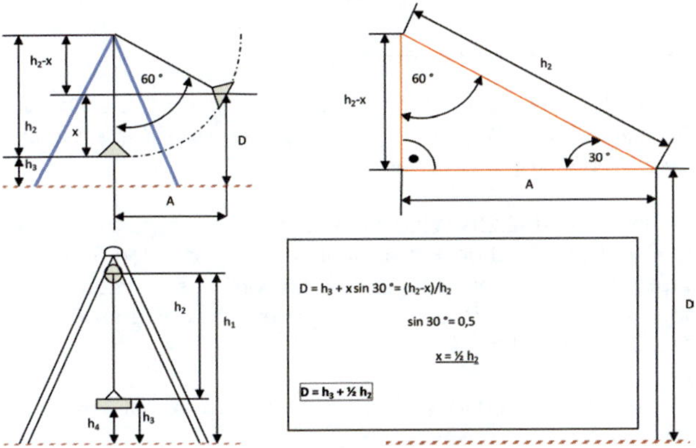

Bild 15: *Berechnung der freien Fallhöhe D (Quelle: GAO – Gesundheits- und Arbeitsschutz Onischka UG [haftungsbeschränkt])*

Nach Beiblatt 1:2009 war bei Nestschaukeln die freie Fallhöhe ebenfalls bei 60° Auslenkung zu ermitteln, allerdings vom obersten Punkt des Sitzes. Abweichend von der Norm wird in dieser Dokumentation diese freie Fallhöhe bei Nestschaukeln mit *D** bezeichnet.

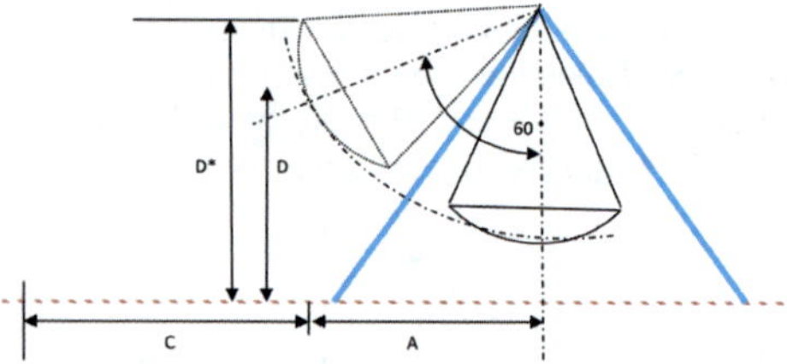

Bild 16: *Freie Fallhöhe von Nestschaukeln D ab DIN EN 1176-2:2017 und D* nach Beiblatt 1:2009 (Quelle: GAO – Gesundheits- und Arbeitsschutz Onischka UG [haftungsbeschränkt])*

In DIN EN 1176-2:2017 sind die Anforderungen etwas unklar formuliert. Danach ist bei 60° Auslenkung vom obersten Rand des Stützrahmens zu messen. Vom Autor wird das so interpretiert, wie in der obigen Zeichnung dargestellt. Das wird im Beiblatt 1:2020-12 bestätigt.

Die freie Fallhöhe darf auch bei Schaukeln maximal 3 m betragen.

(14) Die **Länge der Aufprallfläche** L ergibt sich nach beiden Seiten der Schaukel entsprechend der Norm aus der Teillänge A bei 60° Auslenkung zzgl. des festgesetzten Abstands C von 2,25 m bei Naturböden aus losen Einzelpartikeln. Alternativ ist es zulässig, synthetische Beläge mit der Länge B = 1,75 m auszuführen. Daran muss sich aber eine weitere hindernisfreie Strecke von mindestens 0,5 m Länge anschließen.

Überschlägig kann die Länge der Aufprallfläche nach der Faustformel aus der Summe von Abhängungslänge und 2,0 m bestimmt werden.

$L \approx h_2 + 2{,}0$ m

In Deutschland ist es entsprechend Beiblatt 1:2009 üblich, die gesamte Aufprallfläche mit der Länge A + 2,25 m mit dem gleichen Bodenmaterial herzustellen. Es ist auch kaum nachvollziehbar, warum die Länge der Aufprallfläche von der Art des Bodenmaterials abhängen soll.

Länge der Aufprallfläche

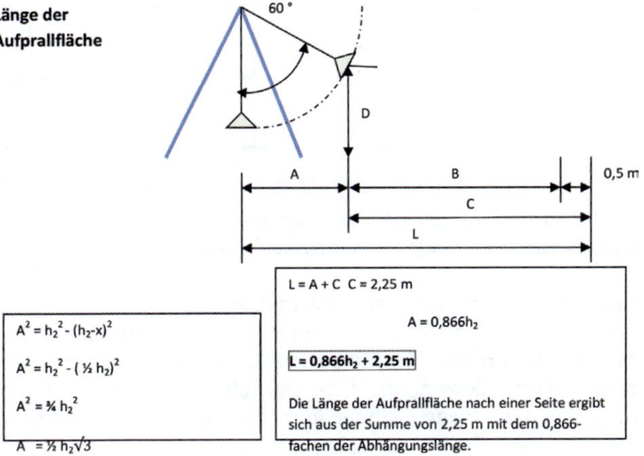

Bild 17: *Länge der Aufprallfläche (Quelle: GAO – Gesundheits- und Arbeitsschutz Onischka UG [haftungsbeschränkt])*

Die **Breite der Aufprallfläche** W beträgt bei Sitzen bis 50 cm Breite mindestens 1,75 m. Bei breiteren Sitzen erhöht sich auch die Breite der Aufprallfläche um den gleichen Wert.

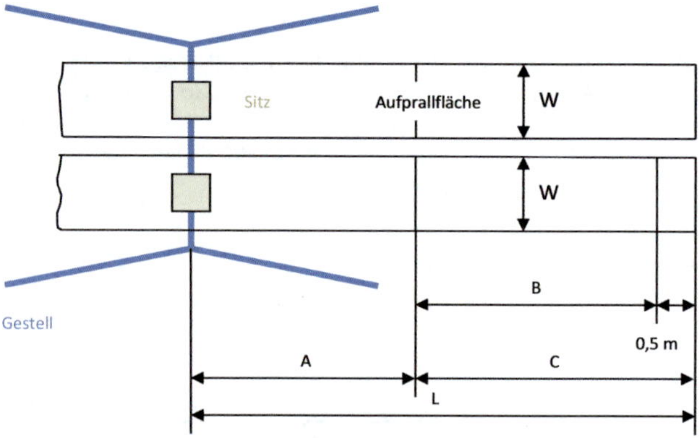

Bild 18: *Breite der Aufprallfläche (Quelle: GAO – Gesundheits- und Arbeitsschutz Onischka UG [haftungsbeschränkt])*

Bei Einpunktschaukeln ist die Aufprallfläche kreisförmig, d. h., die berechnete Länge (A + C) muss in alle Richtungen kreisförmig vorhanden sein. Schaukeln sind Spielplatzgeräte mit einer erzwungenen Bewegung, d. h., die Aufprallfläche muss unabhängig von der freien Fallhöhe immer stoßdämpfend ausgeführt sein.

Fallräume von Schaukeln im gleichen Gestell dürfen sich überschneiden; Fallräume von Schaukeln verschiedener Gestelle nicht. Fallräume von Schaukeln dürfen sich nicht mit Fallräumen anderer Spielplatzgeräte überschneiden. Der Fallraum von Schaukeln ist mit der Aufprallfläche identisch. Die Fallraumhöhe entspricht der freien Fallhöhe.

(15) Bei **Schaukelsitzen mit Rückenlehne** an Typ-2-Schaukeln muss der lichte Abstand zwischen Sitzfläche und Rückenlehne zwischen 60 und 75 mm betragen. Der Winkel zwischen Sitzfläche und Rückenlehne darf sich nicht verändern, wenn sich die Schaukel bewegt.

(16) Einpunktschaukeln (Typ 3) müssen so abgehängt sein, dass sich bei drehender Schaukel die Abhängungen nicht zusammendrehen können. Dazu wird üblicherweise ein **Drehgelenk** (Kardangelenk) verwendet. Wenn dieses Gelenk nicht speziell für diesen Anwendungsfall konstruiert wurde und ein Absturz des Sitzes bei Bruch von Teilen zwischen Abhängungen und Gestell nicht ausgeschlossen werden kann, müssen zusätzliche Haltevorrichtungen vorgesehen werden.

Bild 19: *Zusätzliche Halterung an einer Schaukel vom Typ 3 (Quelle: GAO – Gesundheits- und Arbeitsschutz Onischka UG [haftungsbeschränkt])*

(17) **Sitze von Kontaktschaukeln** müssen so ausgeführt sein, dass ein Abspringen in Richtung Zentralachse erschwert wird. Das geschieht üblicherweise durch senkrechte Reifensitze oder Anbringen eines Haltebügels vor flachen Sitzen.

(18) Der **Standort von Schaukeln** sollte so gewählt werden, dass unbeabsichtigte Kollisionen mit Nutzern anderer Spielangebote vermieden werden. Das kann z. B. durch Installation der

Schaukel in Randlage erfolgen. Sofern zur Abgrenzung Zäune verwendet werden, sollten diese mindestens 1,5 m Abstand zur Seitenkante des Sitzes und längs zur Aufprallfläche haben. Zugänge zu eingefriedeten Schaukelbereichen sollten durch ihre Gestaltung ein schnelles Hineinlaufen in Schaukelbereiche verhindern.

Vor der Installation einer Einfriedung sollte immer eine Gefährdungsbeurteilung erfolgen.

Inspektion

- ☐ Zu den Inspektionen ist unbedingt die Herstellerdokumentation erforderlich.
- ☐ Bevor technische Details geprüft werden, ist zunächst der Standort der Schaukel zu beurteilen. Abgrenzungen zu anderen Spielplatzgeräten sind nach den Festlegungen für Einfriedungen zu prüfen.
- ☐ Größte Priorität verlangt die Standsicherheit. Dazu ist zu prüfen, ob die Fundamente wie vom Hersteller vorgeschrieben ausgeführt sind. Der Schaukelbalken ist von oben auf Verrottung und eindringendes Wasser zu kontrollieren
- ☐ Anschließend sind die richtige Montage und der feste Sitz aller Verbindungselemente zu prüfen.
- ☐ Bewegliche Teile, wie Ketten und Lager, sind auf Verschleiß und evtl. dadurch entstandene Fangstellen zu prüfen.
- ☐ Abschließend wird geprüft, ob die Aufprallfläche in der vorgeschriebenen Mindestgröße, Schichtdicke und Qualität hergestellt wurde und alle beweglichen Teile leichtgängig sind.
- ☐ Alle sonstigen Bauteile sind auf Verschleiß, Verwitterung, Korrosion, sachgemäße Instandsetzung etc. zu prüfen. Die Aufprallfläche ist ebenfalls in die Prüfung einzubeziehen.
- ☐ Jede Hauptinspektion schließt mit einer Funktionsprobe ab.

Schwere abgehängte starre Balken

Norm: DIN EN 1176 – Spielplatzgeräte und Spielplatzböden – Teil 1: Allgemeine sicherheitstechnische Anforderungen und Prüfverfahren

Als schwere abgehängte starre Balken (bis 2017 abgehängte schwere Balken) gelten Balken mit einer Masse von mindestens 25 kg.

***Bild 1:** Schwere abgehängte starre Balken (Quelle: GAO – Gesundheits- und Arbeitsschutz Onischka UG [haftungsbeschränkt])*

Anforderungen

(1) Alle Ecken und Kanten sowie Profiländerungen des Balkens müssen mindestens mit einem Radius von 50 mm abgerundet sein.

(2) Die Bodenfreiheit des Balkens h darf in keiner Belastungssituation 400 mm unterschreiten.

(3) Die Ausschwingung (Bewegungsbereich) des Balkens *a* darf 100 mm (ab DIN EN 1176-1:2017-12 300 mm) nicht überschreiten. Der Balken darf längs nicht über die Tragpfosten hinausgehen (Maß *l*).

(4) Die lichte Weite zwischen Balken und Tragpfosten darf in keiner Belastungssituation 230 mm unterschreiten.

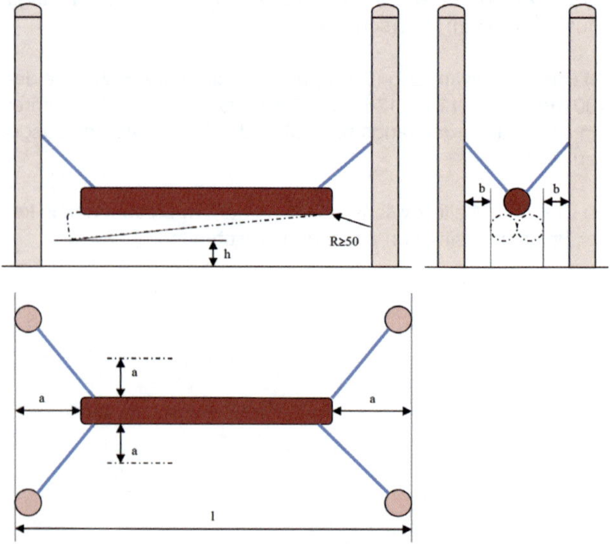

Sicherheitsmaße in mm	Gilt für Geräte nach	
	DIN EN 1176-1:1998:2008	DIN EN 1176-1:2017-12
Bodenfreiheit h mind.	400	400
Radius R mind.	50	50
Bewegungsbereich a max.	100	300
Abstand b Balken-Pfosten mind.	230	230

Bild 2: *Anforderungen an schwere abgehängte starre Balken (Quelle: GAO – Gesundheits- und Arbeitsschutz Onischka UG [haftungsbeschränkt])*

Hinweis

Beim Austausch von Teilen können sich sicherheitsrelevante Maße ändern.

Inspektion

- ☐ allgemeine Kontrolle aller Bauteile auf Zustand und Beschaffenheit
- ☐ sichere Befestigung und Verbindung aller Teile
- ☐ Kontrolle der Ketten (siehe hierzu auch Kapitel ► „Ketten“)
- ☐ Standsicherheit, Zustand der Pfosten und Fundamente
- ☐ Bodenart und Zustand der Aufprallfläche
- ☐ Überprüfung, ob die Bodenfreiheit h in allen Belastungssituationen 400 mm nicht unterschreitet. Bei Bodenarten aus losen Einzelpartikeln ist bis zur Oberkante der Spielebene zu messen.
- ☐ Kontrolle, ob die Ausschwingung a (Bewegungsbereich) allseits die zulässigen Werte nicht überschreitet
- ☐ Überprüfen, ob zwischen Standpfosten und Balken in allen Situationen eine lichte Weite von 230 mm nicht unterschritten wird. Die Kontrolle kann mit dem Prüfkörper D erfolgen.
- ☐ Kontrolle, ob die axiale Ausschwingung des Balkens nicht über die Kontur der Pfosten hinausgeht (Maß *l*)

Seilbahnen

Norm: DIN EN 1176 – Spielplatzgeräte und Spielplatzböden – Teil 4: Zusätzliche besondere sicherheitstechnische Anforderungen und Prüfverfahren für Seilbahnen

Seilbahnen i. S. d. Norm sind standortgebundene Spielplatzgeräte, bei denen sich der Benutzer von einer Startstation aus hängend oder sitzend an der Abhängung einer Laufkatze aufgrund der Schwerkraft über einen Fahrbereich zur Endstation bewegt.

Nicht zu den hier erläuterten Seilbahnen gehören Einrichtungen, an denen die Bewegung durch ein umlaufendes oder ein Schleppseil erfolgt (Luft- und Schienenseilbahnen, Schlepplifte). Auch Seilrutschen oder Flying Fox, wie sie im Abenteuer- oder Bergsport Anwendung finden, gehören nicht dazu.

Bild 1: *Seilbahn (Quelle: GAO – Gesundheits- und Arbeitsschutz Onischka UG [haftungsbeschränkt])*

Bild 2: *Flying Fox – keine Seilbahn (Quelle: GAO – Gesundheits- und Arbeitsschutz Onischka UG [haftungsbeschränkt])*

Anforderungen

(1) Die an den Start- und Endstationen befindlichen Gerüste und Befestigungspunkte für das Tragseil müssen die statischen und dynamischen Belastungen, die bei der Benutzung der Seilbahn entstehen, sicher aufnehmen können.

Der Durchhang des Tragseils muss einstellbar sein; die Einstellung muss gegen unbeabsichtigtes und unbefugtes Verstellen gesichert sein.

Bild 3: *Massives Gerüst aus verzinktem Stahl (Quelle: GAO – Gesundheits- und Arbeitsschutz Onischka UG [haftungsbeschränkt])*

Bild 4: *Negativbeispiel: Seilverstellung mittels einseitig offenen Spannschlosses, Drahtseilklemmen nicht vorschriftsmäßig montiert (Quelle: GAO – Gesundheits- und Arbeitsschutz Onischka UG [haftungsbeschränkt])*

Bild 5: *Vorrichtung zum Einstellen des Seildurchhangs (Quelle: GAO – Gesundheits- und Arbeitsschutz Onischka UG [haftungsbeschränkt])*

(2) Die Dimensionierung des Tragseils muss nach DIN EN 1176-1 Anhang A berechnet sein.

(3) Bei einer Belastung des Sitzes bzw. Griffs mit einer Prüfmasse von 130 kg (ab Normausgabe 2019 69,5 kg) muss die Laufkatze an der Endstation allmählich zum Stillstand kommen. Die Abhängung darf dabei maximal 45° ausschwingen. Um eine einheitliche Startgeschwindigkeit zu sichern, wird die Abhängung an der Startstation zunächst mit einem Winkel von 30° entgegen der Fahrtrichtung ausgelenkt und dann losgelassen.

Wenn die Vorgaben nicht erreicht werden, ist die Seilspannung zu verändern.

(4) Die Laufkatze muss gegen Herausspringen aus dem Seil gesichert sein. Sie muss so beschaffen sein, dass nicht hineingegriffen werden kann. Ab Normausgabe 2019 darf sich der Rundstab 8 mm in die Öffnungen für das Tragseil einführen lassen. Er darf zwar 70 mm einführbar sein, aber nicht von den beweglichen Teilen gequetscht werden können.

Bild 6: *Laufkatze (Quelle: GAO – Gesundheits- und Arbeitsschutz Onischka UG [haftungsbeschränkt])*

Pro Tragseil darf nur eine Laufkatze vorhanden sein. Durch die Laufkatze und die daran befestigte Abhängung darf das Seil nicht beschädigt werden können.

(5) Abhängungen mit Sitzen dürfen nicht starr sein. Üblicherweise werden Ketten verwendet. Bei flexiblen Abhängungen müssen eine Schlingenbildung und damit Strangulationsgefahr ausgeschlossen sein. Dazu werden die Ketten im unteren Teil meist mit einem stabilen Schlauch überzogen, der gleichzeitig die Festhaltemöglichkeiten verbessert.

Auch von einer eventuell vorhandenen Vorrichtung zum Zurückziehen der Laufkatze in die Startposition darf keine Strangulationsgefahr ausgehen.

(6) Falls mehrere Seilbahnen nebeneinander oder im gleichen Gerüst errichtet werden, muss der Abstand der Tragseile zueinander mindestens 2,0 m betragen.

(7) Die Griffe von Seilbahnen mit hängender Benutzung müssen so beschaffen sein, dass sie der Benutzer jederzeit loslassen kann. Der Griff darf nicht besteigbar sein. Flexible Schlaufen, die sich um Hände oder Arme des Benutzers zuziehen können, sind nicht erlaubt.

Geschlossene Schlaufen dürfen keine Fangstellen bilden. Griffenden müssen so beschaffen sein, dass sie keine Augenverletzungen verursachen können. Die Prüfung erfolgt mit der Ringlehre wie bei Wippgeräten. Die Griffe müssen die Anforderungen an das Umfassen erfüllen (Durchmesser 16 mm bis 45 mm).

(8) Sitze müssen so beschaffen sein, dass sie vom Benutzer jederzeit und schnell verlassen werden können. Das schließt Schlaufen und Schlingen aus.

Die Spitzenwerte der Beschleunigung für Sitze dürfen 50 g und die mittlere Flächenpressung 90 N/cm^2 nicht überschreiten.

(9) Die maximale Geschwindigkeit der Laufkatze darf unter den in (3) angeführten Bedingungen (Belastung 130 kg – ab Normausgabe 2019 69,5 kg, Start mit 30° Auslenkung gegen die Fahrtrichtung) 7 m/s im Durchschnitt nicht überschreiten.[1]

(10) Die freie Fallhöhe H_2 darf im unbelasteten Zustand

- sitzend 2,0 m,
- hängend 1,5 m

nicht übersteigen.

In hängender Position ergibt sich die freie Fallhöhe aus der Griffhöhe über der Spielebene abzüglich 1,5 m. Diese Anforderung gilt über die gesamte Länge des Tragseils. Wegen der temperaturbedingten linearen Ausdehnung des Tragseils und der damit verbundenen Änderung des Seildurchhangs und der freien Fallhöhe wurden als Bezugstemperatur 15° C festgelegt.[2]

---

1 Die Formulierung in der Norm ist widersprüchlich: Einerseits wird die Höchstgeschwindigkeit benannt, andererseits soll sie in Meter pro Sekunde berechnet werden, was in der Realität auf die Durchschnittsgeschwindigkeit hinausläuft.

2 Da Inspektionen nicht nur bei Bezugstemperatur durchgeführt werden, müssen in der Herstellerdokumentation Angaben zum Seildurchhang bei abweichenden Temperaturen vorhanden sein.

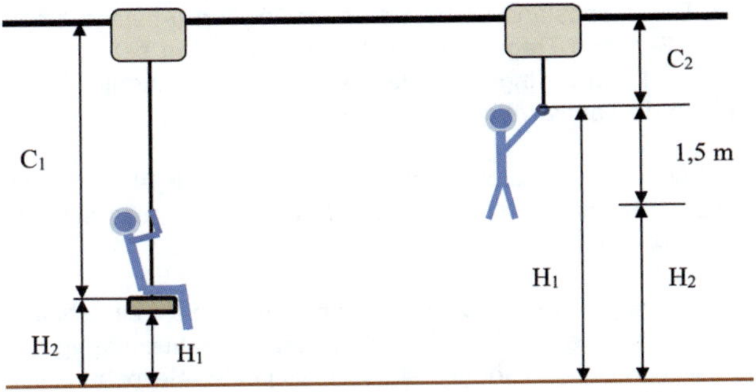

***Bild 7:** Seilabstand, Bodenfreiheit und freie Fallhöhe (Quelle: GAO – Gesundheits- und Arbeitsschutz Onischka UG [haftungsbeschränkt])*

(11) Die Bodenfreiheit H_1, also der Abstand zwischen Unterkante Sitz bzw. Griff zur Spielebene, wird bei unterschiedlichen Belastungen gemessen.

Folgende Werte sind einzuhalten:

- sitzend bei Belastung mit 130 kg mindestens 40 cm, ab Normausgabe 2019 bei Belastung mit 69,5 g Bodenfreiheit 35 cm
- hängend an starren Griffen mit 69,5 kg Belastung mindestens 2,0 m an der Startstation und über die gesamte Länge (Laufkatze, Abhängung und Griff bilden eine starre Einheit.)
- hängend an flexiblen Griffen
  - unbelastet an der Startstation mindestens 1,5 m
  - in Fahrstellung mit 69,5 kg Belastung mindestens 2,0 m

(12) Der Seilabstand C_1 bei sitzender Position (Abstand Oberkante Sitz zum Tragseil) muss mindestens 2,1 m betragen. Er darf auf 1,8 m verringert werden, wenn jeglicher Eingriff mit Fingern in die Laufkatze ausgeschlossen werden kann.

Bei hängender Position ist der Seilabstand C_2 als Abstand zwischen Oberkante Griff und Tragseil definiert. Er muss mindestens 30 cm betragen.

Seilbahnen, bei denen die o. g. Mindestmaße nicht eingehalten werden, sind auf öffentlichen Spielplätzen nicht zulässig. Im häuslichen Bereich können sie u. U. als Garten-Seilbahn zulässig sein.

***Tabelle 1:** Übersicht wichtiger Maße*

Prüfmaß	Nach DIN EN 1176-4 Ausgabe		Belastung	Bemerkung
	1998 bis 2008	2019		
Bodenfreiheit H_1	≥ 40 cm		130 kg	sitzend
		≥ 35 cm	69,5 kg	sitzend
	≥ 150 cm Start		unbelastet	hängend, flex.
	≥ 200 cm Fahrt		69,5 kg	hängend, flex.
	≥ 200 cm generell		69,5 kg	hängend, starr

Tabelle 1: *Übersicht wichtiger Maße*

Prüfmaß	Nach DIN EN 1176-4 Ausgabe		Belastung	Bemerkung
	1998 bis 2008	2019		
Freie Fallhöhe H_2	≤ 200 cm		unbelastet	sitzend
	≤ 150 cm			hängend
Seilabstand C_1	≥ 210 cm/180 cm			sitzend
Seilabstand C_2	≥ 30 cm			hängend

(13) Der Fallraum und damit auch die Aufprallfläche müssen beidseits des Tragseils mindestens 2,0 m breit sein. Am Endpunkt des Fahrwegs verringern sich Fallraum und Aufprallfläche in der Breite. Sie enden 2,0 m hinter der Ausschwingposition von 45° und müssen dort nur noch 2,0 m Gesamtbreite haben. Dieser Raum muss vollständig frei sein; es dürfen sich auch keine Gerüstpfosten darin befinden.

Der stoßdämpfende Boden innerhalb der Aufprallfläche muss für die freie Fallhöhe ausreichend sein, mindestens aber eine kritische Fallhöhe von 1,0 m haben.

Startplattformen aus nachgiebigen Materialien, aber auch solche aus Holz und Metall, können bis zu einer freien Fallhöhe von 1,0 m ohne stoßdämpfende Oberfläche hergestellt werden.

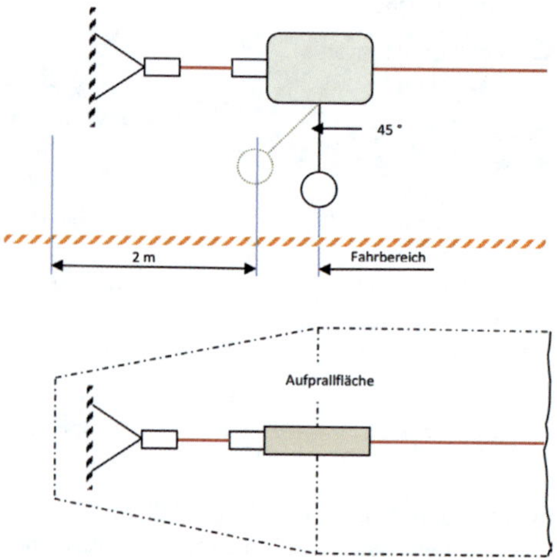

***Bild 8:** Fallraum und Aufprallfläche einer Seilbahn (Quelle: GAO – Gesundheits- und Arbeitsschutz Onischka UG [haftungsbeschränkt].)*

Inspektion

☐ Für die Inspektionen an Seilbahnen muss die Herstellerdokumentation unbedingt verfügbar sein.

☐ Es ist zu prüfen, ob die Seilbahn nach Herstellervorgaben errichtet wurde und die Anordnung auf dem Spielplatz gefahrenfrei erfolgte.

☐ Bei den Gerüsten ist die Standsicherheit zu prüfen. Sie dürfen keine Klettermöglichkeiten haben und müssen frei von Fangstellen sein.

- ☐ Die vorgegebene Lebensdauer des Seils darf nicht überschritten werden. Das Seil muss unbeschädigt und korrosionsfrei sein sowie richtig gespannt. Die Anschläge müssen funktionstüchtig sein.
- ☐ Die Laufkatze muss unbeschädigt und frei von Fingerfangstellen sein. Sie muss sich auf dem gesamten Fahrweg leicht bewegen lassen. Die Rollen dürfen nicht sichtbar verschlissen sein.
- ☐ Abhängungen, Sitze und Griffe müssen intakt und vorschriftsmäßig sein. Griffenden dürfen keine Gefährdung für die Augen darstellen. Eine evtl. vorhandene Ziehvorrichtung für die Laufkatze muss gegen Strangulierung geschützt sein. Ketten dürfen keine Fangstellen haben, vgl. Abschnitt „Ketten“.
- ☐ Sofern Sitze ausgetauscht wurden, müssen sie die Vorgaben hinsichtlich Beschleunigung und Flächenpressung erfüllen. Das kann der Sachkundige nicht prüfen – es ist eine Herstellerbescheinigung erforderlich.
- ☐ Zwischen parallelen Seilbahnen muss ein Mindestabstand von 2,0 m eingehalten werden.
- ☐ Die freie Fallhöhe und die Bodenfreiheit sind zu beurteilen.
- ☐ Der Fallraum und die Aufprallfläche müssen in der erforderlichen Ausdehnung und Qualität hergestellt und frei von Fremdkörpern sein.
- ☐ Weitere Anforderungen, wie Leichtlauf, Funktion der Anschläge, Ausschwingen, und Geschwindigkeit, sind bei einer Probefahrt zu beurteilen.

Seile

Norm: DIN EN 1176 – Spielplatzgeräte und Spielplatzböden – Teil 1: Allgemeine sicherheitstechnische Anforderungen und Prüfverfahren

Seile werden an Spielplatzgeräten zum Klettern, Hangeln, Schwingen und zu anderen Spielzwecken genutzt. Sie können aber auch als Abspannung oder Tragorgan dienen. Falsch ausgewählte oder verbaute Seile können Strangulierungen verursachen.

Anforderungen

(1) Material

- **Stahlseile** müssen korrosionsbeständig (verzinkt) und drallfrei sein. Ummantelungen für üblicherweise mit der Hand gegriffene Seile müssen mit Garnen aus Natur- oder Kunstfaser erfolgen, keine Monofil- oder Spaltgarne. Jede Litze muss einzeln ummantelt sein.

***Bild 1:** Ummanteltes Stahlseil mit Pressverbindung (Quelle: GAO – Gesundheits- und Arbeitsschutz Onischka UG [haftungsbeschränkt])*

Bild 2: *Teilweise verschlissene Ummantelung, die Litzen sind einzeln ummantelt. (Quelle: GAO – Gesundheits- und Arbeitsschutz Onischka UG [haftungsbeschränkt])*

- **Textile Faserseile** müssen DIN EN ISO 9554[1] oder DIN EN ISO 2307[2] entsprechen, oder Werkstoff und zulässige Belastung müssen aus einer Werksbescheinigung ersichtlich sein.
- Üblicherweise handgehaltene Seile (Kletterseile, Kletternetze, Hangelseile etc.) müssen an der Oberfläche weich und griffig sein, z. B. Hanf. Monofile Kunststoffseile sind nicht zulässig.

1 DIN EN ISO 9554:2019-12 Faserseile – Allgemeine Festlegungen.

2 DIN EN ISO 2307:2019-12 Faserseile – Bestimmung einiger physikalischer und mechanischer Eigenschaften.

(2) Endverbindungen von Drahtseilen

- **Pressklemmen** müssen der DIN EN 13411-3[3] entsprechen. Das Seilende muss mit dem Rand der Klemme abschließen.

Bild 3: *Pressklemme – das Seilende ragt nicht aus der Kausche. (Quelle: GAO – Gesundheits- und Arbeitsschutz Onischka UG [haftungsbeschränkt])*

- **Spannschlösser** sind nur mit geschlossenen Enden (keine offenen Haken) zulässig. Sie müssen korrosionsbeständig und gegen ein unbefugtes Aufdrehen gesichert sein (nur mit Werkzeug aufdrehbar).

[3] DIN EN 13411-3:2011-04 Endverbindungen für Drahtseile aus Stahldraht – Sicherheit – Teil 3: Pressklemmen und Verpressen.

***Bild 4:** Vorschriftsmäßiges Spannschloss (Quelle: GAO – Gesundheits- und Arbeitsschutz Onischka UG [haftungsbeschränkt])*

***Bild 5:** Negativbeispiel: Spannschloss mit offenen Enden – nicht gegen Aufdrehen gesichert (Quelle: GAO – Gesundheits- und Arbeitsschutz Onischka UG [haftungsbeschränkt])*

- **Drahtseilklemmen** müssen nach DIN EN 13411-5[4] verbaut werden. Sie sollten möglichst außerhalb der Reichweite von Kindern verbaut oder abgedeckt werden. Wenn sie Kindern zugänglich sind, dürfen die Schraubenenden nicht mehr als 8 mm vorstehen oder sie sind abzudecken.

[4] DIN EN 13411-5:2009-02 Endverbindungen für Drahtseile aus Stahldraht – Sicherheit – Teil 5: Drahtseilklemmen mit U-förmigem Klemmbügel.

Bild 6: *Drahtseilklemme mit Bundmutter (Quelle: GAO – Gesundheits- und Arbeitsschutz Onischka UG [haftungsbeschränkt])*

- Seilklemmen sind so anzubringen, dass der Klemmbügel immer auf dem kurzen Seilende aufliegt. Wenn Kauschen verwendet werden, muss die erste Klemme unmittelbar an der Kausche sitzen. Der lichte Abstand zwischen den Seilklemmen muss das 1,5- bis Dreifache der Breite der Klemmbacke betragen.

Tabelle 1: *Anzahl der Seilklemmen und Anziehdrehmoment nach DIN EN 13411-5*

Nenngröße der Drahtseilklemme	Anziehdrehmoment in Nm (Auflage und Gewinde geschmiert)	Anzahl der Drahtseilklemmen	Abstand zwischen den Seilklemmen in mm
5	2,0	3	19,5–39
6,5	3,5	3	24–48
8	6,0	4	30–60
10	9,0	4	30–60

Tabelle 1: *Anzahl der Seilklemmen und Anziehdrehmoment nach DIN EN 13411-5*

Nenngröße der Drahtseil-klemme	Anziehdreh-moment in Nm (Auflage und Gewinde geschmiert)	Anzahl der Drahtseil-klemmen	Abstand zwi-schen den Seilklemmen in mm
12	20	4	36–72
14	33	4	42–84
16	49	4	48–96

(3) Einseitig befestigte Seile

- Der Seildurchmesser muss 25 mm bis 45 mm betragen.
- Schlingenbildung kann durch steife Seile erschwert werden.
- Abgehängte Seile von 1,0 m bis 2,0 m Länge müssen zu festen Geräteteilen mindestens 60 cm, zu schwingenden Geräteteilen mindestens 90 cm Abstand haben.
- Abgehängte Seile von 2,0 m bis 4,0 m Länge müssen zu allen Geräteteilen mindestens 100 cm Abstand haben.
- Einseitig befestigte Teile dürfen nicht mit Schaukeln im gleichen Gerätefeld kombiniert werden.

(4) Beidseitig befestigte Seile (Klettertaue)

- Der Seildurchmesser muss 16 mm bis 45 mm betragen, also umfassbar sein.
- Es dürfen keine Schlingen möglich sein, durch die Prüfkörper C oder E passen!
- Das Seil soll rau und damit gut greifbar sein. Davon ist auszugehen, wenn z. B. der Außenlitzen-Durchmesser mindestens 6 mm beträgt.

- Fangstellen für Kopf und Hals in Verbindung mit anderen Seilen oder Elementen sind nicht zulässig (siehe hierzu Kapitel ► „Fangstellen").

Inspektion

☐ Kontrolle der Materialart und des Durchmessers
☐ Korrosionsschutz und Verrottung
☐ Verschleiß
☐ Abstände zu anderen Elementen
☐ Fangstellen, Schlingenbildung
☐ Anzahl, Abstand und richtige Montage der Seilklemmen, Drehmoment

Spielzeug, Alltagsgegenstände

Norm:	DIN EN 1176 –1 im Besonderen Nr. 1 Anwendungsbereich Nr. 4.2.8.5.1 Schutz vor Verletzungen durch die Beschaffenheit der Aufprallfläche, Allgemeines
	DIN EN 1176 Bbl. 1:2020-12
	DIN EN-Reihe 71
	DIN 18034-1
Regelungen:	2. ProdSV
	DGUV Vorschrift 82 „Kindertageseinrichtungen" (DGUV V 82)
	DGUV Regel 202-602 „Branche Kindertageseinrichtungen" (DGUV R 202-602)

Die Richtlinie 2009/48/EG über die Sicherheit von Spielzeug, ihre nationale Umsetzung in der Zweiten Verordnung zum Produktsicherheitsgesetz (2. ProdSV – Spielzeugverordnung) sowie die technischen Normen der DIN EN 71 betreffen Spielzeug, das dazu bestimmt oder gestaltet ist, von Kindern unter 14 Jahren zum Spielen genutzt zu werden. Der Begriff Spielzeug ist relativ weit gefasst. Entscheidend sind die Zweckbestimmung oder eine erkennbare Spielnutzung.

Die 2. ProdSV verlangt, dass Spielzeug zur Sicherstellung der bestimmungsgemäßen Verwendung mit Warnhinweisen, Sicherheitsinformationen und Gebrauchsanleitungen versehen sein muss, wenn dies für eine sichere Verwendung erforderlich ist. Diese Informationen müssen insbesondere Grenzen und Bedingungen der Verwendung beschreiben, z. B.: Altersbeschränkungen (z. B. „nicht geeignet für Kinder unter 36 Monaten"), Hinweise zur maximalen Belastung und zur Aufsicht durch Erwachsene sowie Angaben zur richtigen Montage und Nutzung. Die Hinweise müssen klar verständlich, gut sichtbar und leicht lesbar sein. Die technischen Details zur Gestaltung von Warnhinweisen und Anleitungen werden in der Normenreihe DIN EN 71 konkretisiert.

Merke für Spielzeug:

Der Hersteller muss ein sicher konstruiertes Spielzeug sowie klare Warn- und Nutzungshinweise bereitstellen. Die tatsächliche sichere Verwendung im Alltag – insbesondere die Einhaltung dieser Hinweise und die Beaufsichtigung der Kinder – liegt jedoch bei den Erziehungsberechtigten.

Bei Spielplatzgeräten nach der DIN EN 1176 liegt die Hauptverantwortung für die sichere Nutzung nicht bei den Erziehungsberechtigten, sondern beim Betreiber des Spielplatzes, der im Rahmen seiner Verkehrssicherungspflicht für eine sichere Planung, Installation, Wartung und regelmäßige Kontrolle der Geräte sorgen muss. Dies ist unter anderem dadurch begründet, dass Kinder auf Spielplatzgeräten grundsätzlich nach eigenen, jederzeit veränderbaren Regeln oder Spielmotiven spielen dürfen und sollen.

Es besteht somit ein Spannungsverhältnis, da bei Inspektionen auf Spielplätzen regelmäßig Spielzeug vorgefunden wird, das durchaus auch in Aufprallflächen von Spielplatzgeräten liegt oder dort genutzt wird. Nach Nr. 4.2.8.5.1 DIN EN 1176-1 darf dies nicht der Fall sein, da die Aufprallfläche frei von scharfen Kanten und gefährlich hervorstehenden Teilen sein muss und so installiert sein muss, dass keine Fangstellen entstehen. Obwohl Sandkästen bzw. Sand- und Matschbereich nicht vor dieser Regelung ausgeschlossen sind, kann festgestellt werden, dass Spielzeug in diesem Bereich keine grundsätzliche Gefährdung darstellen. Ja, gehört es zur Lebenspraxis, dass Erziehungsberechtigte diese Bereiche nutzen, damit Kinder unter Ihrer Verantwortung in diesen Bereichen mit Sand- und Matschspielzeug darin spielen können.

Aufgrund der Verantwortung für die Spielzeuganwendung auf Spielplätzen ist zwischen öffentlichen Spielplätzen und beschränkt-öffentlichen Spielplätzen, z. B. in Kindertagesstätten, zu unterscheiden. In Kindertagesstätten wird Spielzeug mit pädagogischer Zielsetzung beaufsichtigt eingesetzt.

1. Spielzeug auf öffentlichen Spielplätzen

In den überwiegenden Fällen stellen wegen der haftungsrechtlichen Relevanz Spielplatzbetreiber kein Spielzeug bereit. Es gibt jedoch Ausnahmen, in denen Spielplatzbetreiber von öffentlichen Spielplätzen Spielzeug in s. g. Spielzeugkisten bereitstellen. Nachfolgend werden Empfehlungen für den Umgang mit jeder der beiden Situationen gegeben.

1.1. Der Spielplatzbetreiber stellt kein Spielzeug bereit

1.1.1. Im Beisein von Begleitpersonen wird in Aufprallflächen mit Spielzeug gespielt oder es wurde dort offensichtlich von den Spielenden liegen gelassen. Nach dem sich der Spielplatzprüfer versichert hat, dass sich das in Aufprallflächen liegende Spielzeug zum spielenden Kind gehört, wird die Begleitperson auf die Gefahr hingewiesen und höflich aufgefordert im Rahmen der

Aufsichtspflicht die Gefahr zu beseitigen, das Spielzeug aus der Aufprallfläche zu entfernen und nach dem Spielen wieder mitzunehmen.

1.1.2. In Aufprallflächen bzw. auf dem Spielplatz befindet sich herrenloses Spielzeug, das jederzeit wieder zu einer Gefahr in Aufprallflächen werden kann. Grundsätzlich wird empfohlen, das Spielzeug an geeigneter Stelle abzulegen.

1.1.3. Im Prüfbericht sind zu dokumentieren:

- Festgestellter Sachverhalt,
- veranlasste Maßnahmen,
- Hinweis auf möglichen organisatorischen Handlungsbedarf.

Mögliche dauerhafte Maßnahmen könnten sein:

- Ergänzung eines Hinweises auf einem Zusatzschild[1]
- Anpassung des Inspektionsrhythmus
- Regelungen in Dienstanweisungen

[1] *Mitgebrachtes Spielzeug bitte nur im Sandbereich verwenden und nicht im Bereich der Spielplatzgeräte nutzen oder ablegen. Im Gerätebereich kann Spielzeug zu Aufprall- und Stolper-gefahren führen. Bitte nehmen Sie Ihr Spielzeug nach dem Spielen wieder mit. Liegengelassenes Spielzeug wird im Fundbüro/am Ort x hinterlegt.*

1.2 Der Spielplatzbetreiber stellt Spielzeug in Spielzeugkisten bereit

Bild 1: *Durch den Spielplatzbetreiber zur Verfügung gestellte Spielzeugkiste (Quelle: Gesundheits- und Arbeitsschutz Onischka UG (haftungsbeschränkt))*

Die Bereitstellung oder Duldung von Spielzeugkisten bzw. Spielzeug auf Spielplätzen ist eine bewusste Organisationsentscheidung des Betreibers. Vor dem Hintergrund der Regelungen der 2. ProdSV sowie aus haftungsrechtlicher Sicht wird hiervon ausdrücklich abgeraten.

Aus sicherheitstechnischer Sicht ist Zurückhaltung zu empfehlen. Der Spielplatzprüfer sollte den Betreiber auf das deutlich erhöhte Haftungsrisiko hinzuweisen, das mit dem zuständigen Versicherer abgestimmt werden sollte.

Beachte:

Werden Spielzeugkisten durch den Betreiber oder durch Dritte zur Verfügung gestellt, haftet der Betreiber auch für deren Nutzung sowie für das darin befindliche Spielzeug auf dem Spielplatz. Ihm obliegt insoweit die Verkehrssicherungspflicht.

Im Fall der Bereitstellung und Duldung von Spielzeugkisten und Spielzeug durch den Betreiber sind im Rahmen der Gefährdungsbeurteilung insbesondere folgende Aspekte zu bewerten und festzulegen:

- Welche Gefährdungen und Risiken ergeben sich aus der Bereitstellung und Nutzung des Spielzeugs?
- Wie wird sichergestellt, dass das Spielzeug entsprechend den Bedien- bzw. Nutzungshinweisen verwendet wird, bzw. welche organisatorischen Maßnahmen sind hierfür erforderlich?
- Ist die Bereitstellung des Spielzeugs in das Sicherheitsmanagement des Spielplatzes eingebunden?
- Gibt es Festlegungen zum Standort der Spielzeugkiste (zweckmäßigerweise im Bereich von Sand- oder Matschflächen)?
- Sind die Zuständigkeiten für Inspektion, Wartung und Entsorgung geregelt?
- Wie wird mit fremdem oder von Dritten abgelegtem („entsorgtem“) Spielzeug umgegangen?

- Ist eine verständliche Beschilderung vorhanden, z. B. ein Hinweis am Spielplatzschild oder an der Spielzeugkiste?[2]

1.2.1. Handlungsanleitung für den Spielplatzprüfer bei bereitgestellten Spielzeugkisten mit Spielzeug

Stellt der Betreiber Spielzeugkisten bereit, hat der Spielplatzprüfer strikt zwischen technischer Prüfung und organisatorischer Verantwortung zu unterscheiden.

Die Bereitstellung von Spielzeug ist eine Organisationsentscheidung des Betreibers und fällt nicht in die unmittelbare Verantwortlichkeit des Prüfers.

1.2.2. Sicherheitstechnische Prüfung

Im Rahmen der Inspektion ist zu prüfen, dass

- ob der Standort der Spielzeugkiste außerhalb normativ relevanter Aufprallflächen liegt,
- ob durch den Standort Wechselwirkungen mit Spielplatzgeräten entstehen können,
- ob die Spielzeugkiste selbst frei von Quetsch-, Scher-, Fang- oder Strangulationsstellen ist,
- ob keine offensichtlich sicherheitsgefährdenden Gegenstände bereitgestellt werden.

[2] *Spielzeug bitte nur im Sandkasten/Matschbereich verwenden und nicht im Bereich der Spielplatzgeräte nutzen oder ablegen. Im Gerätebereich kann Spielzeug zu Auf-prall- und Stolpergefahren führen. Nach dem Spielen das Spielzeug zurück in der Spielzeugkiste legen. Bitte ohne unsere Zustimmung kein privates Spielzeug in der Spielzeugkiste ablegen.*

Festgestellte sicherheitstechnische Mängel sind eindeutig als solche zu dokumentieren.

1.2.3. Organisatorische Bewertung (ohne Übernahme der Verantwortung)

Der Spielplatzprüfer hat nicht die Aufgabe, das Sicherheitsmanagement zu erstellen oder zu führen. Er hat jedoch zu prüfen, ob erkennbare organisatorische Regelungen fehlen.

Hierzu gehört die Nachfrage bzw. Feststellung, ob:

- eine Gefährdungsbeurteilung zur Bereitstellung vorliegt,
- Zuständigkeiten für Kontrolle und Entsorgung geregelt sind,
- Kontrollintervalle festgelegt wurden,
- eine klare Nutzungsregelung existiert.

Fehlen solche Regelungen oder sind sie dem Spielplatzprüfer nicht bekannt, ist dies im Prüfbericht als organisatorisches Defizit zu vermerken. Dabei ist ausdrücklich festzuhalten, dass die Verantwortung beim Betreiber liegt.

1.2.4. Dokumentation im Prüfbericht

Zur haftungssicheren Abgrenzung sollte im Prüfbericht:

- der Sachverhalt wird neutral beschrieben,
- zwischen sicherheitstechnischem Mangel und organisatorischem Defizit unterschieden werden,
- auf das erhöhte Haftungsrisiko hingewiesen werden,
- eine Empfehlung zur Einbindung in das Sicherheitsmanagement ausgesprochen werden.

Nicht zulässig ist:

- die Übernahme organisatorischer Entscheidungen,
- die Formulierung verbindlicher Betriebsanweisungen,
- die Zusicherung einer ausreichenden Organisation.

1.2.5. Klare haftungsrechtliche Abgrenzung

Der Spielplatzprüfer bewertet und empfiehlt – er entscheidet nicht über die Organisationsstruktur des Betreibers.

Unterbleibt trotz Hinweises eine organisatorische Anpassung, liegt das Haftungsrisiko ausschließlich beim Betreiber. Voraussetzung hierfür ist jedoch, dass der Hinweis im Prüfbericht eindeutig und nachvollziehbar dokumentiert wurde. Im Rahmen der Inspektion nach Installation der Spielzeugkiste oder beim erstmaligen Feststellen ist der Sachverhalt im Prüfbericht festzuhalten. Dabei ist auf die Pflicht zur dauerhaften Aufbewahrung des Prüfberichtes hinzuweisen. Für den Spielplatzprüfer ist dies eine logische Selbstverständlichkeit.

Für den Spielplatzprüfer stellt diese Dokumentation eine selbstverständliche fachliche Pflicht dar.

1.2.6. Kernaussage für den Spielplatzprüfer

Bereitgestelltes Spielzeug stellt keinen technischen Gerätemangel, sondern eine organisationsrelevante Erweiterung der Verkehrssicherungspflicht dar.

Der QSP muss prüfen, dokumentieren und Empfehlungen aussprechen, übernimmt jedoch keine Betreiberpflichten.

A B E F G H K L N P R S W Z

2. beschränkt öffentliche Spielplätze z. B. in Kindertagesstätten

2.1 Normative Einordnung

Bezüglich Ausstattung und Umgang mit Spielzeug, pädagogischen Ausstattungselementen sowie Alltagsgegenständen sind in Kindertageseinrichtungen insbesondere die DGUV Vorschrift 82 „Kindertageseinrichtungen“ sowie die DGUV Regel 202-602 „Branche Kindertageseinrichtungen“ zu beachten.

Die DIN EN-Reihe 1176 gilt für Spielplatzgeräte. Geräte und Produkte, die nach DIN EN 71 sowie der EU-Spielzeugrichtlinie als Spielzeug definiert sind, sind gemäß DIN EN 1176-1:2024-05 vom Anwendungsbereich der Spielplatzgerätenorm ausgeschlossen. Dies betrifft insbesondere:

- Spielzeug i. S. d. DIN EN 71,
- pädagogische Geräte und Einrichtungen sowie
- lose Alltagsgegenstände.

Diese Gegenstände werden im Folgenden zusammenfassend als Spielgeräte bezeichnet.

Die von solchen Spielgeräten ausgehenden Gefahren werden u. a. durch den tödlichen Strangulationsunfall mit einer Topfstelze an einer Rutsche im Jahr 2024 deutlich.[3]

---

[3] Der Spiegel: „Limburgerhof: Vierjährige in Kita starb an Strangulation mit Spielzeug“, in: Spiegel Online, [19.02.2024], abrufbar unter: https://www.spiegel.de/panorama/limburgerhof-vierjaehrige-in-kita-starb-an-strangulation-mit-spielzeug-a-95d0f9b3-0f36-40fc-845d-57402782bbbc (zuletzt abgerufen am 01.03.2026)

Unabhängig davon gilt gemäß Nr. 4.2.8.5.1 DIN EN 1176-1:2024-05:

- Aufprallflächen dürfen nicht durch Gegenstände beeinträchtigt werden.
- Spielgeräte dürfen daher nicht in Aufprallflächen liegen, und in diesen Bereichen darf nicht mit ihnen gespielt werden.

Bezüglich Ausstattung und Umgang mit Spielzeug, pädagogischen Ausstattungselementen sowie Alltagsgegenständen sind in Kindertageseinrichtungen insbesondere die DGUV Vorschrift 82 und die DGUV Regel 202-602 zu beachten.

2.2 Kein Normkonflikt – sondern Organisationspflicht

In der Praxis wird häufig eine „Konfliktsituation" angenommen, da bei Inspektionen regelmäßig Spielgeräte im Spielplatzbereich – auch in Aufprallflächen – vorgefunden werden.

Rechtlich liegt jedoch kein Normkonflikt vor:

- DIN EN 1176 regelt die sicherheitstechnische Beschaffenheit von Spielplatzgeräten.
- DGUV V 82 und DGUV R 202-602 regeln Organisation, Aufsicht und Gefährdungsbeurteilung.

Daraus folgt:

Der Einsatz von Spielzeug im Außengelände ist organisatorisch zu regeln und im Rahmen der Gefährdungsbeurteilung zu bewerten.

2.3 Erforderliche Regelungen in der Kita

In der Einrichtung müssen verbindliche organisatorische Regelungen bestehen, die den Einsatz von Spielgeräten im Außenspielbereich festlegen. Vor dem Einsatz von Spielgeräten im Außengelände ist eine Gefährdungsbeurteilung durchzuführen.

Erforderlich sind insbesondere:

- Spiel- und Ablageverbot von Spielgeräten in Aufprallflächen von Spielplatzgeräten
- Regelung der Nutzung von Spielgeräten im Sand- oder Matschbereich
- Unterweisung der aufsichtspflichtigen Mitarbeiter über diese Regelungen
- regelmäßige Wirksamkeitskontrolle im Rahmen des Sicherheitsmanagements

Die Verantwortung hierfür trägt die Einrichtungsleitung im Rahmen ihrer Organisations- und Kontrollpflicht.

Die aufsichtführende Person trägt die Verantwortung für die Umsetzung der Regelungen vor Ort.

2.4 Vorgehen der Spielplatzprüfer bei Feststellung von Spielgeräten in Aufprallflächen

Werden im Rahmen der VRI, OI oder JHI Spielgeräte in Aufprallflächen festgestellt, ist wie folgt zu verfahren:

2.4.1. Das anwesende Aufsichtspersonal ist höflich darauf hinzuweisen, die Spielgeräte unverzüglich aus der Aufprallfläche zu entfernen sind und eine Wiederholung durch die Aufsichtsperson durch pädagogischen Eingriff zu verhindern ist.

2.4.2. Ist kein Personal anwesend, ist die Einrichtungsleitung umgehend zu informieren und das weitere Vorgehen abzustimmen.

2.4.3. Der Sachverhalt ist im Prüfbericht – möglichst mit Fotodokumentation – festzuhalten.

2.4.4. Es sind Maßnahmen nach Anhang A.3 Buchst. I Nr. 3 DIN 79161-1:2025-12 vorzuschlagen, insbesondere:

- organisatorische Anpassungen im Sicherheitsmanagement,
- Klarstellung der Zuständigkeiten,
- Überprüfung der Unterweisungen.

Die unmittelbare Aufsichtsperson trägt Verantwortung für die konkrete Situation; die Einrichtungsleitung trägt die Organisationsverantwortung.

Die wiederholte Feststellung entsprechender Sachverhalte in Prüfberichten der Spielplatzprüfer kann im Schadensfall darauf hindeuten, dass organisatorische Maßnahmen nicht oder nicht ausreichend umgesetzt wurden. In solchen Fällen kann der Vorwurf eines Organisationsverschuldens oder einer unzureichenden Aufsichtsführung in Betracht kommen.

Stoßdämpfende Spielplatzböden

Norm: DIN EN 1176 – Spielplatzgeräte und Spielplatzböden – Teil 1: Allgemeine sicherheitstechnische Anforderungen und Prüfverfahren

Ab 60 cm freier Fallhöhe – bei Geräten mit erzwungener Bewegung sogar unterhalb dieser Fallhöhe – sind innerhalb der Aufprallfläche stoßdämpfende Bodenarten zu verwenden.

Seit Inkrafttreten der neuen Normenreihe DIN EN 1176/ DIN EN 1177 gilt für Deutschland eine nationale Abweichung bezüglich der stoßdämpfenden Bodenarten. Anstelle von Tabelle 4 in DIN EN 1176-1 gilt in Deutschland die Tabelle im Anhang, derzeit Tabelle I.1.

Nach der aktuellen Ausgabe DIN EN 1176-1:2024-05 bestehen folgende Unterschiede zwischen Europa und Deutschland:

- Beton, Stein und bitumengebundene Oberflächen gelten in Europa nicht als stoßdämpfende Bodenarten. In Deutschland dürfen sie bis zu einer freien Fallhöhe von 0,6 m eingesetzt werden. Tatsächlich hat Beton nur eine kritische Fallhöhe von 20 cm und Asphalt von 40 cm.[1] Deshalb empfehlen die Unfallkassen auch auf Spielplätzen für Krippenkinder bei

[1] Agbe u. a., Spielplatzgeräte – Sicherheit auf Europas Spielplätzen, S. 50, Beuth Verlag Berlin, Wien, Zürich, 5. Auflage, 2018.

Fallhöhen unter 60 cm mindestens Rasen oder Oberboden vorzusehen.[2]

- Rasen ist in Europa bis 1,0 m freier Fallhöhe zulässig, in Deutschland bis 1,5 m. Der Grund für diese Ausnahme ist nicht nachvollziehbar, denn ein erfahrener Planer wird diesen Spielraum nicht ausschöpfen, weil Rasen bei starkem Bespielen nicht dauerhaft ist. Er wird weggetreten, und es verbleibt Oberboden. Der Unterschied ist also nur theoretischer Natur.
- In Deutschland werden Sand im Korngrößenbereich von 0,2 bis 2 mm und Kies von 2 bis 8 mm als mögliche stoßdämpfende Böden zugelassen. Für Europa gilt stattdessen: Sand oder Kies müssen Korngrößen von 0,25 bis 8 mm haben. Sie müssen gerundet und gewaschen sein, also frei von Schluff und Ton. Außerdem wird ein Ungleichförmigkeitsgrad von D60/D10 < 3,0 gefordert. Was hier so kompliziert klingt, ist für die Baustoffindustrie kein Problem: Die Daten werden im Siebverfahren nach DIN EN 933-1[3] bestimmt.

Angemessenes Maß an Stoßdämpfung

Dieser Begriff wurde mit der Normausgabe 2017 neu eingeführt. Darunter ist die Eigenschaft einer Bodenfläche zu verstehen, die über die notwendige Stoßdämpfung für die jeweilige freie Fallhöhe verfügt:

- In Europa sind das die Bodenarten nach Tabelle 4.
- In Deutschland sind es die Bodenarten nach Tabelle I.1.

[2] Unfallkassen Hessen und Rheinland-Pfalz, Außengelände für Krippenkinder, Ausgabe März 2011.

[3] DIN EN 933-1:2012-03 Prüfverfahren für geometrische Eigenschaften von Gesteinskörnungen – Teil 1: Bestimmung der Korngrößenverteilung – Siebverfahren

- Die notwendige Stoßdämpfung wird auch vermutet, wenn die nach DIN EN 1177 bestimmte kritische Fallhöhe[4] eines Bodens mindestens der tatsächlichen freien Fallhöhe entspricht.

Außerdem gilt in Deutschland anstelle des Anhangs H der Nationale Anhang NA. Darin ist festgelegt, dass in der Inspektion nach der Installation zu prüfen ist, ob die Böden innerhalb der Aufprallfläche über ein angemessenes Maß an Stoßdämpfung verfügen. Das darf vermutet werden, wenn die Böden Tabelle I.1 entsprechen. Das Ergebnis dieser Überprüfung ist zu dokumentieren.

Anforderungen

(1) In Deutschland sind folgende Bodenarten mit den angegebenen Mindestschichtdicken bis zur angegebenen kritischen Fallhöhe ohne zusätzliche Prüfung anwendbar:

[4] Größtmögliche freie Fallhöhe einer Aufprallfläche mit einem ausreichenden Maß an Stoßdämpfungen, wird nach DIN EN 1177 bestimmt.

***Tabelle 1**: Anforderungen an Bodenarten*

Bodenmaterial	**Beschreibung**	**Nach DIN EN 1177 bis 2008**		**Nach DIN EN 1176-1 ab Ausgabe 2008**	
		Mindest-schicht-dicke in mm[1]	**Max. Fallhöhe in mm**	**Mindest-schicht-dicke in mm**[1]	**max. Fallhöhe in mm**
Beton/Stein			≤ 600		≤ 600
Bitumengebundene Böden			≤ 600		≤ 600
Oberboden			≤ 1.000		≤ 1.000
Rasen[2]			≤ 1.500		≤ 1.500
Rindenmulch	zerkleinerte Nadelholzrinde Korngröße (20–80 mm)	200 +200	≤ 3.000	200 +100	≤ 2.000
				300 +100	≤3.000

Tabelle 1: Anforderungen an Bodenarten

Bodenmaterial	Beschreibung	Nach DIN EN 1177 bis 2008		Nach DIN EN 1176-1 ab Ausgabe 2008	
		Mindestschichtdicke in mm[1]	Max. Fallhöhe in mm	Mindestschichtdicke in mm[1]	max. Fallhöhe in mm
Holzschnitzel	mechanisch zerkleinertes Holz, keine Holzwerkstoffe, ohne Rinde und Laub, Korngröße (5–30 mm)	200 +200	≤ 3.000	200 +100	≤ 2.000
				300 +100	≤ 3.000
Sand[3]	Korngröße (0,2–2 mm)	200 +200	≤ 3.000	200 +100	≤ 2.000
				300 +100	≤ 3.000
Kies	Korngröße (2–8 mm)	200 +200	≤ 3.000	200 +100	≤ 2.000
				300 +100	≤ 3.000
andere Materialien[4] oder Dicken	entsprechend HIC-Prüfung		kritische Fallhöhe wie geprüft		Kritische Fallhöhe wie geprüft

[1] Die Mindestschichtdicke für Bodenmaterial aus losen Einzelpartikeln wurde hier mit zwei Werten (z. B. 200 mm + 200 mm) angegeben. Der erste Zahlenwert gibt diejenige Schichtdicke an, bei der die Stoßdämpfung gerade noch ausreicht (hier 200 mm). Da durch das Bespielen loses Bodenmaterial aber ständig in Bewegung gesetzt wird, muss von vornherein eine größere Schichtdicke (hier 400 mm) vorgesehen werden, damit wirklich auch bei intensivem Bespielen immer die Mindestschichtdicke noch erhalten bleibt.

[2] Im Gegensatz zur europäischen Anforderung (Rasen bis 1.000 mm Fallhöhe) wird Rasen in Deutschland bis zu einer freien Fallhöhe von 1.500 mm zugelassen. Dabei muss es sich aber auch wirklich um Rasen handeln. An intensiv bespielten Geräten zeigt sich, dass der Rasen nicht lange vorhält. Bald sind nur einzelne Grasbüschel im Oberboden zu erkennen. Aus diesem Grund sollte Rasen an viel bespielten Geräten von vornherein nur für Fallhöhen bis 1.000 mm vorgesehen werden. Weggetretener Rasen könnte dann zumindest noch als Oberboden gelten, der bis 1.000 mm Fallhöhe zugelassen ist.

[3] Ohne schluffige und tonige Anteile, d. h. eine andere Qualität als Spielsand

[4] Im Allgemeinen auch als synthetischer Fallschutz bezeichnet.

(2) Um einen sicheren Herkunftsnachweis und den Nachweis der richtigen Fraktionierung sowie einen Ausschluss von Fremd(Gefahr-)stoffen zu haben, sollte nur ein nach RAL zertifizierter Rindenmulch beschafft werden. Allerdings gibt es nach

RAL-GZ 250/1-1[5] keinen Rindenmulch mit der Körnung 20 bis 80 mm. Das am nächsten kommende Produkt RM grob hat einen Korngrößenbereich von 10 bis 80 mm. Es müssten also noch die Feinbestandteile bis 20 mm ausgesiebt werden.

Der Begriff „Mulch“ sollte nicht mehr verwendet werden, da damit eine falsche Vorstellung beim Anwender induziert wird. Stattdessen sollte es „Rindenschnitzel“ heißen (EK 2 AK 2-5, Beschluss vom 13.12.2010, lfd. Nr. 10[6]).

Rindenmulch verrottet sehr schnell. Damit ändert sich die Zusammensetzung (Fraktionierung). Ob und welchen Einfluss das möglicherweise auf die Fallschutzeigenschaften hat, ist nicht bekannt.

Die Gesundheitsbehörden raten von der Anwendung von Rindenmulch ab (Landesgesundheitsamt Niedersachsen: Merkblatt Spielplatz- und Spielsandhygiene[7]).

Zum einen lässt sich Rindenmulch schlecht abharken und damit kaum sauber halten. Zum anderen gibt es eine erhebliche Belastung mit Schimmelpilzen. Spätestens, wenn diese sichtbar sind, muss auch bei den Inspektionen gehandelt werden. Wenn Holzpfosten in Rindenmulch gestellt werden, kann das zudem deren Verrottung fördern. Es wird daher empfohlen, Rindenmulch nicht mehr für Neuanlagen zu verwenden.

---

5 www.substrate-ev.org/wp-content/uploads/2018/08/Guetekriterien-Rindenmulch-2018.pdf.

6 In der aktuellen Beschlussliste nicht mehr enthalten, siehe damalige Beschlusslisten.

7 Niedersächsisches Landesgesundheitsamt: Merkblatt: Spielplatz- und Spielsandhygiene, Hannover, Juli 2019

Bild 1: *Negativbeispiel: Holzpfosten sollten nicht in Rindenmulch stehen. (Quelle: GAO – Gesundheits- und Arbeitsschutz Onischka UG [haftungsbeschränkt])*

(3) Holzschnitzel i. S. v. DIN EN 1176-1 sind nicht identisch mit „Hackschnitzeln". Nach DIN EN ISO 17225-1:2014-09[8] gibt es keine Hackschnitzel mit der Hauptfraktion 5 bis 30 mm. Im Gegensatz zu Spielplätzen ist es bei Brennstoffen kein Problem, wenn sich einzelne größere Holzsplitter im Produkt befinden. Auf Spielplätzen haben sich durch solche Splitter bereits schwere Unfälle ereignet.[9] Der Betreiber sollte sich die Fraktionierung bei der Lieferung von Holzschnitzeln schriftlich vom Lieferanten bestätigen lassen. Es wird empfohlen, die Fraktionierung bei der Anlieferung durch Inaugenscheinnahme zu prüfen. Sollte ein signifikante Anzahl langer Splitter festgestellt werden, wird dringend empfohlen, die Lieferung nicht anzunehmen. Ein Ablesen ist nicht zielführend und wirtschaftlich nicht vertretbar.

8 DIN EN ISO 17225-1:2014-09 Biogene Festbrennstoffe – Brennstoffspezifikationen und -klassen – Teil 1: Allgemeine Anforderungen.

9 Mierdel, Tückischer Fallschutz, in i-punkt 1/2019, Unfallkasse Sachsen.

Bild 2: *Lange Splitter sind besonders gefährlich. (Quelle: GAO – Gesundheits- und Arbeitsschutz Onischka UG [haftungsbeschränkt])*

Bild 3: *Die vorgegebene Korngröße ist weit überschritten. (Quelle: GAO – Gesundheits- und Arbeitsschutz Onischka UG [haftungsbeschränkt])*

(4) Sand zieht häufig Katzen an. Eine Abdeckung außerhalb der Nutzungszeiten, wie z. B. bei Sandkästen, ist meist nicht praktikabel. Grobe Verunreinigungen sind sofort zu entfernen. Bereiche mit Spielsand sollten deutlich von Bereichen mit Fallschutzsand getrennt werden. Nur wenn davon ausgegangen werden kann, dass Fallschutzsand nicht zum Spielen genutzt wird, kann dessen Austauschfrist verlängert werden (siehe hierzu auch Kapitel ► „Sandkästen, Spielsand").

Trotzdem muss auch der Fallschutzsand regelmäßig ausgetauscht werden. Verbindlich festgelegte Fristen sind nicht bekannt.

(5) In der Praxis ist festzustellen, dass sich bei der Verwendung von Kies als Fallschutzmaterial bestimmte Bereiche, insbesondere Laufzonen, stark verfestigen können. In diesem Zustand ist die erforderliche stoßdämpfende Wirkung häufig nicht mehr gegeben. Erfahrungsgemäß hängen solche Verhärtungserscheinungen von der Kiessorte sowie von der Korngrößenverteilung (Sieblinie) ab. Die Inspektions- und Wartungsanweisungen des Herstellers (vgl. Nr. 6.2 DIN EN 1176-1) sind einzufordern und einzuhalten. Im Rahmen der jährlichen Hauptinspektion (JHI) kann es erforderlich sein, ergänzende Inspektions- und Wartungsmaßnahmen festzulegen, um die stoßdämpfende Wirkung des Fallschutzmaterials dauerhaft sicherzustellen.

Bild 4: *Sand-Kiesgemisch mit verfestigten Schichten ist nicht zulässig. (Quelle: GAO – Gesundheits- und Arbeitsschutz Onischka UG [haftungsbeschränkt])*

(6) Üblicherweise wird unter den Fallschutzbereichen eine Schotterschicht zur Drainage angelegt und mit Vlies abgedeckt. Durch die Versickerung von Niederschlägen wird auch die Keimbelastung reduziert.

Bild 5: *Fehlende Drainage unter dem stoßdämpfenden Boden (Quelle: GAO – Gesundheits- und Arbeitsschutz Onischka UG [haftungsbeschränkt])*

(7) Um die biologischen und möglicherweise chemischen Belastungen auszuschließen, empfehlen Umwelthygieniker, vorrangig Kies mit einer Korngröße von 2 bis 8 mm zu verwenden.

Nach Betreiberangaben gibt es bei diesem Material kaum Probleme mit Tierkot. Allerdings sollten sich keine Bäume in der Nähe befinden, da eine Verunreinigung mit Laub sonst kaum zu verhindern ist, was praktisch auf einen Austausch hinausläuft.

(8) In Bereichen für Kinder unter drei Jahren ist die Verwendung von Kies, Holzschnitzel und Rindenmulch kritisch zu prüfen, da Kinder sich Partikel in Körperöffnungen stecken oder verschlucken könnten. Auch bei sehr geringen Fallhöhen sollte mindestens Oberboden oder Rasen vorhanden sein.

(9) Wenn der Betreiber abweichend von der Beschreibung in DIN EN 1176-1 z. B. Holzschnitzel mit dem Korngrößenbereich 5 bis 50 mm anstelle der dort vorgeschriebenen Korngröße von 5 bis 30 mm einsetzt, benötigt er ein Prüfzeugnis, dass bei der konkreten Fallhöhe der HIC-Wert von 1.000 nicht überschritten wird.

Bild 6: *Revisionseinsätze für synthetischen Fallschutz (insitu) (Quelle: GAO – Gesundheits- und Arbeitsschutz Onischka UG [haftungsbeschränkt])*

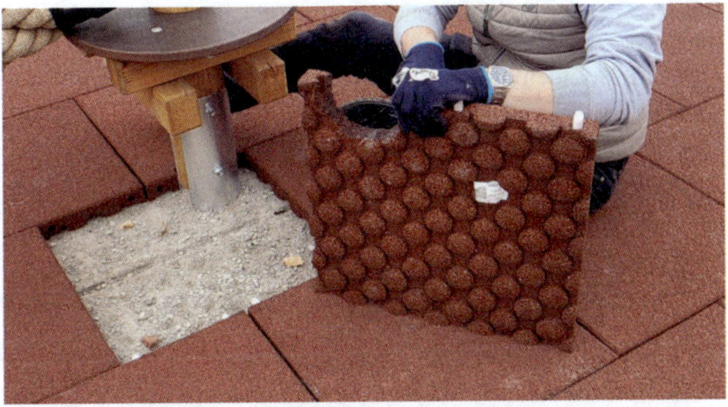

Bild 7: *Für Inspektion herausnehmbare Fallschutzplatten (Quelle: GAO – Gesundheits- und Arbeitsschutz Onischka UG [haftungsbeschränkt])*

(10) Synthetische Fallschutzplatten müssen über ein Prüfzertifikat verfügen, aus dem die kritische Fallhöhe hervorgeht. Die Inspektions- und Wartungshinweise des Herstellers, insbesondere hinsichtlich Reinigung, Alterung und möglicher Versprödung (vgl. Nr. 4.1.5 DIN EN 1176-1), sind zu beachten. Im Zusammenhang mit der Inspektion der kritischen Zone, insbesondere bei Einbau in Verbindung mit Einmastgeräten, ist vom Hersteller für Fallschutzplatten eine entsprechende Inspektions- und Wartungsanleitung zum Freilegen der kritischen Zone einzufordern. Ohne geeignete Revisionseinsätze ist die Inspektion der kritischen Zone bei in situ eingebauten Fallschutzsystemen regelmäßig nur mit erheblichem Aufwand oder gar nicht möglich.

Bei vor Ort (in situ) eingebauten synthetischen Fallschutzsystemen sowie bei Rasengitterplatten in Kombination mit natürlichen losen Fallschutzmaterialien sind nach dem Einbau HIC-Prüfungen durchzuführen (siehe Kapitel ► „DIN EN 1177 Stoßdämpfende Spielplatzböden").

Inspektionen

- ☐ Entsprechen die stoßdämpfenden Böden Tabelle I.1 oder kommt anderes Material mit Prüfzertifikat nach DIN EN 1177 zum Einsatz?
- ☐ Ist die vorgeschriebene Schichtdicke eingehalten?
- ☐ Ist das Bodenmaterial bis zur Markierung der Oberkante Spielebene an den Pfosten (siehe Kapitel ► „Kennzeichnung") aufgefüllt?
- ☐ Ist das Bodenmaterial ohne größere Verunreinigungen?
- ☐ Wurden die stoßdämpfenden Böden nach Vorgaben der Spielplatzgerätehersteller bzw. der Fallschutzplatten-Hersteller installiert und gewartet?
- ☐ Befinden sich die Böden noch innerhalb der vom Hersteller vorgegebenen Maximal-Lebensdauer?
- ☐ Befinden sich die Böden in einem guten Pflege- und Wartungszustand?
- ☐ Treten bei losem Fallschutz Verhärtungszonen (im Besonderen bei Kies) auf?

Wasser

Norm: DIN 18034-1 – Spielplätze und Freiräume zum Spielen – Anforderungen für Planung, Bau und Betrieb

***Bild 1:** Sand-Matschanlage (Quelle: GAO – Gesundheits- und Arbeitsschutz Onischka UG [haftungsbeschränkt])*

Einerseits zieht Wasser Kinder magisch an. Gern planschen sie darin mit den Händen oder dem ganzen Körper herum. Auch eine kleine Gießkanne ist für Kinder ein gern benutztes Spielobjekt.

Andererseits sterben jedes Jahr 30 bis 40 Kinder durch Ertrinken, meldet die Bundesarbeitsgemeinschaft „Mehr Sicherheit für Kinder“. Im Kleinkindalter ist Ertrinken die häufigste Ursache tödlicher Unfälle.[1] Kinder ertrinken in Gartenteichen, Pools, Wasserbehältnissen und öffentlichen Gewässern – teilweise sogar während des Besuchs von Kindertageseinrichtungen und der Betreuung durch Tagesmütter.[2]

Deshalb kommt dem Schutz gegen Ertrinken beim Spielen eine besondere Bedeutung zu.

Anforderungen

Angesichts dieser Fakten müsste man annehmen, dass es ein ausgefeiltes Regelwerk für das Problem Kinder und Wasser gibt. Leider ist das nicht so!

Was fordern Vorschriften und Normen?

- DIN 18034-1 fordert, dass Spielplätze u. a. gegenüber tiefen Wasserläufen wirksam einzufrieden sind.
  Ein Teil der Spielplätze liegt in der Nähe von stehenden oder fließenden Gewässern. Es stellt sich die Frage, bis zu welcher Entfernung ein Spielplatz in der Nähe des Gewässers problematisch ist. Dazu ist eine Gefährdungsbeurteilung durchzuführen und zu dokumentieren.
  Das Amtsgericht Wolfsburg verurteilte mehrere Erzieherinnen einer Kindertageseinrichtung wegen fahrlässiger Tötung, nachdem ein Krippenkind beim Ausflug auf einem Spielplatz

[1] www.kindergesundheit-info.de/themen/sicher-aufwachsen/sicherheit-im-alltag/wasser/.

[2] www.sueddeutsche.de/panorama/prozess-in-minden-draussen-unbemerkt-1.3383391.

in einem 30 m entfernten Regenwasserrückhaltebecken zu Tode kam.[3]
Leider äußerte sich das Gericht nicht dazu, ob das Gewässer an dieser Stelle gegen Zutritt durch Kinder hätte gesichert werden müssen.

- Bezüglich der Wasserqualität verweist DIN 18034-1 für stehende Gewässer auf die Badegewässerverordnung, zu Brunnen und Wasserzapfstellen auf die Gefährdungsbeurteilung. Sofern anzunehmen ist, dass Kinder das Wasser, z. B. bei Matschanlagen trinken können, gilt die Trinkwasserverordnung. Davon ist immer auszugehen, wenn die Stelle des Wasseraustritts nicht unmittelbar über dem Boden liegt.
  Die maximal zulässige Wassertiefe für öffentliche Spielplätze ist mit 40 cm festgelegt. Dabei muss die Wassertiefe ohne Höhensprünge gleichmäßig zunehmen, so dass ein sicherer Zu- und Abgang möglich ist. Die Bodenfläche von Wasserbecken muss rutschhemmend und leicht zu reinigen und das Wasser leicht auszutauschen sein. Bei natürlichen Gewässern ist der wechselnde Wasserstand, z. B. bei Hochwasser, und Änderungen der Strömungsverhältnisse und -geschwindigkeiten zu beachten. Diese Regelung schließt Wasserspielangebote z. B. an einem Badesee nicht aus. An der Grenze des zum Bespielen vorgesehenen Bereichs darf die Wassertiefe aber nur langsam zunehmen. Neu ist seit Ausgabe 2020-10 eine Wassertiefe bis zu 60 cm für den Betrieb von Fähren und Flößen in stehenden Gewässern zulässig.
  Es wird noch einmal ausdrücklich darauf hingewiesen, dass Kleinkinder bis zu drei Jahren niemals unbeaufsichtigt an

3 www.news4teachers.de/2020/02/kind-ertrinkt-bei-kita-ausflug-drei-erzieherinnen-schuldig-gesprochen/.

oder in der Nähe von Wasserflächen jedweder Tiefe spielen sollten.

- Die Unfallverhütungsvorschrift „Kindertageseinrichtungen"[4] fordert:
  § 23 Aufenthaltsbereiche und Ausstattungen für Krippenkinder
  (6) Teiche, Feuchtbiotope u. Ä. dürfen für Krippenkinder nicht zugänglich sein.
  § 29 Wasserflächen, Anpflanzungen
  Feuchtbiotope und Teichanlagen sind sicher zu gestalten.
  Nach der DGUV Regel 102-602[5] ist das erfüllt, wenn:
  Fließende Gewässer wie Bachläufe und stehende Gewässer wie Feuchtbiotope und Wasserflächen dürfen für Kinder nicht frei zugänglich sein. Eine mögliche Sicherung ist eine mindestens 1 m hohe Umwehrung. Halten sich nur Kinder über drei Jahren auf dem Gelände auf, ist eine Wasserfläche mit flach geneigter, trittsicherer Flachwasserzone und einer Wassertiefe bis zu 20 cm vertretbar.
- Die Unfallverhütungsvorschrift „Schulen" einschließlich der Durchführungsanweisung legt fest:
  § 14 Einrichtungen und Anlagen im Freien
  (5) Wasseranlagen sind sicher zu gestalten und so anzulegen, dass die Gefahr des Hineinfallens von Schülerinnen und Schülern vermieden wird.
  Zu § 14 Abs. 5: Wasseranlagen auf dem Schulgelände sind sicher gestaltet, wenn sie z. B.
  – im Randbereich der Pausenhoffläche angeordnet sind, die Wassertiefe höchstens 1,2 m beträgt und eine mind. 1,0 m breite Flachwasserzone bis zu einer Wassertiefe von max. 0,4 m vorgesehen ist, oder

---

4 DGUV Vorschrift 82 Kindertageseinrichtungen.

5 DGUV Regel 102-602 Branche Kindertageseinrichtungen.

– in Uferbereichen ohne Flachwasserzone durch Zäune, Geländer oder heckenartige Bepflanzungen gesichert sind.

- Nach der DGUV Information 202-022[6] ergeben sich zum Schutz gegen Ertrinken auf Spielplätzen von Bildungseinrichtungen folgende Anforderungen:
  - Wasserflächen dürfen für unter dreijährige Kinder nicht zugänglich sein.
  - Für Kinder über drei Jahren in Kindergärten ist eine maximale Wassertiefe bis 20 cm vertretbar, wenn eine mindestens 1,0 m breite, flach geneigte und trittsichere Flachwasserzone im Uferbereich vorhanden ist.
  - In Schulen und Horten wird eine maximale Wassertiefe von 40 cm empfohlen. Größeren Wassertiefen können mit besonderen Sicherungsmaßnahmen zugelassen werden.
  - Wasserspielanlagen müssen Abflussmöglichkeiten haben.
  - Wasserbehälter sind zu vermeiden oder absolut kindersicher gegen ein Hineinfallen zu schützen.

Damit gibt es für Kindertageseinrichtungen und Schulen klare Vorgaben. Diese gelten zwar nicht für öffentliche Spielplätze, sind aber auf diese übertragbar. Dabei ist zu beachten, dass öffentliche Spielplätze nicht beaufsichtigt werden.

Anforderungen an die Wasserqualität werden von den Gesundheitsämtern getroffen.

Grundsätzlich gilt, dass Wasser aus Auslaufventilen oder anderen Entnahmeeinrichtungen (auch aus Pumpen) Trinkwasserqualität haben muss. Eine Ausnahme kann nur dann zulässig

---

6 DGUV Information 202-022 Außenspielflächen und Spielplatzgeräte.

sein, wenn sich die Zapfstelle (die Wasseraustrittsstelle) unmittelbar über dem Boden befindet.

Alle anderen Wasserspieleinrichtungen müssen am Auslauf mindestens Badewasserqualität aufweisen. Zur Nutzung von Regenwasser sind dem Autor keine genehmigten Anlagen bekannt. Im Einzelfall empfiehlt sich eine schriftliche Anfrage beim örtlich zuständigen Gesundheitsamt.

Uferbereiche sollen flach und ohne Höhensprünge abfallen, rutschhemmend und leicht zu reinigen sein. Der Wasseraustausch muss leicht möglich sein und aufgrund der Verkeimung und Verschmutzung regelmäßig erfolgen.

Eine praktikable Möglichkeit, Spiel mit Wasser ohne Ertrinkungsgefahr anzubieten, sind Matschanlagen. Hier müssen Kinder das Wasser selbst pumpen. Deshalb gibt es auch keine Wasseransammlungen. Kriterium ist die erforderliche Wasserqualität.

Inspektion

- ☐ Sind in der Nähe des Spielplatzes befindliche Gewässer wirksam gegen unbefugten Zugang durch Kinder gesichert?
- ☐ Entsprechen Wasserflächen in Bildungseinrichtungen den Vorgaben der DGUV?
- ☐ Wurde für Wasserflächen auf öffentlichen Spielplätzen eine Risikobeurteilung hinsichtlich der Ertrinkungsgefahr durchgeführt?
- ☐ Entspricht die Wasserqualität den Vorgaben der örtlich zuständigen Gesundheitsbehörden?

A B E F G H K L N P R S W Z

Wippgeräte

Norm: DIN EN 1176 – Spielplatzgeräte und Spielplatzböden – Teil 6: Zusätzliche besondere sicherheitstechnische Anforderungen und Prüfverfahren für Wippgeräte

Als Wippgeräte werden Spielplatzgeräte bezeichnet, die durch einen oder mehrere Benutzer in Bewegung gesetzt werden können und aus einem starren Element bestehen, das auf einem zentralen Tragteil hin und her wippt. Inzwischen sind sechs Grundformen (Typen) von Wippgeräten genormt (bis 2008 waren es noch vier). Diese werden z. T. noch in die Untergruppen A und B unterteilt. In der Untergruppe A ist die Hauptbewegungsrichtung konstruktiv vorgegeben; bei Untergruppe B sind verschiedene Bewegungsrichtungen möglich.

Einteilung in Typen

(1) Als **Typ 1** wird die klassische **axiale Wippe** bezeichnet. Sie hat i. d. R. auf jeder Seite die gleiche Anzahl von Benutzerplätzen mit Handgriffen. Es gibt sie für sitzende und stehende Benutzung. Das Tragteil ist direkt auf der Verankerung gelagert.

(2) Unter den **Typ 2** fallen die als Wipptiere weit verbreiteten **Einpunkt-Wippgeräte**. Als Tragteil kommen meist Spiralfedern vor. Es sind aber auch andere Federn sowie Zug- und Druckblöcke möglich. Je nach Gestaltung des Gerätekörpers wird eine Hauptbewegungsrichtung vorgegeben (Typ 2A) oder nicht (Typ 2B). Häufig ist nur ein Platz für sitzende Benutzung vorgesehen. Es gibt aber auch Geräte für mehrere Benutzer und Geräte für stehende Position(en).

(3) Beim **Mehrpunkt-Wippgerät Typ 3** sind mehrere Tragteile vorhanden. Je nach Anordnung und Aufbau für die Benutzer wird die Hauptbewegungsrichtung vorgegeben (Typ 3A) oder es sind Bewegungen in mehrere Richtungen möglich (Typ 3B).

(4) Bei der **Schwingwippe Typ 4** erfolgt die Bewegung hauptsächlich horizontal mit einem kleinen vertikalen Anteil über mehrere parallele Achsen. Dieser Typ ist selten vorzufinden.

(5) Die **Schwenk-Wippe Typ 5** ist oberhalb der Benutzerposition gelagert. Zusätzlich zur vertikalen Bewegung ermöglicht die Lagerung eine Drehbewegung um den zentralen Pfosten.

Bild 1: *Wippe vom Typ 1 für vier sitzende Benutzer (Quelle: GAO – Gesundheits- und Arbeitsschutz Onischka UG [haftungsbeschränkt])*

Bild 2: *Einpunkt-Wippgerät Typ 2A mit Spiralfeder für einen Benutzer (Quelle: GAO – Gesundheits- und Arbeitsschutz Onischka UG [haftungsbeschränkt])*

Bild 3: *Wippgerät Typ 2B (Quelle: GAO – Gesundheits- und Arbeitsschutz Onischka UG [haftungsbeschränkt])*

Bild 4: *Mehrpunkt-Wippgerät Typ 3A (Quelle: GAO – Gesundheits- und Arbeitsschutz Onischka UG [haftungsbeschränkt])*

Bild 5: *Mehrpunkt-Wippgerät Typ 3B (Quelle: GAO – Gesundheits- und Arbeitsschutz Onischka UG [haftungsbeschränkt])*

Bild 6: *Schwingwippe Typ 4 (Quelle: GAO – Gesundheits- und Arbeitsschutz Onischka UG [haftungsbeschränkt])*

Bild 7: *Einachsige Überkopf Wippe Typ 6 (Quelle: GAO – Gesundheits- und Arbeitsschutz Onischka UG [haftungsbeschränkt])*

(6) Die **einachsige Uberkopf-Wippe Typ 6** ähnelt der axialen Wippe vom Typ 1. Nur befinden sich die Benutzerplätze nicht direkt auf dem Wippbalken, da dieser über Kopfhöhe angeord-

net ist. Die Benutzerplätze sind vom Wippbalken flexibel abgehängt, wodurch eine zusätzliche pendelnde Bewegung ermöglicht wird.

(7) Weitere nicht genormte Bauformen lassen sich durch Kombination verschiedener Typen auch mit anderen Bewegungsformen herstellen. Bei der Prüfung sind insbesondere die Herstellerdokumentation und die Prüfberichte der anerkannten Prüfstellen nach dem Produktsicherheitsgesetz zu beachten.

Anforderungen

Tabelle 1: *Anforderungen an die unterschiedlichen Typen von Wippgeräten*

Kriterium	Typ des Wippgeräts							
	1	2A	2B	3A	3B	4	5	6
Erzwungene Bewegung	X						X	X
Abrundung zugänglicher Teile mit R3	X	X	X	X	X	X	X	X
Max. freie Fallhöhe in m	1,5	1	1	1	1	1	2	2
Max. Neigung des Benutzerplatzes in grd	20	30	30	30	30	20		

Tabelle 1: *Anforderungen an die unterschiedlichen Typen von Wippgeräten*

Kriterium	Typ des Wippgeräts							
	1	2A	2B	3A	3B	4	5	6
Vermeidung Quetsch- und Klemmstellen[1]	X	X	X	X	X	X	X	X
Bewegungsbegrenzung/ Dämpfung	X	X	X	X	X	X	X	X
Fußstützen[2]		X						
Mindest-Bodenfreiheit[3] in cm	23	wahlfrei	23	wahlfrei	23	23	23	23
Handunterstützungen[4] für jeden Benutzerplatz	X	X	X	X	X	X	X	X

[1] geprüft mit dem Rundstab 12 mm in den äußersten Gerätestellungen an den Tragteilen und deren Umgebungsbereich

[2] sind bei Bodenfreiheit unter 230 mm und bei ungedämpfter Struktur für jede Sitzgelegenheit erforderlich, müssen sicher befestigt sein, dürfen sich nicht ohne Werkzeug drehen lassen, müssen die Prüfung mit der Ringlehre bestehen (Letzteres gilt nur für Geräte ab DIN EN 1176-6:2008.)

[3] ist nicht erforderlich, wenn eine Dämpfung vorhanden ist, z. B. das Tragelement eine Feder ist oder die Bewegung hauptsächlich horizontal verläuft

[4] müssen sicher befestigt sein, dürfen sich nicht ohne Werkzeug verdrehen lassen, Durchmesser 16 mm bis 45 mm, für Kinder unter drei Jahren max. Durchmesser 30 mm, müssen die Prüfung mit der Ringlehre bestehen, gilt nur für Geräte ab DIN EN 1176-6:2008

Tabelle 1: *Anforderungen an die unterschiedlichen Typen von Wippgeräten*

<table>
<tr><th rowspan="2">Kriterium</th><th colspan="8">Typ des Wippgeräts</th></tr>
<tr><th>1</th><th>2A</th><th>2B</th><th>3A</th><th>3B</th><th>4</th><th>5</th><th>6</th></tr>
<tr><td>Seitenprofile mind. mit R20 gerundet</td><td></td><td>X</td><td>X</td><td>X</td><td>X</td><td>X</td><td></td><td></td></tr>
<tr><td>Ausdehnung des Fallraums[5] in m bis Normausgabe 2008</td><td colspan="6">1,0</td><td colspan="2" rowspan="2">entsprechend Fallhöhe</td></tr>
<tr><td>ab Normausgabe 2017</td><td colspan="6">1,0 bei sitzender Nutzung
1,5 bei stehender Nutzung</td></tr>
<tr><td>Krit. Mind.-Fallhöhe der Aufprallfläche</td><td>entsprechend Fallhöhe</td><td colspan="5">0,6 m</td><td colspan="2">entsprechend Fallhöhe</td></tr>
<tr><td>Max. seitliche Abweichung[6] in mm</td><td>±140</td><td></td><td></td><td></td><td></td><td></td><td></td><td></td></tr>
<tr><td>Max. Abweichung von der vertikalen Achse</td><td></td><td></td><td></td><td>5 °</td><td></td><td></td><td></td><td></td></tr>
<tr><td>Max. Gesamtbewegungsbereich in cm</td><td></td><td></td><td></td><td></td><td></td><td>60</td><td></td><td></td></tr>
</table>

[5] gemessen vom Umfang des Geräts in seinen äußersten Stellungen

[6] gemessen in 2,0 m Entfernung vom Lager bei seitlicher Belastung mit 695 (± 5) N rechtwinklig zur Sitzmitte

***Tabelle 1:** Anforderungen an die unterschiedlichen Typen von Wippgeräten*

Kriterium	Typ des Wippgeräts							
	1	2A	2B	3A	3B	4	5	6
Min. Entfernung des Benutzers vom Zentralpfosten[7] in m								1
Kennzeichnung[8]	X	X	X	X	X	X	X	X

***Bild 8:** Prüfung von Fußstützen und Griffenden mit der Ringlehre (Quelle: GAO – Gesundheits- und Arbeitsschutz Onischak UG [haftungsbeschränkt])*

[7] gemessen von Mitte Sitz in höchster Position des Benutzers bei 20° Auslenkung des Sitzes von der Vertikalen

[8] deutlich, dauerhaft, gut sichtbar mit Name und Adresse des Herstellers, Gerätekennzeichnung und Herstellungsjahr, Nummer und Jahr der DIN EN 1176-1 (siehe hierzu auch Kapitel ► „Kennzeichnung“)

Abdeckung der Verankerung

Dieser Abschnitt wurde ab Normenausgabe 2017 neu aufgenommen:

Bei Wippgeräten für nur einen Benutzer mit einer freien Fallhöhe unter 60 cm gilt:

Freiliegende Verankerungen dürfen maximal 30 % breiter sein als der Sitz.

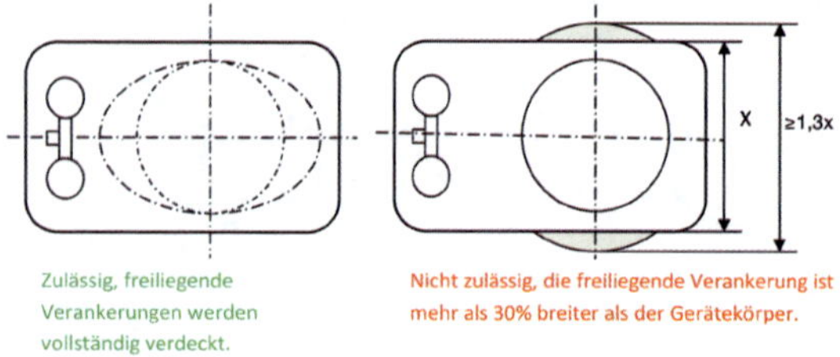

Bild 9: *Verankerungen bei Wippgeräten (Quelle: GAO – Gesundheits- und Arbeitsschutz Onischka UG [haftungsbeschränkt])*

Inspektion

- ☐ allgemeine Kontrolle aller Bauteile auf Zustand und Beschaffenheit
- ☐ sichere Befestigung und Verbindung aller Teile
- ☐ Standsicherheit
- ☐ Zustand und Befestigung der Dämpfungselemente und Tragteile
- ☐ Leichtgängigkeit und Spiel der Lager
- ☐ Vermeidung von Fangstellen
- ☐ Zustand der Aufprallfläche, Eignung der Bodenart, Höhe der Aufschüttung
- ☐ Kontrolle von Handgriffen und Fußstützen ab DIN EN 1176:2008 mit Ringlehre
- ☐ Kennzeichnung
- ☐ maximale seitliche Abweichung bei Axialwippen
- ☐ Abrundung zugänglicher Teile
- ☐ Radien der Seitenprofile
- ☐ Abdeckung der Verankerung

Zugänge und Zufahrten

Norm: DIN 18034-1 – Spielplätze und Freiräume zum Spielen – Anforderungen für Planung, Bau und Betrieb

Zugänge dienen dem Benutzerverkehr. Oftmals gibt es mehrere Zugänge. Zufahrten sollen es dem Betreiber ermöglichen, den Platz mit der erforderlichen Technik zu befahren Sofern vorgesehen, kann es auch Zufahrtsmöglichkeiten für Rettungsfahrzeuge geben.

Anforderungen

(1) Zu- und Ausgänge von Spielplätzen müssen so gestaltet sein, dass den Kindern das Verlassen des Platzes bewusst wird. Sie dürfen nicht auf verkehrsreiche Straßen führen.

(2) Das unbeabsichtigte Hineinlaufen in den Straßenverkehr muss technisch verhindert sein, z. B. durch schleusenartige Geländer. Kraftfahrer müssen Kinder vor dem Betreten der Straße wahrnehmen können.

(3) Leiteinrichtungen dürfen nicht zu missbräuchlicher Benutzung verleiten.

(3) Mindestens ein Zugang muss barrierefrei sein (siehe hierzu auch Kapitel ► „Barrierefreie Spielplätze").

(4) Für Wartungsfahrzeuge, z. B. Kleintransporter, Minibagger u. Ä., ist eine verschließbare Zufahrt vorzusehen.

***Bild 1:** Die Gestaltung verleitet zum Aufsitzen. (Quelle: GAO – Gesundheits- und Arbeitsschutz Onischka UG [haftungsbeschränkt])*

***Bild 2:** Das Tor enthält Fangstellen und ist bekletterbar, Mülltonnen gehören dort nicht hin. (Quelle: GAO – Gesundheits- und Arbeitsschutz Onischka UG [haftungsbeschränkt])*

***Bild 3:** Das Tor ist bekletterbar und enthält Fangstellen. Kinder können darunter durchkriechen. (Quelle: GAO – Gesundheits- und Arbeitsschutz Onischka UG [haftungsbeschränkt])*

Hinweis

In der Norm werden „Pflege- und Hilfsfahrzeuge" genannt. Unter Hilfsfahrzeugen sind nach Auskunft des DIN sowohl Hilfsfahrzeuge für die Pflege des Platzes (Wartungsfahrzeuge) als auch Fahrzeuge des Rettungsdienstes zu verstehen.

Inspektionen

- ☐ Die Erfüllung der Anforderungen an Zugänge ist visuell zu prüfen.
- ☐ Es gibt keine besonderen Anforderungen an die Gestaltung technischer Einrichtungen von Zugängen, d. h., es ist eine Gefährdungsbeurteilung durchzuführen, insbesondere auf das Vorhandensein von Fangstellen.
- ☐ Die Möglichkeiten missbräuchlicher Benutzung zu erkennen obliegt dem Sachverstand und der Erfahrung des Prüfers.

Barrierefreie Spielplätze

Dieses Kapitel steht für Sie ab sofort kostenfrei in unserer Medien-Bibliothek zur Verfügung.

Scannen Sie einfach diesen QR-Code:

oder klicken auf folgenden Link, um zu diesem Kapitel zu gelangen:

https://www.medialib.lp/?file=barrierefreie_spielplaetze

Abkürzungsverzeichnis

AG	Amtsgericht
AdCo	Administration Cooperation Group
BfR	Bundesinstitut für Risikobewertung
BGB	Bürgerliches Gesetzbuch
BGG	Behindertengleichstellungsgesetz
BGH	Bundesgerichtshof
BSFH	Bundesverband der Spielplatzgeräte- und Freizeitanlagen-Hersteller e. V.
BgVV	Bundesinstitut für gesundheitlichen Verbraucherschutz und Veterinärmedizin
DGUV	Deutsche Gesetzliche Unfallversicherung
DIN	Deutsches Institut für Normung e. V.
EU	Europäische Union
FLL	Forschungsgesellschaft Landschaftsentwicklung Landschaftsbau e. V.
GFK	Glasfaserverstärker Kunststoff
GS	Geprüfte Sicherheit
IndI	Inspektion nach der Installation
JHI	Jährliche Hauptinspektion
MBO	Musterbauordnung
OI	Operative Inspektion
OLG	Oberlandesgericht
PAK	Polycyclische aromatische Kohlenwasserstoffe
ProdSG	Produktsicherheitsgesetz
UN-BRK	UN-Behindertenrechtskonvention
UN-KRK	UN-Kinderrechtskonvention
UVV	Unfallverhütungsvorschrift

VG	Verwaltungsgericht
VRI	Visuelle Routine-Inspektion

Stichwortverzeichnis